THINK LIKE A LAWYER

FACT
PROOF
SKILL

像律师一样思考

吴世柱 |著|

U0959318

中国法制出版社
CHINA LEGAL PUBLISHING HOUSE

前　言

PREFACE

要写出一本书，笔者深知需要知识、智慧、经验和耐性的积淀，从春之幼苗到秋稻飘香，成熟一定要经过岁月的煎熬。

这是一种淡泊的修行。

16 年的律师从业经历，让笔者更深刻地理解了什么是水到渠成、瓜熟蒂落。

当这部书渐成体系，并将部分文稿交给赵宏、黄会丽编辑的时候，仍惴惴不安。因个人水平有限，的确无法达到“写出水平、超越水平”[①]。更何况，律师队伍里本就高手云集，下笔自然觉得压力满满。但笔者相信，知识除了可以从书本得来，还一定来自实践。16 年的执业积淀和不断的思考，有些感悟的确能够达到厚积薄发。勤能补拙，笔者以不断的精雕细琢，尽量不贻笑大方。

在书稿将成之际，笔者先是得到黄会丽编辑的鼓励和耐心指导，后又得到赵律玮编辑的精心指教。赵编辑发来的《返稿意见》背后是艰辛的付出。有如此负责的编辑修正错误，实为人生之幸，笔者心怀感恩。

笔者为何要写这本书呢？初衷是，从实务的角度抽象地看律师职业，它是一项以智慧驱动的事业，不仅要让更多的人理解、支持律师的工作，而且还能给刚从事律师职业的同人们以启示，律师思维与论证是内外双修的功力。

比如，英国著名法官丹宁勋爵在其著作《最后的篇章》中，讲了一个故事：凯恩斯到布雷顿森林参加货币会议，只有秘书陪同，他的美国朋友问他：“你的律师呢？”“我没有律师。”凯恩斯回答。

---

① 赵宏：《法律写作如何体现水平，超越水平》，来源网址：http://www.build.net/fsoo-com/1332354.html，最后访问日期：2019 年 7 月 17 日。

“那谁替你思考？”

丹宁勋爵的故事，仍具有现实意义。法治社会，没有律师，谁替你思考？从另一个角度来说，假如凯恩斯带了律师，这位律师会如何思考？能否胜任代替凯恩斯思考？

毫无疑问，我们不得不考虑律师能否胜任的问题。

15年来，笔者遇到了各行各业的委托人，但从未有过任何一位委托人，对律师能背诵法律条文的本领大加赞赏。委托人认为，律师知法，这是最根本的要求。相反，委托人对于律师分析他所委托的事项的能力却极为赞赏。当律师对委托人的事项条分缕析，解开了委托人在法律上的疑惑的时候，也正是律师取得信任之时。

这正说明，律师真的不只是掌握法律就能胜任的职业。基于这样的思考，笔者找到了本书的体系。

律师思维，属于法律思维。“法律思维，是法律人所共有的区别于其他职业人的思维模式。”[①] 尽管律师思维属于“法律思维”，但笔者认为律师思维一定还具有自己的特质。因此，如果把“涵摄”作为法律思维的内核，那么，笔者试图解释律师职业中的“涵摄”[②]。也就是说，当不同的律师为凯恩斯提供服务的时候，能否得到同一结论？能取得同一结论的那部分思维，是否遵循了同一的思维路径？能否抽象出共同的思维模式？

“律师思维”一定是一个尚待开垦的理论田野，会有更多的人在其中耕耘，并收获硕果。

事实证明，思维的差异性会导致对于同一问题得出不同的结论。在这个基础上，笔者将律师思维的“涵摄”分解成“符合”和“分离”。符合，是指事实与法律规范的假定条件是相符合的；分离，是指事实与法律规范的假定条件并不符合，而是分离和排斥的。通过对涵摄的细化，展开分析案件事实、

---

① 梁慧星：《怎样进行法律思维》，载《律师之师：律师素质与思维十讲》，中国法制出版社2014年版，第65页。

② 涵摄就是指确定生活事实与法律规范之间的关系的思维过程（Subsumption），将事实涵摄于法律规范，就是检验事实是否满足法律规范的事实构成并因此产生规范所规定的法律后果。

建构小前提等律师实务的研究。

关于“符合”，沈志先先生主编的《法律方法论》中有清晰的表述：“定罪的过程就是将案件事实与刑法规定的构成要件进行符合性判断，并得出相应的定罪结论。”[①] 这里的事实与构成要件的“符合性判断”就是律师职业的立论思维，也正是笔者倡导的律师思维方式之一。这实际上是从法律思维具体到“涵摄”，然后再细化到“符合”的思维路径，是律师思维的细分。

王泽鉴先生在译 Subsumption 时曾暂译为“涵摄”[②]。“暂译”的意思，笔者的理解应该是：涵摄应该不是一个止步于此的概念，还应该以开放的态度认识它。因此，笔者为了更清晰地体现律师的职业特征，在律师思维中用“事实与规范的符合”“事实与规范的分离”，以与“涵摄”作职业上的区别。因为律师区别于检察官与法官，律师还要从事辩护和代理被告的工作，从这个角度，律师便有可能会提出“非涵摄”的概念，如在作无罪辩护的时候，会认为公诉人的指控不成立；在民事案件上诉的时候，会认为一审法院的判决“非涵摄”；或者代理被告在反驳原告的涵摄主张时，也会提出相反的意见。所以，这的确鲜明地体现了律师的职业特点。因此，律师职业必须考察的另一种思维，即事实与法律规范的分离，不能够涵摄。因此，笔者试图多角度地去谈及“符合”“分离”。笔者将涵摄如此细分的用意，在于重点揭示律师思维的特点与任务。

“符合”的最简洁的表达就是，案件事实与法律规范的假定条件符合。在此基础上，我们抽取出律师思维模式，从而为实务工作提供更加清晰的思路。

法律规范（大前提）：构成要件（M）→法律后果（P）

《刑法》第 232 条：故意杀人的（故意、杀人是构成要件），处死刑（后果）。

案件事实（小前提）：事实要件（S）符合规范要件（M）

张三故意杀人，符合《刑法》第 232 条规定，应处死刑。

---

① 沈志先：《法律方法论》，法律出版社 2014 年版，第 69 页。

② 王泽鉴：《民法思维：请求权基础理论体系》，北京大学出版社 2009 年版，第 157 页。

法律结论：张三杀人案件（S）符合（M）应当适用法律后果（P）。

从律师追求获得法官支持的角度来说，这符合裁判思维；从内部证成的角度看，事实与规范的条件相符合，结论能从前提中推导出来；从外部证成的角度看，律师努力的方向是对前提的证立，从而帮助法官确定小前提。这就道出了律师工作的重点。

而“分离”的简语是事实不属于主张方所援引的法律规范的调整范围，从而，律师请求法官否定其主张。一句话，事实不能成为定案事实，或者，法律对于律师主张的事实无适用之效力。

法律规范（大前提）：构成要件（M）→法律后果（P）

如：故意杀人的（故意、杀人是构成要件），处死刑（后果）。

案件事实（小前提）：事实要件（S）不符合规范要件（M）

呼格吉勒图不在案发现场，没有故意杀人，不符合《刑法》第232条规定，原审判决错误。

法律结论：呼格吉勒图案件（S）不应当适用法律后果（P）。

尽管我们可以把符合与分离这两种思维方式简单地模式化，但在具体个案中，当法律关系复杂、案卷材料众多、事实交叉……之时，运用符合或分离的思维解决具体案件并非易事。当然，这种思维方式并不只是适用于刑事案件，在民事案件中也同样适用。

在这样的思维基础上，律师的实务便分为如下方面：思维是律师提出主张的智慧反映；而律师技能的作用则是论证并实现自己的主张。律师就是这样，不仅要帮助委托人提出合法的主张以及解决方案，而且还要通过律师的劳动去实现这个主张。在“分离”思维模式下，我们可以看到，律师其实是从拆解前提的角度来否定对方的主张、完成驳论的。

而这两种思维方式，正是诉讼中律师所要面对的实际问题。

“事实”和“法律”是律师思维的对象和最基本元素，所有的实务工作无不是由此展开。例如，《刑事诉讼法》第37条规定，辩护人的责任是根据事实和法律，提出犯罪嫌疑人、被告人无罪、罪轻或者减轻、免除其刑事责任的材料和意见，维护犯罪嫌疑人、被告人的诉讼权利和其他合法权益。这就是“以事实为根据，以法律为准绳”原则。

易言之，事实与法律的“符合”或“分离”是律师思维的两个基本思路。体现在诉讼中特别明显，非此即彼。如此在法律思维的框架下细分“符合”“分离”，的确有益于律师实务，能够明确律师高效工作的方向，少走弯路，让律师更加智慧、更加简洁地找到实务要领。同时，也减轻司法机关的办案压力，节约司法资源。这亦是笔者的美好愿望。

律师不停地在证明自己一方的正确[①]，反驳对方的错误，从而使得论证无处不在。论证必须与事实和证据相结合，因此又必须展开分析事实的思维运作，研究证据的规则。在此前提下，笔者将重点探索律师“建构事实”的一些问题。

笔者在与某些实习律师交流时，经常听到他们的困惑。他们在听授实务课的讲解时，思路是很清晰的，对于有关涵摄、论证等均有自己的认识。但是一旦接触到实务、面对委托人陈述的事实和厚厚的卷宗、在法庭上辩论发言的时候，却又陷入了迷茫。原因是什么？也正是基于他们的这些困惑，笔者触摸到了本书的脉搏，一种内在联系的结构或体系随之清晰明朗。

律师职业实际上有思维公式。这个思维公式，也是本书所要涉及并展开讨论的知识体系。

信息→加工→立论思维（事实与规范的条件符合）→审视论证理由→确定主张；

↑↓对照（辩证思维）

信息→加工→驳论思维（事实与规范的条件分离）→审视论证理由→确定主张。

① 《律师法》第39条规定，律师不得在同一案件中为双方当事人担任代理人，不得代理与本人或者其近亲属有利益冲突的法律事务。这种角色定位决定了驳论的存在。

本书立足于实务研究，所以瞄准的重点就是律师实务工作中最核心的要素：律师思维、案件事实的认定和分析、[①]证据规则与证明、法律论证。

这就是本书的体系。

希望本书能对读者有所帮助。因水平有限，也请各位多多批评、指正。

① 诉讼请求、主张、取证方向和范围、论证的理由等一切工作都从事实中来，所以，必须深入研究分析。

目 录

CONTENTS

第一章

律师思维

第一节　律师职业的智慧思维

我们研究律师思维的关键目的，是要明确我们修行的方向和目标：以理性辅佐证据的方式去思考和论证。

律师执业的规律究竟体现在何处？有没有一种简便快捷的方法，让律师能够迅速地从杂乱无章的事实中拨云见日，找到最佳的解决方案？

有。它是长期锻炼形成的律师思维。

法律思维为何被频频提及？研究律师思维有何意义？

长期以来，律师职业在知识和技能的关系上，往往以“精通法律”为律师的职业要求，而忽视了特殊的技能才是律师职业的根本要求。因为，律师是知行合一的职业，在互联网普及之前，的确需要人“精通法律”，但是在互联网时代，输入关键词，瞬间便可以获得需要的知识。显然，要求律师具有互联网那样强大的记忆和搜索能力并不现实。易言之，在一个能通过互联网迅速查找到法律条文及相关判例的时代，如何将法律运用到个案之中，提出能够实现当事人利益诉求的诉讼方案或解决问题的办法，才是律师职业的生命力所在。也就是说，“律师的方法”，才是当前迫切需要的。

“法律诚非背诵之学。”[①] 那么，在通过互联网可以查找到法律依据的情况下，律师的专业特性就非常明显了，凯恩斯需要借助律师的大脑思考，依赖律师的思维提供解决问题的方案并实现这个方案。所以，律师的工作，是针

① 王泽鉴:《民法思维：请求权基础理论体系》，北京大学出版社 2009 年版，第 9 页。

对不同的委托人、不同的个案诉求量身定制方案，提出具有事实、理由、依据的合法主张并去实现它。而长期的职业思考习惯，就成了律师独有的思维。律师执业的过程，就是通过思考不断增长智慧的过程。

互联网的普及以及更多的法律实践证明，当前，法律人对法律思维的认识，终于得到了理性的回归，已经成为共识。这无疑为法律人的职业努力指明了方向。

有关专家、学者以及实务界人士均强调法律思维的重要性。他们认为，法律思维才是法律职业人的核心技能。“法律人是否拥有独特的思维，取决于法律方法是否独特。如果法律方法是所有民众所拥有的，那么法律思维也就没有独立的地位，就和大众思维一样。”①从这个意义上说，律师职业的生命就是委托人虽然与律师具有同样的大脑，也同样能查找到同一部法律，但是无法像律师一样思考。正是思维的差异，使律师的职业更具有生命力。或者说，律师具有的独特智慧思维，才使律师职业充满魅力和生命力。

窃以为，律师职业得以兴盛的根本原因，就在于此。

法律规范是静态的，不会因人而异；而方法是动态的，具有因人而异的差别。有了这个认识之后，我们就会深刻理解“法律不是背诵之学”，而在于将法律规定应用于具体的案件，需要正确适用法律的方法。所以，通过法律职业资格考试之后的律师就要注重研究“律师的方法”，要有独特的律师思维。

比如，同一部刑法典以及同样的刑法四要件理论，这属于静态的、不变的法律知识，任何人都可以查找到它并能深入地学习它。但是，当个案事实摆在这些学习同样法律知识的人的面前的时候，结论却会因人而异。这是司法实践中法官和律师常常会面临的问题。

而对于律师来说，因自己提出的观点需要借助法官的认可才能得以实现，所以，律师解决个案，从一开始就决定了对律师思维的广度和深度的检验，而这正是知识和方法的区别所在。所谓“横看成岭侧成峰，远近高低各不同”正是此意。

王利明教授曾如此论述知识和方法的区别：“一个受过法律训练、具有严

① 孙笑侠：《法律人思维的二元论》，载《中外法学》2013年第6期，第1105页。

谨的法律思维的人，在处理任何案件时，都要进行体系的、全方位的思考，而不是考虑孤立的规则。”[①]王教授此语，其实就是把法律知识、规则当成“静态的”“孤立的”、把思维当成动态的进行对比。他特别强调“方法”是无法学到的，因为“方法”体现律师智慧思维的个体创造性：“有人认为，我们现在所处的是一个互联网时代，是一个信息爆炸和知识爆炸的时代。这意味着现在可以通过互联网越来越方便地获取信息、获取知识。很多知识实际上也不一定要全部从课堂上获取，大量的知识都可以从互联网上找到。但是，方法是无法从互联网上学到的，它需要经过系统的学习，同时，需要经过反复的、大量的实践。”的确，现在没有任何可以直接下载的方法供律师使用，即使有相关的案例，也必须经过思维运作、转化成自己的方案，才能被实际应用。

这就解释了为何同一案件交由不同律师去办，会有不同结果的根本原因，也说明了“读死书”的方法不可取的道理。这其中的区别，不是掌握法律知识的量（因为起点是同样的——都通过了法律职业资格考试），而是个体之间思维的差异，即由思维加工出来的方法，并且，这种方法被验证成功的频率不同。

这就是研究律师思维的重要性所在。

陈兴良教授曾精辟地论述法律知识与思维方法之间的关系。他说：“我们学习法律，主要是学习法律的知识，但是法律知识本身是形而下的，是一种‘器’，形而下为之‘器’，我们通过学习掌握刑法知识，最终目的是要掌握隐含在刑法知识背后的法律思维方法论，这个法律方法论才是形而上的‘道’。”“要通过法律方法的学习，来形成一种法律人的思维方法。我认为法律方法论归根到底是一种思维方法，是一种法律人的思维方法。（它）和一般社会上公众的思维区别开来，从而为法律职业奠定基础。”[②]

作为律师，根植于职业实践，就是要取得律师思维方法，掌握自己的职业之“道”。

① 王利明:《民商法研究》，法律出版社 2014 年版，第 620 页。

② 陈兴良:《定罪的方法》，载《律师之师：律师素质与思维十讲》，中国法制出版社 2014 年版，第 39 页。

陈瑞华教授曾说："一个法学院学生要成长为优秀的法律人，需要具备较为扎实的法律基本功，这种法律基本功不仅表现为熟练地理解法律条文、高水平地应付各种考试，还表现在对法律人基本思维方式的掌握上。"[①] 他认为，掌握"法律人基本思维方式"，是成为优秀法律人的前提条件。

我们国家，目前恰恰缺少对律师进行"律师思维"培训的重视。也就是说，目前我们国家的法律教育还停留在高大上的"学术研究"上，特别是对于律师，没有对律师的职业属性予以充分重视，亟须完善和加强律师的职业教育。很多的在校大学生，可以在法律职业资格考试中获取高分，但针对委托人提出的诉求，未必能提出获得委托人认可的解决方案，这也是从实习律师到执业律师、从刚开始执业到成为大律师的艰难时期。从取得高分到真正出庭代理案件，这就是应试教育和职业教育、书本知识和操作技能之间的差异。律师之"道"的形成，除了知识，更多的是在实践中不断地验证、提高、总结。但所有这些职业技能的进步，无不是思维方法的成熟。

笔者认为，当前的律师实习制度是急需改革的。实习律师在律师事务所是否能得到真正的锻炼，实习律师自己是最有发言权的。客观地说，律师的成长，实际上是依赖自己的悟性和运气，我们国家对律师的培训还缺乏实务针对性。律师职业决定了律师不仅要"知"，还要"行"，要将思维产品有形化。上诉状、辩护词、法庭辩论等这些"行"的实践操作，不是工厂的工人完成一个零件的加工，其中每一个环节，都需要律师的思维转换和精准判断。在此意义上，真正成为名副其实的律师——办案能手，更多的是依赖"无师自通"。但好在最近十多年来，有关法学家和优秀律师、包括众多的法官，纷纷著书立说，就法律思维、执业技巧等进行深刻的论述。从某一方面说，这有益于年轻律师的自我成长。

徐显明主张，法学教育应从目前的"学术型"转向"职业型"，同时，法学教育也应结束杂乱无序和学位混乱的局面。法律职业是高度专业化、人格化和伦理化的。现行四年制的法学教育无法培养法律职业所需要的人才，因为四年时间无法承载通识教育、法学基础教育、司法伦理和职业技巧的训练。

---

① 陈瑞华：《优秀法律人是怎样炼成的？》，载《法制日报》2014 年 7 月 2 日。

“缺乏后两项的训练，是中国法学教育的重大缺陷。在某种程度上，也是司法腐败的缘由之一”。[①]

与我们不同，美国的法律教育便着重严格的思维能力的培训。美国大法官亚狄瑟认为：思维模式比专业知识更重要，因为专业知识是有据可查的，而思维模式是需要长期实践和积累才能形成的。在电影 *Paper Chase* 中，哈佛法学院教授 Charles W. Kingsfield Jr. 一语道出美国法律教育的实质：“You teach yourselves the law, but I train your minds. You come in here with a skull full of mush; you leave thinking like a lawyer.” 我来教育你们思维，当你们离开便可以像律师一样思考。由此可见，美国的法学教育实际上就是思维教育，这和我们培养背诵能力的教育相比存在天壤之别。

可以想象，Charles W. Kingsfield Jr. 带着一帮学子在课堂上疯狂地进行苏格拉底式之问，解决的是“动态的”“个体间差异”的问题。美国训练律师思维，实际上就是“苏格拉底式”教学法：不是把这种概念直接告诉学生，而是先向学生提出问题，让学生回答，如果学生回答错了，也不直接纠正，而是提出另外的问题引导学生思考，从而一步一步得出正确的结论。它为启发式教学奠定了基础。这种提问，既体现了思维的扩散性，也体现了问题的连贯性，更使静态的知识巧妙地融合在思考之中，使学生的大脑在紧张的状态下又必须做出理性的选择，可谓严格而残酷，当然也更有效。

关于法律思维，耶林在《法学是一门科学》中反复地强调：法学就是要对因实际运用的需要而发展出来的经验和事实做出科学表达，法律人应把对法律的全部理解和认知整合起来，这个过程就是体系化的思考过程。也就是说，法律思维，是一种体系化的思考。这和王利明教授的观点一致。

思维，是人启动大脑对外界的信息进行加工、推理从而生成思考的成果的心理活动。爱因斯坦有句名言：科学的全部不过是我们每天思考的提炼。吕良彪律师认为，如何“像律师一样思考”（How to think like a lawyer），核

---

① 徐显明：《法学教育如何走出象牙塔？》，来源网址：http://opinion.caixin.com/2009-03-24/100070986.html，最后访问日期：2019 年 7 月 17 日。

心在于养成符合律师独特职业要求的法律思维。[1]心理学家捷普洛夫说，“思维永远是由问题开始的”。那么，律师思维，就是律师解决问题的思考活动，是律师处理接受的法律信息、寻求决策的思考过程，即由思路到出路的思维活动。

不可否认，同一案件交给不同的律师去办理，往往在作出决策和方案的效率和质量上会产生很大的差异，有的律师瞬间便可以提出解决方案，明确取证目标，预测庭审焦点和难点，而有的律师可能还要“研究”，这除了知识和阅历的不同之外，“特定法律思维决定了法律人理解和适用法律的路径”。“如果缺乏法律思维，或者法律职业人之间的法律思维存在很大差异，将会导致既有的路径选择错误。”

由此可见，不同律师对同一案件信息的处理造成的差异，就取决于思维的差异。

什么是律师思维？笔者认为，就是律师的职业思维，是律师独特的思考活动。它专属于法律职业中的律师群体，尽管属于“法律思维”的概念之下，但因有其独特的思维规律，所以，完全可以界定为律师思维。它检验律师的综合能力，包括但绝不限于专业的法律知识，还包括既往的办案经验、社会阅历以及价值观等；它具有个体化差异，具有鲜明的理性。避免直觉冲动和武断，要反复修炼律师的理性。只有理性的思考才能叫律师思维，而没有走上理性的直觉，尽管有可能是正确的，但也只能称为“想法”，不是律师思维。

为什么研究律师思维？孙笑侠曾鲜明地道出思维与方法的关系。“法律人的思维从来就是基于法律职业及其方法而存在。”所以，律师具有区别于大众的思维，这才是律师职业充满智慧的魅力。

“思路决定出路”或许是对律师执业技能最直接的表达，“法律的生命在于经验”，而经验的获得就要不断地思考和总结律师的修为，形成独特的律师思维方式。

---

① 吕良彪：《“像律师一样思考”——律师职业思维的十个属性》，来源网址：http://blog.sina.com.cn/u/493412cc0102v811，最后访问日期：2017 年 8 月 13 日。

第二节　以理性辅佐证据的方式思考

爱因斯坦有句名言：“科学的全部不过是我们每天思考的提炼。”但是，我们真的知道该如何思考吗？前一节，我们分析了律师修为的方向，这一节，我们将深入探讨一下律师的思维方式。

律师思维所要解决的问题、律师思维的任务，就是获取信息、认知信息、加工信息从而获得解决个案问题的方案。从律师职业的特点上来说，律师工作有两个方面：一个是在大脑里的无形劳动，另一个是具体的有形的操作劳动。“知行合一”对于律师来说，思考过程是“知”，而“行”则是由脑到手的实践过程。

在微信上传播着一个小幽默。老师问：“树上有 10 只鸟，猎人开枪打死了 1 只，还剩几只？”

学生：“是无声手枪，还是其他没有声音的枪？”

师：“不是无声手枪，也不是其他没有声音的枪。”

生：“枪声有多大？”

师：“80 到 100 分贝。”

生：“那就是说，会震得耳朵疼？”

师：“是的。”

生：“在那个地方，打鸟不犯法？”

师：“不犯。”

生：“您确定那只鸟真的被打死啦？”

……

“如果您的回答没有骗人的话，”学生满怀信心地说，“打死的鸟要是挂在树上没掉下来，那么就剩 1 只；如果掉下来，就 1 只不剩！”

终于等到学生的答案了，老师强忍着几乎倒地的晕眩感，颤抖着说：“你不用读小学了，直接去当律师吧！”

以上尽管看上去是一个幽默，但事实上蕴含的思维却异常丰富：首先，这个学生有问题的“量”，即他有对信息的全局性思考，考虑到了有关情况对答案准确度的影响；其次，他对最终答案的确定是异常谨慎的，这好比法官在审查证据，要排除不利的条件；最后，他的提问，是简洁而又必要的。总之，的确说明了苏格拉底式思考、体系化思考，这就是高品质服务的保证。事实上，律师就应该达到苏格拉底式的思考，才符合律师的思维特质，但事实并非如此。

律师思维和人工智能的根本区别在于是否能够体现人类的创造性并在法律程序中验证这个创造。人脑是生理结构，其程序是生物程序；电脑是物理结构，其程序是植入程序。人脑的思维是动态的，会因为法律程序的不同而不断调整转换；电脑是相对固定的，取决于其程序设计。比如，针对委托人陈述的事实，律师提出了独特的解决方案，然后，启动诉讼程序，并最终获得法院的判决，在这一点上，区别于人工智能。人工智能就目前来说，或许可以提供给律师一个类似的“模糊结论”，但这个模糊结论的终点，仅在于为律师提供关联性的知识并到此为止——律师还要走上法庭进行法庭辩论，那种瞬息万变的思考强度，并不是人工智能所能胜任的。所以，笔者曾经预言，除非机器人能够代替律师完成起草诉状、立案、收集证据并在法庭上辩论，否则，律师的工作就不会被人工智能全部取代。

法律人有独特而又智慧的思维，对于事实认定或证据运用形成了独特的思维习惯。这一点特别鲜明地体现在法官的身上。作为法律共同体，律师思维还具有自己的一些特性。律师思维首先是理性思维。律师服务的独特价值就在于律师具有独特的理性思维。而这种理性思维的品质，决定了律师思维区别于大众思维的根本。

从律师执业的规律上看，抛开繁杂的案件事实，不外乎如下规律：律师对案件信息的摄入，这是案件信息在大脑上的反映；对信息在大脑进行加工处理，形成一个小前提（律师在潜意识里建构的案件事实）并以此寻找适用的法律规范；再经过思维加工，寻找帮助委托人处理问题的最佳方案，包括创造条件、防范风险、弥补证据上的不足等。总而言之，体系化、全方位的思考，才能够产生运筹帷幄、决胜千里的自信。而委托人恰恰希望他所委托的律师就是这样：能对委托人的事情既有全局的掌控，又有局部的判断；既有总体的设计，又有细节的安排，尽管不能承诺，但事态的发展似乎完全控制在他手里。

由此可见，律师提供服务的关键点是找到帮助委托人解决矛盾的最佳方案，并通过特殊的职业服务实现这个方案。而这个方案的出台，无论是否因人而异，最终都要经过律师的大脑思维过程。

但，这种思维怎能轻易得来？

理性，“是指人在正常思维状态下为了获得预期结果，有自信与勇气冷静地面对现状，并快速全面了解现实分析出多种可行性方案，再判断出最佳方案且对其有效执行的能力”[①]。“理性”的定义，其实概括出了律师的职业特征。所以，律师的职业思维首先是理性思维。

“快速、全面了解现实，分析出多种可行性方案”正是律师工作的概括。任何一位律师都不能面对委托人陈述的事实而无动于衷，总是要给委托人提供及时有效的方案，在这个基础上“判断出最佳方案”。律师提出的方案可能有多个，但必须择取经过反复验证后的最佳方案，并“对其有效执行”，实现这个方案。

亚里士多德说过：“法律是远离激情的理性。一个好的律师要与法律共舞，就要把一个复杂事件冷酷地分解为若干个环节，在这个分析和决定的过程中，没有所谓的‘痛苦’‘悲伤’‘不幸’‘羞愧’‘气愤’‘预判’‘震惊’这些感情因素。这个律师要能够‘独立’并且‘封闭’地分析事件每一个环节，一步一步得到结论。而且，通过改变任意一个环节的某个条件，能够得出一系列不同的结论。”亚里士多德甚至还把法律定义为“不受任何感情因素影响的理性”。法律是远离激情的理性，法治的文明已经把暴力对抗化解为法律程序上的语言说理，律师具有超常的理性分析能力，是为委托人提供最佳方案的前提。律师一旦在案件中用感性取代了理性[②]，思维便会出现盲点，以至于迷茫在感性与理性的矛盾中难以自拔。

笔者之所以要在此强调“理性”，其实不仅仅是从思维的角度考虑。一旦

---

① 理性（汉语词语）_百度百科，来源网址：https://baike.baidu.com/item/%E7%90%86%E6%80%A7/576586?fr=aladdin，最后访问日期：2019 年 7 月 18 日。

② 具体参见本章第七节“律师思维运作”关于感性的部分。

感性取代了理性，就会使思考的成果受到影响，出现偏差甚至是严重的错误，而且这是律师职业的本质要求，是法律职业共同体应具有的思维品质。

法官是律师认识自己的一面镜子，法官也是最有资格客观评价律师的人。李志刚法官在《法官眼中的优秀律师》[①]一文中谈道："好法官和好律师是惺惺相惜的，当然，并不是说在法庭外的惺惺相惜，而是在法庭上，通过各自的专业素养、法律人的互相尊重，在各自的职责范围内，理性、配合完成各自的使命和责任。"

"经常开庭，对律师的庭审表现也会有很多感触。好的律师说话语气平和，理性而自信……可是，也有不少律师，在法庭上慷慨陈词，情绪激动，甚至还会和对方的律师及当事人吵起来。当事人情绪激动是可以理解的，但法律人，包括律师和法官，应当都能做情绪的主人。我一直觉得，法律人在法庭上吵起来，甚至用一些贬义词攻击对方，都是很失身份、很失职业尊严的行为。"

这就指出了律师欠缺理性之后的行为方式。

法治的文明是建立在理性的思考与行为之上的。如果律师的感性超越了理性，那么往往会使自己的行为方式出现偏差。理性的本质就是否定与怀疑。推理正当性来源于思维的理性。理性是正当推理的前提。当律师以"理性辅佐证据的方式"思考，然后加入律师的另一技能——论证，合理的逻辑推导便会得到符合预期的结论。当然，经历了这个思维过程，律师的哲人气质便会应运而生。

律师理性思维的任务，是运用综合的法律知识、经验、技巧回应委托人提供的事实信息，通过辩证思维，运用逻辑推理，反复检阅所提出的方案，并确定方案。至于如何实现这个方案，则是实务的技能问题。

所以，长期的思考习惯成为职业思维，律师思维的任务就是为法律论证提供专业人士的理性思考、获得有效可行的方案。从某种意义上来说，律师提供法律服务的真正价值，是委托人能从律师那里得到解决问题的专业方案。

---

① 李志刚：《法官眼中的优秀律师》，来源网址：http://www.360doc.com/content/15/0519/21/22513831_471807491.shtml，最后访问日期：2019 年 7 月 18 日。

实践中，律师在解答法律咨询时最能体现这一点。咨询者有一个问题，百思不得其解，但到了律师那里，律师解答的内容，绝对不是完全回应法律是怎么规定的，而是告诉委托人一个解决问题的方案。一旦这个方案在律师的大脑里转化成语言，律师的服务产品就成形了。而委托人所要获得的，就是这个经过律师思考后的法律服务“产品”。

律师个体化差异、律师最宝贵的资源以及最有价值的法律服务，就体现在律师思维上。大脑加工出来的法律方案是否能被司法裁判所验证为正确，是检验律师思维的标准。当然，这必须排除一些其他因素的干扰。但可以形成共识的是，律师的工作分为两部分：一是肢体完成的有形劳动，二是大脑里运作的脑力劳动。而脑力劳动远比有形劳动艰苦和困难。

所以，深刻地领会理性、证据、论证三者之间的关系，是律师迈向成熟阶梯的奠基。这不仅解决了律师应该如何思考的问题，而且还体现了律师思维的品质：系统化、全方位。如果是思维的广度，那么理性辅佐证据的思考方式就决定着律师思维的精准度。因为律师的职业决定、论证是律师的最核心的技能，论证则必然要求律师的思考不是盲目的，而是“理性辅以证据”的思考方式。

第三节　研究律师思维能明确律师努力的方向

为何要研究律师思维？律师该如何思考？这已经是近些年律师发展必须研究的课题。因为，从律师制度恢复重建到近年的迅猛发展，从全面依法治国的宏观要求到委托人日益提高的服务要求，必然要求律师在法律服务领域不断研究自身职业的规律，不断发展律师的职业理论，从而为律师行业的发展打下理论与实践基础。

法学不是哲学，但法学又必须以哲学为指导，实用性是法学最基本的特征。特别是律师，更体现其实务性。律师办理案件、处理复杂疑难的事务，首先要完成思考。思考过程确定了方案，才会运用逻辑学知识完成法律论证。

如果说思维是加工车间，那么法律论证[①]则是检验员。对思维成果不经检验，律师的论证就是盲目的、危险的。

由此可知，律师的核心技能有两项：一是区别于常人的、职业的律师思维；二是精准恰当的法律论证（遇到疑难案件的时候，往往有些同人去找专家“论证”）。而将两者联结起来的是对定案事实的分析、认定和建构。律师思维解决的是方案，法律论证则是完成“说服”，说服受众特别是说服法官接受解决方案；前者的核心是获取方案，后者的核心是说服受众接受律师提供的方案。

第一节中，我们已经讲了法律思维的重要性以及有关专家学者对此的关注度。互联网时代，查找法律或解释法律已经不再专属于律师提供的服务内容。律师的执业规律就是对复杂的矛盾提出解决方案。作为提供法律服务的特殊职业，它的特点和核心的工作不是向当事人解读法律是如何规定的或者做出进一步的解释，而是运用独特的思维为当事人提供解决矛盾的方案。简言之，提供解决方案并以自己的劳动实现这个方案是律师工作的核心内容。由此可见，律师之所以称为“师”，是“出谋划策”之师。

当事人可以通过网络查找到相关法律的规定及其解释甚至对应的案例。这种技术革命带来的竞争，必然体现为未来的一般案件，当事人有可能自己先行设定方案，如果自己能解决便不会再委托律师。这将会成为一个新的特点，这一特点的确也在现实中成为事实。毫无疑问，这就意味着法律服务市场对律师的服务水平要求越来越高，所以，律师一定要在思维上呈现出与大众的差异性。律师的思维有过人之处，这也是获得当事人认可的关键。

何况，人工智能已经进入法律服务领域。尽管人工智能不能全部取代律师，但从人工智能对信息处理的角度来说，律师与人工智能竞争的关键就是能否对信息进行反复加工和处理，为委托人量身定制方案。前述，王利明教授曾论述知识和方法的根本区别是：有关知识可以有形得到，但解决问题的方法却无处可寻，因为，那是智力性的成果，是特定的、专业的思维产物。假如有一天，人工智能真能如律师一样思考，而且它提出的方案的正确性被反

---

① 关于法律论证的重要性将在后面的篇章予以论述。

复验证，那么律师行业就真的面临危机了。因为，这种人工智能取代了律师最为核心的服务价值：律师思维。正如凯恩斯可以回答“我虽然没有带律师替我思考，但我有机器人”一样。

这不是危言耸听，但目前，我们知道人脑更能提高思维的品质。

实践中对律师思维的缜密与精准度要求越来越高，甚至某些律师的思维方式还受到了攻击。例如，在刑事辩护中，有学者提出应当提高刑事辩护的门槛，用严格的标准来限定刑事辩护资格，这就是对律师的思维提出了严格的要求。冀祥德在《通过建立刑事辩护准入制度 实现刑事辩护专业化》中明确而尖锐地提出刑事辩护率低下有多方面的原因，有“刑事辩护律师业务不精，辩护方式古板，方法陈旧，刑事辩护意见‘三段论’——初犯偶犯认罪态度好，一份辩护词天天讲，辩护意见谈不到关键要害上”[①]。

冀祥德所指出的，其实是律师思维的问题，仅停留在问题的表面，面对事实能提取出的价值、观点等有限所致。这就需要律师不断地扩展思维的广度、增强认识定案事实的深度。

思维，是解决问题的工具。为何有些律师能够取得非常好的业绩、获得良好的口碑？通过认真对比会发现：这其中的区别，不是谁更精通法律，而是谁更能熟悉而老到地应用法律，区别于谁更独具卓越的思维能力，谁更能不断验证他提出的解决问题的方案。办理案件中起决定性作用的是律师的思维，是律师对案件独特的智慧，而不是生硬的法条。

我们以诉讼案件为例。

律师办理诉讼案件可以划分为如下阶段：接受委托掌握案件事实；收集证据提出举证质证意见；出席法庭进行法庭调查和法庭辩论。那么，分析研究事实的任务就是提出案件处理的方案，确立办理案件的总的目标，若是起诉，则是确定诉讼请求、诉讼主体、组织理由；若是答辩，则是提出抗辩观点和理由以及证据体系。这些理由和观点的形成，无不是经过律师思维深度思考的产物，是案件信息由外输入律师大脑，经过律师的智慧加工，再输出解决问

① 冀祥德：《通过建立刑事辩护准入制度 实现刑事辩护专业化》，来源网址：http://www.iolaw.org.cn/showArticle.aspx?id=2420，最后访问日期：2019 年 7 月 18 日。

题方案的产物。

在收集证据提出质证意见阶段，则是律师应用诉讼法学知识、逻辑知识，将证据组织成“精兵强将”来佐证自己的观点，论之有“据”是诉讼理由最有力的支撑。这同样是智慧思维的产物。

在法庭调查特别是举证质证阶段，律师的思维得到最严格的检验。原最高人民法院法官李志刚在《法官眼中的优秀律师》一文中，其所谈到的观点，即律师对证据内容的分析，对证据信息的挖掘等技巧。这说明，法官能以旁观者的身份评价一位律师的工作是否准备得充分、其提出的观点是否简明扼要地表达了证据与案件事实之间的关系。

芮刚在《法官欣赏的优秀律师十大细节》中介绍：“在‘您最欣赏律师的法庭表现’选项中，有44%的法官选择了‘旗帜鲜明，直截了当’，只有15%的法官选择了‘雄辩宏论’，也有20%的法官选择了‘善于调解’，这显示出法官不仅希望律师要简明扼要阐述观点，而且非常希望律师能积极参与案件的调解。从该调查结果来看，‘职业道德’和‘业务能力’是双方最重视的问题，‘傲慢’和‘不守时’也成为不少法官和律师之间互相最讨厌的缺点，反映了各自遵守秩序和个人素养的不足。该调查结果还反映出，多数法官和律师都认为双方的整体水平、法治理念水平、执业水平和相互评价相当，两个法律群体差异不大。在‘您希望自己审理的案件当事人委托律师吗？’选题中，只有4%的法官选择‘不希望’。71%的法官选择了‘希望’或者‘欢迎’当事人聘请律师，远远超过‘不希望’的比例。”

法官与律师两个职业群体，本是法学院的同根生，也是法治时代的共同实现人。看诉状、开庭、调解、写判决，法官与律师虽然不是一个职业，却几乎是每一个工作日都要打交道的“合作者”。事实上，“好法官和好律师是惺惺相惜的，当然，并不是说在法庭外的惺惺相惜，而是在法庭上，通过各自的专业素养、法律人的互相尊重，在各自的职责范围内，理性、配合完成各自的使命和责任”。

做律师的确很难，不仅要得到委托人的认同，还要努力成为法官欣赏并尊重的律师。但，从前两位的介绍中，我们可以提炼出这样的律师修为方向：理性的思考、专业的表达。

这两篇文章同冀祥德对刑事辩护所提的要求是一致的，那就是律师思维的深度、广度、精度、专业度如何，会在现实出现反映和评价，而在律师行业不断的发展进程中，对于这种思维品质的要求会越来越高，甚至更为严苛。

所以，智慧思维在质证阶段最鲜明的体现是：用最简洁的语言，将证据蕴含的信息提取和表达出来，使对方的观点与其理由相冲突。

我们再以毛泽东的著作《关于正确处理人民内部矛盾的问题》为例，看伟人的思维以及在智慧思维后的伟大论断：在我们的面前有两类社会矛盾，敌我之间的矛盾和人民内部的矛盾，这是性质完全不同的两类矛盾。这种划分矛盾的方法，就必然会引申出不同的对待矛盾的态度。所以，他得出了结论："性质不同，解决的方法也不同""采用专政和民主这样两种不同的方法"。

经过缜密的思考，对事物的判断和作出的方案才能符合客观实际，才能被验证为真。作为律师，应当从具体案件中找到最主要的矛盾，并重点围绕将来的庭审焦点做充分准备，否则，离题千里，就会付出许多无用的劳动。

研究律师思维的目的，还在于揭示律师与法官的职业不同点：法官的工作成果是最后作出一份判决，律师则一定要在接受委托后、法官判决前找到方案；而律师的方案又必须宏观地掌控法官处理案件的每一个进程并进行缜密的分析判断。一先一后，要求律师必须有缜密而细致的思维、专业而独到的匠心。法官是听取各方当事人的陈述、举证质证论辩之后，才定案判决的。但律师却要在接受当事人委托之后，通过对证据的分析论证就"定案"。否则，委托人如果从律师那里迟迟得不到他认为可行的诉讼方案，得不到明确的案件结果预测，那么，要求当事人委托律师便是镜中花、水中月。所以，律师工作的特点，就是以专业养成的智慧思维，提前预见案件处理的结果，并通过法官的判决来印证这种思维预见。

掌握了律师工作的规律和工作的特点，律师开展工作，便目标明确，事半而功倍。所以，从这个意义上看，可以将律师如此定义：律师是具有独特思维、应用法律为社会提供矛盾解决方案并提供服务的专业人员。而研究律师思维，在于明确律师工作的重点所在。

从律师成长的角度来说，能尽早地得到"要领"，便可以少走一些弯路。

所以，如何提升自己的思维品质，就成为律师重点的努力目标。

第四节　哲人境界

江平先生在《律师文摘》的创刊卷首语中更详细地说明了律师的哲人气质：律师应属于哲人的范畴，哲人并不仅仅指哲学家。哲人者，以真智慧给人以启迪、帮助，指点迷津。哲人者，具有很高的文化教育修养，言谈吐语、待人接事均有相当的品位。律师应当多一点哲人的气质，少一点商人的习气。

这段话，不仅是江平先生对律师的寄语，也是其作为法学泰斗对律师寄予的厚望。

律师，是一个内外兼修的职业，坚持“修行”，便会有独特的气质，或称为独特的职业气质。哲人，即智慧卓越的人、崇尚智慧的人。在法学和哲学上著名的柏拉图和亚里士多德即为典型代表。张思之先生也呼吁，律师应具有哲人的智慧、诗人的激情、法学家的素养和政治家的立场。

两位前辈所说的律师的哲人气质，在西方体现得极为明显。代表人物如：

耶利米·边沁是英国法学家、哲学家、伦理学家，自由主义学说的奠基人之一，功利主义学说的创始人。13 岁进入牛津大学学法律，16 岁毕业后曾一度从事律师事务，后转而专门从事法学理论研究。

格劳秀斯，荷兰人，14 岁入大学，攻读数学、哲学和法学，获法学博士学位。17 岁任律师，20 岁任荷兰律师公会主席。

孟德斯鸠，生于法国名城波尔多附近的拉伯烈德庄园，其家族是当地有名望的“穿袍贵族”，即取得了贵族称号的资产阶级。19 岁的孟德斯鸠获得法学学士的学位，并担任议会律师。

霍姆斯，美国现代实用主义法学的创始人。1866 年毕业于哈佛大学法学院，在波士顿从事一段时间的律师工作之后，于 1870 年入哈佛大学法学院担任讲师、教授，1882 年 12 月担任马萨诸塞州最高法官，1899 年起任院长。

……

这些法学家、哲学家均有从业律师、法官的经历。我们是不是可以说，法律思维应以哲学思维为目标，或者说，最终的归宿就是哲学思维呢？

无论是否能给予肯定的答案，毫无疑问的是，法律职业必然是智慧职业。当律师一生阅尽形形色色的个案，深刻地理解了这些个案对政治、经济、社会、文化等的反映后，一定会有深度的思考，而那闪闪的思想火花，就是点燃未来进程的星火之源。

律师的哲人气质从哪里来？

张思之先生说“律师应具有哲人的智慧、诗人的激情、法学家的素养、政治家的立场，四者统一于科学使命、职业良心与社会主义之中”。张先生此语，从本文探讨律师思维的角度来说，那就是律师的思维还是一种综合思维，正是这种丰富的思维内容，养成了律师的哲人气质。哲人的气质是哲人的自然表现。研究哲人的成长，无不是博览群书、深入实践、深邃思考。其不仅散发着思想的光芒，而且外露着无法抵挡的人格魅力。总而言之，哲人气质，是内在修养的外现，是由内而外的思想喷发，是一种思想成熟、睿智练达之美。

江平先生、张思之先生、田文昌律师……都是中国的法律哲人。

在律师实务中，有的当事人为何去多家律师事务所对比挑选律师？这是因为委托人对委托何种律师有自己的评判标准。他们会从律师给他们的印象、律师的谈吐、对问题思考的深度和广度、回答是否敏捷等各个方面来选择自己认可的律师。互联网时代，委托人对律师信息的获取更加快捷简便，如果不加强自我修养，认识不到市场对律师的需求，还停留在“酒香不怕巷子深”“介绍案源”的思维，那么，律师的发展无疑将会因自身原因而受到限制。

一位思想睿智、谈吐不凡的律师，无疑将极大地吸引当事人的注意，让他产生好感。如果通过交谈，当事人认为律师具有丰富的社会阅历，对他委托的事务具有哲人般的洞察能力，自然会将自己的事务托付于这样的律师。

当然，笔者不是说当事人是“以貌取人”，在市场竞争激烈的今天，那也太低估了委托人。但绝不能否认，哲人气质那难以阻挡的魅力以及它对信任的唤醒能力，决定了委托人是否能够将自己可能一生才遇到的一件事，交给他信任的律师处理。

在这一点上，绝对不要认为委托人寻求法律服务是在随意挑选一件普通商品。律师有律师的思考方法，但新时代的委托人更有他独特的慧眼。

哲人气质的形成，不是表演、不是模仿，而是天然，是修养到了一定程度之后专属于个人的气宇。而要想如此，必然要注重修养，如江平先生所言“具有很高的文化教育修养，言谈吐语、待人接事均有相当的品位，而不是市侩习气、拉帮结派，整日忙于应酬、饭局，流连忘返于市井之中。律师应当多一点哲人的气质，少一点商人的习气”。

笔者认为，律师的哲人气质，来源于律师对自己职业的敬与爱，来源于对历史厚重的中国之法治振兴的自信与激情，来源于对受人之托、忠人之事的诚信，来源于秉烛夜读、博览集思，来源于夜深人静时，那份仰望繁星孤独的沉思……而这一切，都是律师的使命感与责任感在驱动。

哲人思维是对传统思维的超越，是律师智慧的至高境界。秦甫在《律师全能思维方略》中说，“传统思维仅能肤浅地、简单地提示案件的表象以及办理案件的常规性思路轨迹，而全能思维（创新思维）不仅能够揭示案件的本质和案件办理的常规性思路，而且能够提供新的、具有应变能力的思路和方法。它可以使律师突破各种自然极限和人为设置的认识路障，起到事半功倍的功效”[①]。

秦甫先生说的“全能思维”，笔者表述为“综合思维”。

狭义上法学不是哲学，但谁都无法否认，法学又必须以哲学为指导。前述那些西方的法学家，他们的大脑里一定还住着另一位哲人。法律事务往往有其产生的极其复杂的背景，案件信息量大，证据材料繁杂，如何从这些杂乱无章的表象中抽取出事物矛盾的质点，检验着律师思维的能力。只有对事物的矛盾有本质的认识，找到了焦点或症结所在，才能做出最佳方案。这往往就体现在法庭上的“争点”“焦点”上。这种捕捉焦点与争点的能力，其实就来源于哲理的深度思考养成的预判能力。

梁慧星老师认为，法律思维是一种规范思维，他是从律师思考的依据是

---

① 秦甫:《律师全能思维方略》，中国检察出版社 2010 年版，第 11 页。

法律概念的角度上说的。[1] 周吉川所著《律师如何思考：民商事案件思维与诉讼策略》中提到了思维的规范性问题。“律师工作是否有保障其基本质量的规范性？我们常看到更多的是行为上的规范性，却很少看到思维上的规范性。然而，只有在思维上具备规范性，才能保证和提升行为的品质，才能更好地体现律师专业服务的价值。”他感叹，很少有人（包括律师以及有关培训律师的机构）去关注律师办理案件的思维过程。[2]

笔者认为，律师职业不仅要以思维的规范性来促进行为的规范性，还要强调自觉的思维的哲学性，即律师的工作性质决定了其思维应以一定的哲学理论为指导，而不是局限于“自然思维”“个性差异”，哲人境界应是律师追求的目标。也就是说，律师不仅要有独到的思维方式，还要达到一个新的、更高的境界。

古希腊时期的自然派哲学家被认为是西方最早的哲学家。不管他们认识世界的方式是否正确，可他们的想法有别于迷信的原因在于：这些哲学家是以理性辅佐证据的方式归纳出自然界的道理。苏格拉底、柏拉图与亚里士多德奠定了哲学的讨论范畴，他们提出了有关形而上学、知识论与伦理学的问题。某些现代哲学家认为，直到今日的哲学理论依旧只是在为他们三人做注脚而已。

亚里士多德在《形而上学》中说：求知是所有人的本性。人都是由于惊奇而开始哲学思维的。一个感到困惑和惊奇的人，便自觉其无知。

黑格尔认为：哲学是一种特殊的思维运动，哲学是对绝对的追求。“哲学以绝对为对象，它是一种特殊的思维方式。”

从现代哲学家认为哲学理论仍还徘徊在苏格拉底、柏拉图与亚里士多德的哲人思考之中，到亚里士多德与黑格尔都强调的“哲学思维”“哲学是一种特殊的思维运动”，启示我们：律师在具体的实务中的思维，应当从传统思维

---

① 梁慧星：《怎样进行法律思维》，载《律师之师：律师素质与思维十讲》，中国法制出版社2014年版，第83页。

② 周吉川：《律师如何思考：民商事案件思维与诉讼策略》，中国法制出版社2015年版，第3页。

向自觉的、特殊的哲学思维、辩证思维努力，或者说，在律师思维的品质追求上，中国律师业有着广阔的空间。

律师之所以要有哲学思维，是由律师的职业特性所决定的，而且，哲学思维应该成为一名优秀律师应有的品质。律师的职业决定，律师所接受的法律事务委托，均事关罪与罚、民事责任的承担等直接决定着委托人命运的事项，如果律师对这些事项仅有肤浅的认识，是难以承担重任也难以取得委托人的信任和托付的。所以，这就要求律师应具备对特定委托事项思维分析的广度和深度，洞察特定事项背后的成因，找到事物的本质问题，找到解决矛盾的关键点，从而，应用法律做出委托人期待的结果预测。而这种思维活动，必然离不开哲学认识论的指导。

在此，梁慧星老师有过专论。“对一些疑难案件，一些可疑的案件，一些反常的案件，一定要进行‘实质判断’”[①]，不能仅看委托人提供的证据，一定要看到案件的真相和它的实质。其实，这就是哲学思维所要求的“透过现象看本质”。只有对案件的本质有认识，律师才能形成是否接受委托以及提出的主张能否实现的判断。

比如，在某些新型案件中，律师分析了事实、检索了法律、提出了论证，但这只是一个基础的层次，还有待于研究：对于新型案件，法官会采取何种价值取向？该新型个案会对社会生活产生何种影响？如果律师的思维达不到这个高度和广度，只局限于基础的认知层次的话，那么案件的处理结果很可能会事与愿违。

在律师实务中，律师的哲学思维所应有的作用可以如此概括：对法律事务能够探寻规律性的认识并实际应用法律，找到符合法律预期的处理方案。

笔者认为，律师的哲学思维应当具有如下品质。

首先，要有综合的、辩证的思维。综合的，是指要考虑个案中尽可能多的因素，分析对事情具有影响的各个方面，对任何事物都应在对立中又统一，一分为二地看待，反对片面性和绝对性。哲学思维本质上是一种不盲从权威

---

① 梁慧星：《怎样进行法律思维》，载《律师之师：律师素质与思维十讲》，中国法制出版社2014年版，第95页。

的批判性的反思。任何事物的发展，总是在自我的否定中实现的。不盲从，才能体现创意，正如不同的律师绝对写不出完全相同的辩护词一样，盲从权威是一种自我束缚的教条主义。这符合辩证法的要求，即对立统一规律。时刻想着对立的一方，解决与对方的对立，让法官的观点统一到自己一方来。听起来很拗口，但事实上的确如此。例如，笔者代理原告，是与被告的对立。这种对立最终要统一到法官的裁判文书中，但裁判文书会支持谁呢？所以，要分析对立的主要矛盾，并化解这个矛盾，以促使法官采信己方的证据、接受己方的理由，从而结束与对方的对立，达到矛盾在胜诉判决中的统一。研究对手、分析对手，研究矛盾、分析矛盾是诉讼技能发挥的根本要求，而这正是对立统一规律的辩证要求。

法律上的争议，就是矛盾的体现。而考虑相关因素的范围越广，越有利于排除不利于自己的矛盾。这种不断摄入相关因素，不断反思自己论证的过程，就是否定之否定的思维检阅，这是思考的深度、精度、广度的体现。

其次，要有创造性的思维。律师的哲学思维有依赖经验积累的因素，但又不完全靠经验来引导。律师是实务性的职业，不断地积累各种办案经验，势必会对遇到相同事项的思维产生影响，但把过去的、一时成功的经验作为绝对真理照搬套用，显然过于机械。所以，这种建立在经验之上，又必须摆脱经验误导的特殊性决定了必须具体事项具体分析。

正如我们国家没有判例法一样，尽管有些案件案情“类似”，但既往的判例不能成为律师要求法官照此判决的依据。虽然有了指导案例，但也只是指导或参照，并不是“依据”。所以，律师思维的创造性就在于针对个案，提出符合该个案的观点，这就要求律师的思维具有独创性，在一般与特殊、普遍与个别间寻找立论的根据。

总的来说，哲学思维的功能或根本作用在于给人提供了一种正确的理性思维模式，并提出了“本质”认识的思维要求，能培养和锻炼人的思辨能力，从而使律师在具体的事务中形成职业性的敏捷思维习惯，对法律事务有特殊的思维方式，认识达到一定的深度和广度，解决特定案件的方案具有哲学基础，而这正是律师思维成熟的标志。

一旦具有了哲人思维，律师的哲人气质也就如影随形，律师的形象、能力也就达到了一个全新的境界。

第五节　律师思维的特点

思维与技能的关系：思维是产生方案的抽象劳动，技能是实现方案的具体操作。在实务中，律师有形的劳动容易展示，如替委托人调查证据、到法院立案、开庭等，但最能体现律师服务价值的无形劳动却隐藏在自己的大脑中，不被委托人所见。因此，笔者主张，律师要善于在接待委托人的时候展示自己独特的思维成果。

前一节，我们谈到了律师要达到的哲人境界，笔者认为，这其实是律师的哲学思维。

首先，律师思维是辩证思维。这要求律师要“知己知彼”，不仅要从对方提供的诉讼材料中“拎出”一个事实，而且还要找到对方的软肋，从而为自己的诉讼方案确立找到突破口。

因此，法律上的争议，就是矛盾的体现。而矛盾总能被有心人发现。

其次，要有创造性的思维。律师的一切思维活动的核心目的是最大限度维护委托人的合法利益，要达到这个目的除了本身对纠纷透彻的分析、对法律条款的熟知，更需要创造性的解决方式。①

律师思维还应是一种理性思维。审视个案时，能否克服“感情用事”，实际上决定着操作个案时能否秉持理性，不偏离一位律师应当做出的正确的选择。笔者认为，在法律事务中，感性与理性的冲突，是制约法律人做出正确决断的一对矛盾。特别体现在，律师一定要摆正自己的位置，不要把自己的角色转变成当事人，一旦角色错位，就很难摆脱这种感情的困扰。

前面我们已经说过，“理性是指人在正常思维状态下时为了获得预期结果，

---

① 律师的思维_百度文库，来源网址：https://wenku.baidu.com/view/8b8a8d977dd184254b35eefdc8d376eeafaa1766.html，最后访问日期：2019 年 7 月 18 日。

有自信与勇气冷静地面对现状，并快速全面了解现实分析出多种可行性方案，再判断出最佳方案且对其有效执行的能力”。这里的正常思维、冷静地面对现状、判断出最佳方案的能力等，正是对律师克服感性的要求。相反，感性的人，在待人处世过程中，更遵从自己的意识，也就是习惯于从心中所想出发，不会更多地考虑客观条件，若是以主观看法为主导即会变成唯心主义。而这和辩证思维以及律师所追求的哲人思维是对立的。因为，社会现实不会以人的主观意志为转移，背离了这一条，从自己的主观出发，忽视了客观事物之间的联系，必然会使自己的判断、决策失误。

感性一般被理解为：凭借感官等认知的、基本由个人的感情决定的。正因如此，感性认知以及建立在此基础上的判断不能介入事物或个案的本质、找到解决矛盾的关键，这是律师思维“最大的对手”。

律师思维的核心模式体现在三个方面：逻辑思维、规则思维和证据思维。像律师一样思考，应当是指一个人的思维方式具有律师思维的特性，这种特性根植于律师职业、法律活动本身的传统和性质。它是一种职业习惯，一种角色心理，是养成的，熔铸在律师的群体属性里。①

律师思维要求用律师身份来看待问题、分析问题、得出结论。律师职业要求律师不能一味机械地依靠法律法规来看待法律纠纷，更需要看到该法律纠纷背后涉及案件的根本矛盾点，只有找到根本的矛盾点，才能找到对应的解决方案。正是律师思维的多重性、复杂性，让律师的工作更加具有职业性与特殊性。

郑永流在《法律方法阶梯》中论述：“法律思维是指人们在建构规范并将规范应用于事实作出判断时的精神活动方式，建构规范需判断哪些事实当由法律来调整，应用规范需判断事实是否需要与规范相适应，均要穿行于事实与规范之间。”

这句话看似生涩难懂，其实用三段论公式和涵摄概念便可以迎刃而解。从律师实务的角度讲，其实就是说法律规范与案件事实的符合性：法律规范作

① 张建伟:《像律师一样思考》，来源网址：http://mall.cnki.net/magazine/Article/FZZX201008004.htm，最后访问日期：2019 年 7 月 19 日。

为大前提，案件事实作为小前提，结论是否正确要看事实与法律规范的假定条件是否符合。这也是沈志先先生所言的“符合性判断”，而它的另一面，则是“分离”。这正是我们律师职业面对同一问题必须同时思考的两面。

律师思维具有独立性。因为思维仅存在于人的大脑中，所以从思维的共性上来说，任何思维均具有独立性。这是指每个人的大脑思维都是独立的，只有将思维的成果借助语言这一载体向外界传达，才能将思维成果表现出来，也才有可能和其他人共同探讨思维成果的可行性。所以，思维就是一种独立的大脑思考过程。这种在大脑里加工的过程，就是知识的运用，它思考成果的可行性和被证实程度，取决于知识和经验的积累，与之成正比。

律师思维的任务是要完成证明，即要有运用证据证明案件事实、诉讼主张的作用。这一句话，又道出了“理性辅以证据方式思考”的要义。现代诉讼中实行证据裁判主义，认定案件事实应依赖于证据，证据是律师的制胜利器，律师进行诉讼活动和诉讼外的咨询代理活动，不能不注重证据。有证据意识者，能够注重保全证据，在提供咨询意见或者辩论时言之有据（证据）、依证据为判断。即在明确了代理案件所确定的法律规范之后，还要将案件事实运用证据规则予以充分的证明，从而使自己预定的方案得到实现。运用证据的能力，是律师的必备技能。它包括对证据信息的提取、运用证据连接论证桥梁等方面。而律师思维绝不是空想，而是以事实、证据、法律这些元素为内容的智慧思考，这种思考的任务定向为证明。笔者将在证据篇中论述。

律师思维具有单方性。即出于维护委托人合法权益的职业伦理和职业要求，必须只考虑一方的权益，不会如法官一样考虑“衡平”。体现在收集证据上最为明显，如侦查机关，法定要求是收集证据必须全面，不仅要收集有罪证据，还要收集非罪证据。法官在庭审时必须听取原、被告双方的证据及意见，才能对案件做出裁判。而律师从接触委托人的那一刻起就注定了是维护一方当事人的合法权益，无论是提供诉讼方案、举证，还是出席法庭辩论，绝不会为了对方的利益而损害己方的利益。这不仅是《律师法》的规定，也是职业道德的要求。

律师思维具有隐藏对抗性。隐藏对抗性，是指律师在接手具体业务后，没有到达法庭辩论之前的独立思考过程中，所有的思考，都是为了打败对手，获得对己有利的结果。

由律师职业特点所决定，律师的思考不能仅局限于表面事实，因为，当你为委托人做案件准备时，对方的律师正做着同样的事，他是将你作为对手来设计方案、准备证据的。所以，这种思维方式要求律师不能轻敌，对于案件更不能因其“简单”而轻视。战术和战略上的轻视和藐视，就体现在诉讼律师总有对手。事实上，在律师思维过程中也始终会有“假想敌”。即在论证某一方案时，设想对立的观点，隔空对话、虚拟对手，如此，才能使思维更加缜密，得出的方案才能更具有成功的可能性。

律师思维具有动态性。它会根据案件的变化、程序的不同而作出相对的改变。原来做出的方案无论多么完美，哪怕离成功仅一步之遥，但因对方的一份新证据的出现，将导致全盘的方案必须重新设计或改变。而且，这种思维转换往往要求敏捷，如在法庭辩论中，突然恢复法庭调查，法官忽视了一份关键的证据，而该证据恰恰对己方不利，此时，就必须推翻原有的应对策略，而重新调整。这就是动态性的体现。

律师思维具有总结性。这种总结性，也是与律师的职业属性紧密相连的。随着律师业务量的增大，律师会不断地总结成败得失，从中找到失败的教训，避免再犯，或运用到下一个方案中。这种思维的自我更新，是其不断总结的成果。

思维与技能的关系：思维是产生方案的抽象，技能是实现方案的工具。我们讨论律师思维的特点，其实就是在于揭示“思路决定出路”，《礼记·中庸》中写道：“凡事豫（预）则立，不豫（预）则废。言前定则不跲，事前定则不困，行前定则不疚，道前定则不穷。”毛泽东在《论持久战》中亦曾引用：“‘凡事豫（预）则立，不豫（预）则废’，没有事先的计划和准备，就不能获得战争的胜利。”这里的“预”，笔者将其用作“思考”，说明律师绝大多数的工作是在大脑里完成的，一旦思考的成果定型，剩下的就是有形的劳动。而这种工作方式，很有力地回答了为何大律师们不会轻易地承诺为别人起草一份诉状，因为一份诉状可能几百字，但律师思考的工作量却是巨大的。

第六节 律师思维的养成

通过前面的分析，我们探讨了律师思维与具体实务之间的关系，以及律师思维需要达到的目标。探讨律师思维的目的，在于使我们明确：律师作为一种特殊的职业，其思维必然有自己的特点。只有掌握了律师思维的独特性，才能对律师职业进行有针对性的思维教育或思维培养。

美国教授鲁特伯恩斯坦说，伟大的思想家使用过13种思维工具，使用这些工具可以使人成为天才。具体思维工具有：观察、想象、抽象、模式认识等。笔者认为，律师的思维训练要从不自觉的思考，逐渐形成规范的律师职业思维，以下方面值得重视：

哲学的高度。要解决我们面对的重要问题，不能停留在当初制造它们的思维层面上——爱因斯坦。即面对委托人陈述的个案，要有认识的高度，不拘泥于具体的繁杂小节，而应从事物发生、发展的规律看待问题，形成透过现象看本质的能力。总之，任何委托人陈述的事实以及他基于这个事实提出的诉求，都是社会生活的反映。一滴水可见海洋，律师思维的视野要善于从微观联系到宏观，从事实联系到证据，从法律联系到诉求。这一点，在前面“哲人思维”中已经讲述。

系统化思考。王海鹏在《系统化思维导论》序言中说：“所有学科看到的不同系统，其实只是真实系统的投影，它们是一个整体系统的不同组成部分。这些系统是开放的，相互之间没有明显的边界，并且会互相影响。国家可以在地理上是近邻，在政治上是仇敌；恋人可以远隔千里，而心有灵犀；和你交易的人，可能远在地球的另一边。部分脱离了系统，就丧失了存在的意义；系统脱离了环境，将不能存续。所有的观点都是互补的，光既是粒子又是波。凯恩斯说对了一半，哈耶克说对了另一半。从外部看，系统有行为，从内部看，系统有结构，系统是行为和结构的统一。”[①] 他的观点给了律师系统思维有效的指引，对于任何个案或法律事务，均不能片面地看待问题，只有把矛盾

① ［美］温伯格：《系统化思维导论》，王海鹏译，人民邮电出版社2015年版。

纳入生成它的整个系统，律师经过思维加工后的观点、方案或决策，才不至于顾此失彼，才能体现一位律师的高超技艺。如王海鹏所言：“在系统的内部，一切都有很强的联系。蝴蝶扇动翅膀，可能会引起暴风雨。”这就是思考角度，若有思维映射不到的角度，或许，那只被忽视的蝴蝶正在呼风唤雨，令你措手不及。这种表述，也说明了律师思维的动态性特点：在一个诉讼系统内部，任何一点的变化，都可能打破原有的平衡，律师不得不重新思考，再求新的突破。

养成这种思维的有效方法，就是不断地审视个案发生的特定背景，不局限于现有的信息，更不要急于下结论，如此反复训练，天长日久，便能形成经得起检验的“直觉”，当然，那也是经过训练之后的成果。事实上，很多大律师听完委托人陈述之后，就对案件产生了一种预判，这种来源于直觉的预判又往往被证实，这与其说是表面上的“经验之谈”，倒不如说是实质上独特思维的精到之妙。

论证思维训练。律师思维的任务是要完成证明，即要有运用证据将案件事实、诉讼主张证明的作用。这一句话，又道出了“理性辅以证据方式思考”的要义。在没有谈到具体的论证方法之前，对任何一个案件，都要将论证的要求提升到最高的标准，长此以往，论证便形成独特的个性与规范的程式。这就是律师职业长期专业形成的，也是律师职业必备的论证品质。笔者将在后面的章节专门论述“律师论证”。

重视价值取向。“不管是在实践的领域，还是在理论的领域，法学涉及的主要是价值导向的思考方式。”[①] 律师重视价值取向的思考，其益处在于能够从普通的个案事实中提取出“价值”，犹如从沙砾中取金，让你的观点更具有闪光点。当然，还极有可能因为提升了“价值”而改变了法官先入为主的固化思维模式。

一个人的价值观决定了他的价值取向，而他的价值取向决定着他的思维和行为的方式。所以，价值取向的思考训练，会使我们思考问题更有哲学高度，更能系统化地发掘出个案事实中对自己有利的部分。

---

① ［德］卡尔·拉伦茨：《法学方法论》，陈爱娥译，商务印书馆 2003 年版，第 95 页。

换句话说，法律人价值取向的归宿应当是公平和正义。

比如，疑罪从无原则的真正确立就体现了国家司法的价值取向的转变。疑罪从无，本符合法治文明，可简称为“利于被告人原则”，但在司法实践中往往被异化为“疑罪从轻”：宁愿错判，不能错放。近几年不断被平反的冤案，就是对这一错误理念的否定与证明。

中国社会科学院法学研究所研究员刘仁文一语中的：“实事求是地说，一些公诉人员还没有真正从内心把它作为一个牢不可破的办案理念树立起来，而是疑罪从有、疑罪从挂、疑罪从轻。在这样一些错误理念的影响下，就难免出现‘带病起诉’，进而为酿成冤假错案埋下隐患。疑罪从有或疑罪从轻，可能会使真正有罪但证据不足的被告人获得法律制裁，但也可能使本来无罪却有部分证据或可疑证据的人受到错误追究，并容易形成‘宁可错判、不可错放’的错误观念。两相权衡，为了防止出现冤假错案，只能坚持疑罪从无，这是血的教训所换来的选择，也是法治不得不付出的代价。”

2015 年 8 月 17 日，来自广东省高级人民法院的“全国首例直接引用‘疑罪从无’原则”、带着法官经典判词的无罪判决书面世。[①] 被告人陈某钧因涉嫌 2001 年的劫案，在当了 10 年“逃犯”后，2010 年被捕，次年一审死刑，重审死缓，到“全国首例疑罪从无”，5 年的案件画上了句号。该判一经公布，迅即引发法律界及社会的广泛热议，可谓好评如潮，不仅没有因为“错放”而损害司法公信，相反，更多的人认为这更有力地提升了司法公信，体现了现代的司法文明。

我们可以从该判决的判词中读出“价值取向”：“本院认为，因受制于犯罪的隐蔽性、复杂性及侦查手段局限性等诸多因素，本案目前无法通过证据体系还原客观事实、认定法律事实。在对上诉人陈某钧是否系本案真凶既无法证实亦无法证伪的两难局面下，人民法院应当恪守证据裁判规则，绝不能为片面追求打击效果而背离‘疑罪从无’的刑法精神。”“疑罪从无并非放纵犯罪，而是对司法公权力的合理制约和规范使用，是对任何有可能身陷囹圄的公民基本人身权利的有力保障。在刑事科学日益发达、侦查手段日益精进的时代，

---

① 广东省高级人民法院（2014）粤高法刑四终字第 127 号刑事附带民事判决书。

本案欠缺的证据链条一旦出现新的弥补和完善，司法机关还可再次启动司法程序，严惩犯罪，以民众看得见的方式来抚慰被害方，以法治的精神和途径来推进公平正义的实现。”

该判决书中的判词，鲜明地体现了随着司法改革的深入，陈旧的、错误的价值理念不断为被平反的冤案所否定，疑罪从无的价值取向终于回归。

以上的几种思维方向，是与律师实务具有紧密关联的，因此笔者认为，律师的思维应着重以上几个方面的训练。当然，这只是一家之言，诸君权当参考，但笔者的良苦用心是：不要仅凭“直觉”思考，而要规范地、理性地自觉思考，经由长此以往的自觉思考锻炼，从而上升为理性辅以证据方式的思考。这其实就是律师思维的规范化。

第七节　律师思维的运作

王利明教授说“法律适用活动对法律思维习惯具有路径依赖效应（Path Dependence）。这类似于物理学中的‘惯性’，一旦进入某一路径，无论是好的还是坏的，都可能对这种路径产生依赖”。[①]

正如上一节我们谈到的一样，摆脱仅凭直觉思考，就是要克服那种路径依赖，从而养成律师规范化的思维模式。

王利明教授显然是说，思维习惯会成为一种模式，而一旦模式确立，则会产生依赖。这说明，正确的思维习惯对于方案的作出具有“路径”效应。正因如此，笔者在第六节中只是简要地提到了“系统化”“哲学高度”“价值取向”这些与律师实务紧密相关的部分介绍。笔者的观点是，律师思维是基于律师的职业属性，有着自身的任务和思考习惯，思维的有效性，决定于其思维运作的规范性，从而也决定了其思考成果——方案的正确性。这就是“快速全面了解现实分析出多种可行性方案，再判断出最佳方案且对其有效执行

① 王利明：《民商法研究》，法律出版社2014年版，第619页。

的能力”的职业属性。

律师的思维路径是：接受信息、加工和处理信息、生成方案、论证（检验）方案、执行方案。

由于职业分工的不同，律师和法官的工作任务和目的自然不同。李安教授认为，“为案件作出决定或为纠纷提供解决方案是法官裁判的核心任务，法律思维是法官为解决社会纠纷而适用法律的一种方法”[①]。

而律师思维与法官思维的不同点在于，法官最终要作出裁判，而裁判必定只有一方获得胜诉。因此，律师思维与裁判思维的区别又在此得到了鲜明的体现：律师不是为案件作出决定，而是为了得到法官作出支持自己一方的决定，将“事实与理由”提供给法官，供其裁决。

毕竟，法官最终作出决定是听取控辩双方言词（诉讼中的言词原则），所以，律师是否在建构“事实与理由”的过程中，考虑到了法官的裁判思维、上升到价值取向的高度，并在自己的论证体系中审视这个事实与理由被法官接受的度值，直接决定着案件能否尽可能地获得胜诉。

李安教授在《裁判形成的思维过程》中的观点，印证了笔者的观点。

“法律裁判并非仅仅通过推理即可形成。法律推理其实是为判决结论提供正当理由的过程，可是推理本身是无法为自身的‘前提’提供出处的。这就需要将裁判思维的视野扩大到推理‘前提’的获得以及获得之前的心理活动上。如果将前提的获得称为发现，将结论是否合理的证明过程称为证成，那么裁判思维就可以被分成‘发现’与‘证成’两个脉络。”[②]“完成裁判活动的整个过程用裁判思维来表示会更加合适。”

在1975年，心理学家Tversky和Kahneman提出人类的判断存在启发与偏见，并因之而获得诺贝尔奖。笔者对李安教授观点的理解是，完整的“前提”应当包括法律规范与事实，法律推理仅是论证工具，即裁判思维，应当扩大到获得推理的“前提”及获得前提之前的心理活动上。从律师实务来说，律师始终要将对事实的审视注入这种裁判思维，否则，一旦将从委托人那里得

① 李安：《裁判形成的思维过程》，载《法制与社会发展》2007年第4期，第11页。

② 李安：《裁判形成的思维过程》，载《法制与社会发展》2007年第4期，第11页。

到的原始信息转化成为程序事实（律师建构的事实进入法律程序），便成为案件审理的对象、法庭调查所要达到的目标，它是否成立决定着律师提出诉讼方案的理由是否成立。

律师的事实与理由是否获得支持，这不仅取决于对方的证据质量和论辩强度，还取决于法官的裁判思维以及价值取向等。

霍姆斯在猛烈批判法律中的逻辑性时认为：在逻辑形式的背后存在相互冲突的立法根据，法官需要根据其个人的看法对这些根据进行判断，而个人的看法和态度则由其经验和对历史的理解而定，因而“对于法律的理性的研究在很大程度上是对历史的研究”。但对历史的研究只是研究的第一步，因为“拘泥于文字的人仅仅是现时的人，而未来的人是掌握数据统计和懂的经济的人”。

许多法律判决是基于不确定的事实、模糊的法律规则或者不充分的逻辑作出的，因此“真正的”判决根据并不清楚；对不同人员在类似情况下所作出的判决的比较表明，法官的个性、政治因素或偏见对判决的影响比法律要大，他们注意到法官不是机器，并告诫法官应更有原则，更具社会意识。[①] 人类的判断存在启发和偏见，而法官总是对接受的信息有自己的个人好恶，这就决定了理性与感性在审判事务上是一对非此即彼的矛盾。甚至可以说，感性在法律人那里成为一条制约理性的鸿沟。正如庞德所言：“法律的历史表明，人们始终是在严格规则与自由裁量之间来回摆动，在据法司法与不据法司法之间不断循环反复。”[②] 这其实就是感性与理性的矛盾表现。而这正是笔者倡导“理性辅以证据思考”的价值所在：我们总要在法律人的理性中探讨法律，一旦任何一方失去这种理性，那就失去了法治的文明。

谈到自由裁量，不得不说一下法官对案件的直觉。笔者认为，在某些案件中，有经验的法官会产生瞬间的心理确信，认为“的确如此”。这或许是对其先入为主的观点的确认，也或许是因其他信息的介入而使其改变看法。一旦这种心理确信得以确立，另一方便陷入了更加困难的境地，甚至连说的机会都没有。

---

① 参见李安：《裁判形成的思维过程》，载《法制与社会发展》2007 年第 4 期，第 11 页。

② ［美］罗斯科·庞德：《法律史解释》，曹玉堂等译，华夏出版社 1989 年版，第 1 页。

前面我们说过，律师也会有这种“直觉”，但笔者在此讨论法官的直觉，显然说的是理性的直觉，正是在“法律的生命在于经验”这一论断的基础上说的。而一旦这种直觉成为法官对案件审理形成的心理确信，案件的走向也就基本确定了。假设在民事案件中，原告当然希望法官产生这样的心理确信，来支持自己的诉讼请求；被告当然要竭力动摇法官不能产生这样的心理确信，以使自己一方有更大的说服空间，从而要求驳回原告的诉讼请求。如何在动态中把握法官瞬间的心理确信？仍然是回到之前我们所说的对委托人陈述的批判、对事实的反复检阅、对全部证据的严格审查上来。

如笔者在贵州省高院庭审中遇到的一幕。原告方举出了一份合同，以证明和笔者代理的被告方延续了之前的合同关系。但笔者早在阅卷时便发现，该合同尽管公章是真的，但是以已经履行完毕的前一年的合同将日期涂改，使合同的期限延长了一年。

但是不是仅对该证据质证，认为涂改就够了呢？假设没有足够的理由引起法官的重视，显然，法官有可能基于公章是真的这一事实不采纳我方的质证意见，并拒绝重新鉴定的要求。

笔者经向委托人求证，的确没有续签过该合同。同时，又得到另一信息，前一年的合同一式三份，除原、被告方各一份外，还有第三人处存有一份。于是，锁定原告提供的合同是上一年的合同涂改而来的思路便确定了：只要上一年的合同少一份，便足以引起法官的高度重视，产生心理确信。

果然，在庭审中笔者提出：原告举出的证据是以前一年的合同涂改形成的，不真实；前一年的合同一共三份，现原、被告双方各有一份原件，但第三人并没有提交原件进行核对，因此被告方有理由怀疑第三人与原告串通，在庭审中要求对是否涂改进行鉴定。

显然，对方代理人并没有准备预案，也没有预料到我方会从上一年的合同数量上进行质证并引起法官的重视。而法官直至听取质证意见才发现这一细节，于是，将其对证据中“公章是真的”这一重点引向“上一年的真合同少了一份，当庭提交的证据有从缺失的那一份涂改的事实”[①] 这样的问题上来，

① 这也是笔者将在后文中提到的“建构事实”观点。

引起了法官的有根据的怀疑，其同意我方的鉴定申请。此时此刻，笔者预测到法官的确信产生，原告最终败诉。

这个案例说明，律师思考问题的角度会有多个侧面，法官的顿悟或直觉也会成为"突发状况"，避免这种突发状况的良方就是，规范执业，审视细节，总之，律师应当跟上法官思维的脉搏，对于其"顿悟"结论的偏差及时察觉并予以引导。笔者在第五节曾讲过律师的思维运用：研究对手，分析对手，研究矛盾，分析矛盾从而解决矛盾是诉讼技能发挥的根本要求，而这，正是对立统一规律的辩证要求。这要求律师要"知己知彼"，不仅要从对方提供的诉讼材料中"拎出"一个事实，而且，还要找到对方的软肋，从而为自己的诉讼方案确立找到突破口。

这的确需要深厚的功力，而这种功力的取得，就在于精于自己的思考。

也就是说，律师要有引起法官有利于自己的顿悟的能力。美国著名大法官约瑟夫·哈齐森曾道出了法官的这种顿悟期待："在清查了所有可得的文献，确实加以慎重考虑，放任自己的想象力尽情奔驰并对原因加以深思后，我静待一种感觉，一种直觉，也就是顿悟式地灵光一闪，让自己从问题直接跳到结论。就在那一点上，原本晦涩不明的路途也随之大放光明。"

这句话，的确可以为我们打开思维运作的大门。

律师想要获得胜诉判决，一定要先做自己的法官。

李安教授认为可将裁判分为三个环节：输入、加工与输出。案件是输入的材料；法官的裁判过程是加工；判决则是输出。律师在前两个程序上与法官是共同的，也都会有输入信息，加工和处理信息的过程。律师的输出，即得出结论，该结论是否也与法官对信息的认识同一，或者说，法官是否认可并支持律师的结论，这是检验律师"输出"有效性的标准。如果律师的结论与裁判结论同一，那么这证明律师的思维和决定是正确的，对于案件的判断也是正确的；如果不同一，则有多个可能受到制约的因素，如律师与法官对案件理解的差异、律师办理案件的物质材料不充足、其他原因等。但是，绝不应让每一个失败的案件沉在档案室，即使案件败诉，律师也要"复盘"。如果是必然要败诉的案件，则可安然；若是有争议的案件，则一定要审视、总结，究竟是在哪个细节上出了问题，只有这样不断总结，才能使自己的"功力"倍增。

但无论是法官还是律师，“在案件与判决之间存在着一个‘加工通道’，这种加工是法官对案件的思维运作”。

律师也同样存在思维运作。那就是如何建构进入法律程序的事实、组织建立在该事实基础上的理由（初步论证）、准备为论证的物质材料（证据）等。

这种思维运作，是律师提供的服务中最专业也最具含金量之处，也是委托人最钦佩并乐于赞美之处。运筹帷幄、决胜千里、排兵布阵……这就是律师思维不为外人所见，但却区别于常人思维的最大价值。

“输入”，是对案件信息的获取，通常是以当事人的陈述方式来提供的。律师从对案件信息的获取到构建主张“事实”仍离不开感性到理性的认识过程。所以，笔者认为，整个的信息输入过程，一定要达到自我的理性确信的程度，在考察这种理性确信的时候，要融入法官的裁判思维，即是否能与法官的确信同步。只有以极高的标准要求自己对事实形成的确信，才能使其建构成主张事实，否则，自我事实的认定不清，那么，法庭调查和法庭辩论阶段一定会困难重重。

梁慧星老师谈到内心确信时说：“……我们在认定事实阶段，不要轻率作出认定，要反躬自问：我自己信不信？如果在审判委员会讨论中，主持会议的院长听完经办人关于案件事实认定的报告之后，要问经办人：你自己信不信？”①

尽管梁慧星老师是对法官说的这段话，但是对于律师来说，也是同理。律师首先也要解决法律适用的前提问题——事实确信，要经过辩证思维，对该事实信息进行审视，以达到律师自己的“自由心证”。只有说服了自己，才能说服他人。如果自己对事实还存有疑问，那么，无疑，接下来的论证便很难说服对方。一旦对方抓到了你含混不清的点，而你无法解释的时候，你所有的体系将会瞬间倾塌。而法官的质疑，将会否定你之前所有的努力。

《礼记·经解》：“《易》曰：‘君子慎始，差若毫厘，谬以千里。’”所谓“失之毫厘，谬之千里”是也。

而这种事实“确信”的锻炼，可以从研究案例中获得。特别是在最高人

① 梁慧星：《怎样进行法律思维》，载《律师之师：律师素质与思维十讲》，中国法制出版社2014年版，第92页。

民法院的有关裁判文书说理部分，都能找到法官心证之路，分析这些裁判文书，在事实与规范中游走，久而久之，律师分析事实的功力便会与日俱增。

“加工”，是对案件信息进行加工，是获得主张事实的必经程序。主张事实的可信度，取决于思维加工的精细程度。这个环节，是对律师综合知识能力的“大检阅”。

通过输入与加工后，律师的主张或结论是否成立，受两点限制：一是委托人的诉求，二是法官的认可。仅委托人接受不行，还需要法官如此判决，但律师又无法真正做委托人的法官，一是没有这个权力，二是一旦律师对委托人的案件“判决”了，要么，使委托人望而生畏，这份判决不是他所期待的；要么，律师自己画地为牢，相当于对委托人承诺，而轻言承诺是律师执业操守所禁止的，如果最终得不到这个判决，律师将构成虚假承诺。这正是律师工作的难点。正因为知道这样的难点所在，所以，律师的思维才显得重要：精细化分析，不要大包大揽，轻易承诺。让委托人看到、感受到律师工作的过程、思考的艰难。勤奋的努力远比承诺更能赢得尊重与信任。

而律师的主张，通常就是委托人的诉求。以民事案件来说，它的表现形式是“诉讼请求”“事实与理由”。一旦“理由”确立，便意味着接下来的程序始终伴随着法律论证。律师的实务技能，也就自此拉开序幕。所谓由脑到手，律师从办公室走上法庭，知行合一的工作特点鲜明可见。因此，笔者认为“发现”必须经由检测才能形成结论，结论必须经由正当化证成才具有可接受性，两者都是不可缺少的。

这一组合动作的发挥，对于律师来说，其实就在于如何给予法官更多的符合己方倾向的案件信息。只有这些信息的量达到了促使法官不断修正自己观点的程度时，这种代理或辩护才是成功的。

正如法官的裁判结论需要证成一样，律师提出的主张和理由同样需要证成。在这一点上，李安认为，法官“将对‘发现’结果的检验称为检测也罢，称为正当化也罢，都是不能代替裁判结论产生后的‘正当化’证成过程的，因为结论产生后的正当化证成是为了裁判能够被当事人与公众接受”。

而律师必先于法官之前，充分地完成对所主张的理由的论证，这正是有些律师容易忽视之处。

比如，徐某涉非法吸收公众存款罪一案，笔者为其辩护，一审时判决其不构成非法吸收公众存款罪，检察院抗诉后，二审法院发回重审，重审后却又判决徐某构成非法吸收公众存款罪。

如此截然相反的判决，根源在于对于徐某的行为进行的法律评价上。一审判决认为，徐某的行为不符合对外公开宣传，其借贷行为仅在亲友间发生；重审判决却援引 2014 年 3 月 25 日《最高人民法院、最高人民检察院、公安部关于办理非法集资刑事案件适用法律若干问题的意见》(以下简称《意见》)，将徐某的行为认定为符合“口口相传”的特征，因而认定为向社会公开宣传。

但是，关键的问题是，徐某的犯罪行为发生在 2014 年 3 月 25 日之前，那么，是否适用《意见》就成为上诉的关键理由。笔者认为某市检察院对《意见》的认识与一审法院犯了同样的错误。为此，笔者专门论证了不适用该意见的理由：

《最高人民法院关于审理非法集资刑事案件具体应用法律若干问题的解释》是由具有司法解释权的最高人民法院出台的，其符合 2007 年 3 月 23 日发布的《最高人民法院关于司法解释工作的规定》第 6 条第 1 款“司法解释的形式分为‘解释’、‘规定’、‘批复’和‘决定’四种”的规定。

而公安部并不具有司法解释权，《意见》不是司法解释。但是，出庭检察官却明确地将《意见》定性为司法解释，并据此提出法律适用观点。前提错误导致结论必然错误，这种错误也是辩护人提出的一审判决适用法律的错误。

辩护人提出的“徐某案只能适用 2011 年的司法解释”是有依据的:《最高人民法院、最高人民检察院关于适用刑事司法解释时间效力问题的规定》中的第 2 条和第 3 条分别就本案的情况给予了明确的规定。

“二、对于司法解释实施前发生的行为，行为时没有相关司法解释，司法解释施行后尚未处理或者正在处理的案件，依照司法解释的规定办理。”

这一规定与本案的实际情况完全符合，即徐某行为时间在 2011 年该司法解释出台期间，应当适用该司法解释。

“三、对于新的司法解释实施前发生的行为，行为时已有相关司法解释，依照行为时的司法解释办理，但适用新的司法解释对犯罪嫌疑人、被告人有利的，适用新的司法解释。”

这条规定依旧贯彻了“从旧兼从轻”的法律适用原则。徐某行为时有2011年的司法解释，当然应适用。《意见》本身并不是司法解释，即使当作准司法解释来看，也不能违反法律适用原则，以事后法来制裁徐某发生在《意见》出台前的行为。

综上，辩护人认为，无论是在法律的位阶效力上、时间效力上，还是在法律适用原则上，某市检察院对《意见》的认识与一审法院犯了同样的错误，不应得到支持，徐某不符合2011年司法解释规定的“同时具备”的四个要件，应依法改判徐某无罪。

律师的理由建立在事实的土壤中，无论该案最后的判决是什么，律师都无愧于心，因为，期待公正是律师的愿望，但实现公正却不是律师的权力。

因此，律师实务工作就决定了三个重要的内容和两大目标：输入、加工、检测；结论具有可接受性，理由具有说服力。对事实的提炼和对理由的论证，以使主张事实与法律规范的假定条件高度符合，运用论证法理，堵塞其他事实证立对法官的干扰，从而获得委托人诉求得到法官认可的结论。而这种办案标准，从接受委托伊始便应严格要求。

细节决定成败，是实践证明的真理。

而律师思维的成果，就是法律主张，如辩护意见、代理意见、答辩意见、质证意见等。因此，律师思维其实也是论证思维，因为律师的任何主张都需要论证说服，否则便难以成立或被接受。

论证是为将法律规范适用于特定事实而获得结果提供正当性依据。[①] 律师论证思维的特点不同于法官的特点是，律师在孤独思考的时候，一定要有“假想敌”：对手就坐在面前，他会怎么说？会拿出何种证据？这场论辩，法官会支持哪一方？从这个思考习惯上来说，任何一场精彩的法庭辩论，无不是经过了律师孤独而又反复的大脑预演。

这很累，但律师的职业决定，不得不去这么做。

对抗式诉讼就是如此，当事人双方的主张就是对立的，没有争议，就不会产生诉讼。这是律师和法官的不同，法官在审案结束后，通过严密的说理

① 这也说明了笔者提出的“建构事实”的重要性。

论证可能会达到“辨法析理、胜败皆服”[①]的目标，但律师的职业属性决定，其就是要说服法官接受自己的主张，实现为委托人设计的方案，从而维护当事人的合法权益。所以，律师仅有方案还不行，还必须有论证；有论证还不行，还必须有论证强度，产生无可辩驳的说服力，是律师论证的终极目标。

大概是因为法律法规的知识更易传授，而诉讼技巧需要通过实践才能领悟，中国的法学教育更多的是教授法律知识和培养具有法律思维的“法律人”，涉及法律实务方面的内容相对较少，涉及诉讼技巧的内容更是少有。所以，多数法学毕业生在从事律师执业后，才发现在学校学到的法律知识对其执业的帮助非常有限。这是很多专家教授与实务界律师们的共识。

律师的论证思维需要一种逻辑理性。也就是说，不仅要反复检阅主张、理由、证据、论证，还要避免留下漏洞，成为对方攻击的靶子。例如，在刑事辩护业务中，公诉机关的起诉书往往成为律师攻击逻辑理性的靶子。前述的非法吸收公众存款案，按公诉人的意见，所有在单位工作的人都是为非吸提供了帮助的人，被告人在该单位工作，所以，其提供了帮助。但这里有一个前提是错误的：并不是所有在涉案单位工作的人，他们提供的劳动都能被评价为帮助行为。

法国著名哲学家利科曾经深刻地指出：诉讼的原始功能是把冲突从暴力的水平转移到语言和话语的水平。而语言和话语的水平就是律师的表达，律师的表达绝大多数为论证，论证需要辩证法律推理，或法律规范选择推理，各方对此提出自己的观点（论题）并论证它，同时，对别人的观点和论证“提问辩难”，法官在此基础上确认案件事实、选择适用的法律，提出自己的观点——又是一个论题，需要论证，就是判决书。争议是法庭的贵宾，而法官和律师就是为了解决争议而运用法律的职业人。而争议，就需要论证，通过论证来定分止争，从而达到旧的矛盾消除，新的平衡确立。

律师替法官思考，引导法官接受律师的论证，就必须多思考一些案件的

① 著名法官宋鱼水2009年3月12日参加全国人大会议接受采访：“有一次有人问我，怎么才能做到‘辨法析理、胜败皆服’，当时我不假思索，脱口而出，我说当事人服的是公正。因为我觉得‘辨法析理、胜败皆服’，最终要建立在庭审肯定是有一种规则和标准。”

走向、法官的价值取向等问题，为案件的解决提供法官能接受又支持自己的最佳的解决方案。法律论证，可以达到这个效果。例如，四川的“包二奶案”中法律有明确规定“可以A”，但是法官认为“合法”与“合理”相悖，需要依据“公序良俗原则”。因此，个案的判决不可避免地与其他问题有关，其背后往往隐藏着重要的价值标准。此时，法官只能从（往往是相互冲突的）多种观点或参考系分析并解决问题。

如舒国滢教授所述：不管是在实践领域，还是在理论范围，法学涉及的主要是“价值导向的”思考方式。

总之，律师运用独到的思维方式，对于事实、证据、法律为内容的思考元素进行加工的目的，就在于确立主张、提炼观点、完成论证。而法官正是需要律师提供简洁而又有说服力的观点，从而使诉讼高效完成。

第二章

事实是适用法律的前提

第一节　导论

事实问题犹如杂生的原始丛林。美国大法官米勒曾说："在我的经验中，由九名法官组成的美国最高法院在开会时，我惊奇地发现，这些法官们经常很容易在法律问题上达成一致，同时，也经常在事实问题上意见不一。""法律适用的重心不在最终涵摄，毋宁在于：就案件事实的个别部分，判断其是否符合构成要件中的各种要素。""简单点说，审判的本质就是法官和一帮人在一起研究案件的事实是什么。因为，事实是适用法律的前提。"

在上一章我们研究了律师思维，而本章研究的是事实，就是对思维对象的具体化，并将进一步在涵摄之下探讨"符合""分离"的深层问题。

事实是适用法律的前提。若事实没有查明、没有得到确认，所有的法律只能躺在纸上睡觉，只有事实查明并得到确认，法律才和现实紧密地联系在一起，使法律具有生命，并展示她的公平、正义。正如美国大法官米勒所言，如何适用法律不是难题，难的是如何在事实认定上达到统一。

在此角度上说，法庭审判就是寻找并确定定案事实的过程。

罗素曾言，"严格地说，事实是不能被定义的"。尽管因研究领域或语境的不同，对于"事实"有各种不同的表述，但笔者认为，对于事实按照所研究的领域进行分类，当然对应说明的旨趣。笔者参照《刑事诉讼法》的规定，摆脱客观事实、法律事实、案件事实这些称谓因它们之间的重合与交叉对本书表述的困扰，选用"建构事实""定案事实"作为本书表达事实的概念，并提出"双转化""双模型"的观点。比如"客观事实"，因为进入法律程序的事实首先就是真实发生的，否则即为虚构，所以，客观事实的说法，在律师实务当中，只对于律师识别事实的真伪具有语境意义，对于本书对“建构事实”的表述会造成模糊。又如“法律事实”，这一概念被虚假诉讼所否定，当真实发生的虚假诉讼，被法官认定为法律事实的时候，这一表述又使人感到无所适从。所以，笔者绝没有否定其他事实分类对“事实”的研究意义，但本书仅从律师实务的角度，以定案事实为标准，并将定案事实与建构事实的意义等同处理，无非在程序上有所区别，即法官裁判之前律师主张的事实为建构事实，诉讼对方或公诉人指控的事实为控方事实，而法官追求并在裁判之后写入判词的为定案事实。在其他章节中，如涉及“待证事实”“证据事实”等分类，则会另外说明。

《刑事诉讼法》第55条第2款规定：“证据确实、充分，应当符合以下条件：（一）定罪量刑的事实都有证据证明；（二）据以定案的证据均经法定程序查证属实；（三）综合全案证据，对所认定事实已排除合理怀疑。”从《刑事诉讼法》第55条来看，我们国家对定案事实的要求是：定案事实是以个体证据为内容编织的完整的事实信息；它来源于客观事实，但已经因诉讼程序的转化，使其独具法律意义（证据在法庭中查证）；对所认定的事实，是排除合理的怀疑。综合上述三点法定的要求，定案事实可以定义如下：以证据为内容在诉讼程序中转化成为排除合理怀疑的事实信息，它成为法官适用法律的定案前提。

德国学者拉伦茨曾言：“在判决的事实部分出现之‘案件事实’，是作为陈述的案件事实。”其实，这也注解了笔者对“定案事实”的定义：定案事实是以证据转化的事实信息，通过语言为载体来呈现，以供法官感知、判断；定案事实最终会成为判决书中的“事实部分”。关于其他的一些特征，笔者在后面的章节中也会谈到。

定案事实，就是要通过法定程序查明的事实。这一定义，其实对于民事诉讼和行政诉讼也具有同等意义，无非是适用于定案事实的法律规范不同而已。这一事实总是被主张的一方拿来当作自己权利的基础。所以，它又区别于自然存在的事实。自然存在的事实，是消失的过去，只有在事实之上提起主张并向法院诉求，才使事实具有法律评判的意义。在这一点上，笔者主张的“建构事实”是与诉讼主张密切关联的事实。

一句话，定案事实是可以说、可以读的信息。

客观上的确如此，没有任何一个事实不是通过证据来复原的，而且，是通过“陈述”而形成可以令人感知的过去。通过上述简要分析，笔者对建构事实提出双转化和双模型的观点：

双转化是指，我们通常意义上所说的“事实”，从律师实务的角度需要两次转化。第一次是律师的转化：当事人陈述的事实在律师思维的加工处理下转化为建构事实；第二次是法官的转化：律师建构事实之后进入法律程序被法官调查转化为定案事实。只有经过这样的转化，才能使律师维护当事人的合法权益得以实现，当然，这也是诉讼实践中客观存在的转化。比如，原告向律师陈述张三欠款的事实，律师据此主张一个借贷关系的事实，被法官采纳并判决原告胜诉，便客观地存在着这样的“双转化”。当然，这两种转化都必然有对证据的审视、对事实的证立等“符合”“分离”的不同工作。

对于“建构事实”的可行性，拉伦茨认为：“所有经法律判断的案件事实都有类似的结构，都不仅是单纯的事实描述，毋宁是考量法律上的重要性，对事实所作的某些选择、解释及联结的结果。”这其实说的就是建构事实。客观上，律师在加工委托人提供的信息之时，也就是在完成建构事实的工作，只不过我们还没有把这种工作称为“建构事实”而已。

实际上，建构事实也有来自法律的要求。比如，《最高人民法院关于民事诉讼证据的若干规定》第 5 条第 1 款规定：“在合同纠纷案件中，主张合同关系成立并生效的一方当事人对合同订立和生效的事实承担举证责任；主张合同关系变更、解除、终止、撤销的一方当事人对引起合同关系变动的事实承担举证责任。”既然对事实要承担举证责任，那么就要先向法庭陈述一个事实，如合同订立的事实，然后举出对应的证据。从这一点上来说，向法庭陈述事实并举证证明，是提出主张的当事人所负担的诉讼义务。在这个环节，律师和当事人的区别显现：律师会按照建构事实的要求，对事实进行选择，按建构事实的标准[①]与证据的对应关系来完成这份工作。律师从当事人那里承接事实信息，完成律师对事实的建构，这就是事实的第一次“转化”。

双模型是指，案件所涉及的事实是在涵摄之下的“符合型”还是“分

---

① 参见第三章《事实的建构与呈现》第一节“建构事实的要求与表述”。

离型”，这需要律师根据实际提出主张。“一个完整的法律规范，首先要描写特定的事实类型，即所谓的法定的事实构成，然后才赋予该事实构成某个法律后果……”[①] 法律规范具有严密的逻辑结构，它是立法者对抽象的生活现实，以立法的形式给予抽象的假定条件，建构一个立法的事实模型，这个模型具有“公式”属性，如“故意杀人的判死刑”就是一个法律规范的事实模型；一旦个案的事实符合法律规范模型，那么，法律规范就适用于个案之上，由法官依据“公式”作出裁决。即规范的事实模型具有普适性，不管是张三、李四还是王五、赵六……只要他们故意杀人，都可以依法判处相应刑罚。相反，事实与规范分离，便不得将法律适用于该事实。这就是笔者主张的双模型。

事实上双模型客观存在。如原告胜诉，表明他主张的事实符合法律规范的构成要件，得到了法官的支持；而对于被告，因其主张的事实与法律规范背离，故而得不到法律的支持，从而败诉。无非我们暂时没有从理论上来给这种模型命名而已。

双转化的提法，是为了促进律师从实务角度来建构事实；双模型的提法，是为了说明涵摄思维还可以细分，即涵摄总是发生在规范与事实之上，而规范中的事实模型是否与个案的事实模型相符合或相分离，是律师实践中要运用的思维技能。也就是说，定案事实的成立，必须与规范的假定事实相符合。

根据笔者对定案事实的定义，笔者主张，在律师目光中审视的以及在律师逻辑思维中论证的事实一定是与当事人的主张、证据、程序和法律密切相关的事实信息，否则，纯粹天然客观存在的事实状态，没有经过诉讼程序的转化，法官自然无法将法律施于其上。于是，“定案事实”的定义，也为律师建构事实提供了理论的指导。

案件的复杂性决定，有些人不是没有精通法律，他们甚至可以将一部法典倒背如流，但是，却在事实中迷路，被繁杂的证据、证据的伪装以及虚假的陈述所迷惑，从而，无法编织起清晰的事实图景呈现给法官。若完全依赖于法官对事实的查清，在案件越来越复杂的今天，很显然，律师这一方会有

---

① ［德］伯恩·魏德士：《法理学》，吴越、丁晓春译，法律出版社2003年版，第63页。

些被动。而人的思维路径会有依赖，同时，法官会受到先入为主的诱导，从这个意义上说，诉讼双方，谁最先把事实完整清晰地而又有理有据地呈现给法官，谁就取得了胜诉的先机。“定案事实”的定义，更符合法官与律师实务的现实需求，因为法官追求的事实是定案事实，而律师建构的事实达到这一目标，就只剩下法官如何适用法律这一专属于他的问题了。

笔者关于建构事实的观点，正是基于如此的考虑，即律师一定要在法庭审理之前，完成自己的“事实模型”，并反复地审视它，将之与证据和证据规则、论证相互对照，以“准备、准备、再准备”的工匠精神，以建构的事实符合定案事实（小前提）的标准，作为“论证基”，向法庭呈现一个精雕细琢的定案事实。简言之，即提前确定定案事实，对事实与规范进行二元论证。

如此，一方面显示律师的专业技能和深厚的执业功力，另一方面有利于查清案件事实，使得法律适用有了事实的根基，最主要的是对于律师服务的标准化、提升律师的办案能力、提高司法效率具有积极意义。

对律师来说，一旦自己提出主张的“论证基”得到证立，那么，胜诉在望。故，这一部分，构成本书最大的篇幅。因为，法律有现成的文本，而事实却是雾里看花。在上一章中我们论述过，法律不是问题，解决案件的方法才是关键问题。假设律师办理一项案件相当于解一道几何题，似乎可以如此比喻：法律是既定的公式，而证据是给定的条件，事实是求证的问题，如何思考就决定了问题是否能得到解决。

我们必须深入研究：如何认定案件事实，如何分析案件事实，在分析案件事实的时候如何把主张、证据、理由、论证融为一体，最后向法庭呈现一个“现成的”事实。

第二节　用两个案例看事实认定

从古至今，对个案事实的认定，一定有它独特的方法。抽象地说，面对个案，总会有裁判者的思维方法、技术方法和规则方法。笔者将以中外两个案例来说明这个问题。

周生与赵三决定到南京经商。古时没有高铁，又需渡河过江，两人便约好次日乘船前往。赵三为人敦厚守时，属早睡早起型，天蒙蒙亮便吻别爱妻登船，在等周生时不觉睡着。船夫张潮见财起意，趁赵三熟睡之际，将船撑至僻静处，将赵三溺于水中，取得赵三财物。

后周生赶来，不见赵三，张潮谎称没见赵三前来。周生便让张潮前往赵三家催促。张潮到赵家后，在门外喊："三娘子，赵三为何迟迟没有上船？"赵三妻子大惊，说：赵三怕周生久等，早就走了啊！于是周生与赵三妻子处处寻找赵三，三日不见，只好报官，说有人失踪。

县官对以上事实分析，认为赵三妻子或与他人存有奸情，杀了赵三。赵三妻子不服喊冤，最后案件交由大理寺审理。

如果我们为赵三妻子辩护，应该怎么做呢？

自然是要先解决事实问题。赵妻和他人有没有奸情？有没有杀夫行为？证据又有哪些？然而这些肯定没有，一审县官办了冤案。

大理寺杨评事阅卷认真细致，虽然该案证据欠缺，但他最终断定：杀人者是张潮。于是提审张潮，搜得赃物。张潮供认不讳。

杨评事是如何断案的呢？

杨评事发现了一个细节，就是："张潮到赵家后，在门外直接喊：'三娘子，赵三为何迟迟没有上船？'"因其违反常理，不是直接呼喊赵三，而是敲门直喊"三娘子"，可见其早知赵三不在家中。

如果再细致地分析，杨评事的思维路径如下：

赵三要么在船上，要么在家中；赵三不在家中，赵三为常年经商的商人，如没有意外，不会数日不归，又没有证据证明赵妻有杀人动机、杀人行为，数日内又无人发现赵三遇害，那么，张潮图财害命的嫌疑陡升；张潮说赵三没有到船，但敲门直呼三娘子而不是要找的赵三，显然，两大疑点直接锁定了张潮。

笔者举出该案例，是为了说明律师承办案件，首先要有独特的律师思维，推理不是无端的怀疑，而是符合逻辑的客观联系；其次要有对事实反复究问的缜密；最后要通过细致阅卷运用逻辑、经验、证据等综合知识来构建能被县官认可的事实。

杨评事的办案思维和对事实的推定就是如此缜密，结果张潮被杨评事的惊人判断打个措手不及，不得不承认了自己图财害命的事实，于是，刑律不枉不纵的正义得到体现，赵三妻子的冤狱终得平反。

我们再看著名的“辛普森杀妻案”①。

1994 年，前美式橄榄球运动员辛普森杀妻一案成为当时美国最为轰动的事件。此案审理一波三折，辛普森在用刀杀前妻及餐馆的侍应生郎·高曼两项一级谋杀罪的指控中，由于警方的几个重大失误导致有力证据的失效，以无罪获释，仅被民事判定为对两人的死亡负有责任。本案也成为美国历史上疑罪从无的最大案件。

我们在此分析证据对事实认定的影响。

1994 年 6 月 12 日深夜，洛杉矶西部一豪华住宅区里，一只小狗在不停地狂吠，引起了邻居家的注意。人们在其住宅门前发现两具血淋淋的尸体。女死者后来证实是妮克·布朗·辛普森，而她身旁是餐馆的服务员高曼。两人浑身血痕，而且被利器割断喉咙而死。死亡时间是 22 点多。

案发当晚黄昏，妮克同孩子到高曼所在的餐馆吃饭，离开后曾打电话说遗留下了一副太阳镜，高曼找到后对同事说下班送还给妮克。

案发后凌晨，四名警察部侦探来到死者前夫即著名的黑人美式足球（橄榄球）明星辛普森住所，在门外发现其白色的福特野马型号汽车染有血迹，车道上也发现血迹。按铃无人回应，侦探爬墙而入，其中一个侦探福尔曼在后园找到一只染有血迹的手套和其他证据。

案件主要证人是当时住在客房的朋友基图，他作证说客房墙外有像地震一样的响声。此外一个被电话预约的接辛普森去机场的司机说：22 点左右他到辛普森家按门铃无人回应，接近 23 点时，发现一高大黑人（与辛普森相似）匆匆从街外跑回屋，按门铃后辛普森回应了，出来说他睡着了，然后坐车到机场去芝加哥。

① “辛普森杀妻案”，来源网址：https://baike.baidu.com/item/%E8%BE%9B%E6%99%AE%E6%A3%AE%E6%9D%80%E5%A6%BB%E6%A1%88/8085815?fr=aladdin，最后访问日期：2019 年 7 月 18 日。

案发后凌晨，辛普森在芝加哥酒店接到警方通知前妻死讯，清早赶回加州。后来辛普森在律师的极力反对下单独接受了警察一小时的问话。警察考虑到他的名声，对辛普森并没有做深入的盘问就释放了他。当时警察发现辛普森受伤。他解释说，是接到前妻死讯过于激动打破镜子而受伤的。警察经过几天调查后，决定将辛普森列为主要疑犯。辛普森准备自首，但未能如约到场，故警方决定逮捕辛普森。

控方指控的事实：检方指控辛普森预谋杀妻，作案动机是嫉妒心和占有欲。离婚之后，辛普森对妮克与年轻英俊的男人约会非常吃醋，一直希望破镜重圆，但希望日益渺茫。案发当天，在女儿的舞蹈表演会上妮克对辛普森非常冷淡，使他萌发了杀机。戈德曼则属于误闯现场，偶然被杀。法医鉴定表明，被害人死亡时间在22点整到22点15分之间。

辛普森辩解：当晚21点40分到22点50分他在家中独自睡觉，但无法提供证人。

辩护律师对于指控的事实提供了另一个事实版本，以形成“事实对抗”，从而在事实上进行辩护。[①]

辩方认为：妮克有可能被贩毒集团或黑手党杀害，因为妮克有吸毒史，如果她大量购买毒品之后未能按时支付，就有可能被黑手党暗下毒手，而割喉杀人正是黑社会惯用的凶杀手段。另外，高曼与妮可之间也不是一般关系，有人曾看见他驾驶妮可那辆价值15万美元的白色法拉利牌高级跑车在街上兜风。更令人生疑的是，1993年到1995年两年内，在戈德曼打工的那家意大利餐厅竟然有四位雇员被谋杀或神秘失踪。

这段事实的陈述及其中包含的杀人事实，对控方建构的事实形成了冲击，最起码，有了“无法排除”的疑点。化解这个疑点的工具，只好借助于证据了。

笔者举此例的用意是：当事实出现对抗，究竟该如何确定一个供法官定案的事实呢？

按照我们在前言中所说的，法官总是需要一个小前提，使法律规范与之相互涵摄，而事实是否成立，就成为主张者的举证负担。辛普森案件，显然，

① 事实辩护为笔者提出的辩护方式，将在其他章节予以论述。

需要检方来证明其建构的事实成立，而对于辩方来说，只需要解构控方事实与法律规范分离即可。

对定案事实的审查和认定，除程序上不同外，本质上没有不同。美国法官也同样需要一个定案事实，来认定辛普森是否有罪。既然事实需要证据来支撑，那么，我们再看辛普森案的控辩双方就事实对抗的手段，在辛普森案举证后，辩方是如何通过质证解构其事实的：

辩方从最核心的三个方面进行质证，使控方建构的事实充满了疑问，同时，也无法排除辩方建构事实存在的可能性，以至于法官不得不宣判辛普森无罪：

第一，首先质证攻击控方现场勘查程序错误，这种低级的错误，使来源于案发现场的“血迹”无法排除沾染混同的可能，使之不能成为认定辛普森杀人的证据。

1994 年 6 月 12 日深夜，发生凶案。案发后凌晨，西区警察局长便直接指派四名警察部侦探去辛普森住所，尽管这四名侦探在门外发现其白色的福特野马型号汽车染有血迹，车道上也发现血迹。按铃无人回应，侦探爬墙而入，其中一个侦探福尔曼在后园找到一只染有血迹的手套和其他证据。但这里存在着两个问题：首先，没有搜查证，进入现场搜查，程序不合法；其次，最愚蠢的就是让刚在现场处警的警员到辛普森家中，无法保证来自第一现场的血迹与辛普森住宅的血迹发生混同。细致的辩方律师抓住了这一点。

第二，死亡时间无法确定，以至于无法确定辛普森有作案时间。

案发之后，首先到来的是刑警和检验人员。而法医却在案发 10 小时之后才到达现场。法医在解剖尸体时，不仅没有对尸体进行 X 光检查和采集死者妮克的右手指纹，而且也未对其做是否生前遭受性侵的鉴定，法医和现场警察的不专业致使相关物证一片混乱，而辩护人从照片上发现，死者妮克的肩膀上有七滴血滴，显然，不是死者自己的，应该是其倒地后，有人从其身旁走过滴落的。而警方面对辩方要求查验这些血滴的要求时，无法提供这一照片中存在的证物，因为，血滴已经在解剖前被冲洗掉了。于是，这一环节留下了两大疑问：死者死亡时间究竟是在何时？妮克肩上的血是谁的？

第三，警方丢失辛普森血液样品，致使无法排除在其家中提取的血液样本是有人以丢失的血液伪造的现场。

当辛普森放弃了其沉默权，警方与其交谈时，辛普森表示愿意提供一些血液来作鉴定，以排除自己的嫌疑。但瓦纳特警长并未将血液立即送往化验室化验，相反，却带着血样去了32公里之外的凶案现场。这一物证保管程序使辩方抓到了：庭审护士说，那天他从辛普森身上提取的血液有7.9到8.7毫升，但警方只有6.5毫升血液样品。其余的1.4到2.2毫升的血液哪里去了？所以，辩方借此质证之疑，向法官提出了事实之疑：

无法排除瓦纳特携带丢失的血液回到第一现场，其很可能是为了借机伪造证据。

在美国的司法体制中，仅仅依赖间接证据就对被告定罪判刑绝非易事。运用间接证据定案，至少要符合下列要求：1. 应审查间接证据的客观性、相关性和合法性，只有客观存在的、与案件事实存在客观联系且为法律容许的证据方可采用。2. 间接证据必须形成一个完整的证明体系，即有关犯罪时间、地点、过程、手段、工具、后果、目的、动机、犯罪嫌疑人、被告人的个人情况等，都有相应的证据证明。3. 间接证据与案件事实之间、间接证据与间接证据之间必须协调一致，没有矛盾。如有矛盾必须得到合理的排除。4. 间接证据的证明体系必须足以排除其他可能性，得出的结论必须是唯一的、确凿无疑的。

这是因为，仅凭个别的间接证据通常不能准确无误地推断被告人有罪，必须有一系列间接证据相互证明，构成严密的逻辑体系，排除被告不可能涉嫌犯罪的一切可能，才能准确地证实案情。此外，间接证据的收集以及间接证据和事实之间的关系应当合情合理、协调一致，如果出现矛盾或漏洞，则表明间接证据不够可靠，不能作为定罪的确凿根据。在辛普森案中，由于检方证据都是间接证据，辩方律师的质证和论证拆解了控方指控的事实，使法官无法确认辛普森是凶手，只好宣判其无罪。同时，这也成为美国历史上“疑罪从无”的标志性案件，以至于成为法律人的经典案例。

通过这两个案例的介绍，我们可以总结一下：律师是充满智慧和有着技能要求的职业。从律师职业属性上看，对于事实的证立或解构才是律师工作的重心。法庭审判就是对既往事实重构成为定案事实的过程，具有独立的程序价值；而重构事实的手段，除了控方举证，还需要接受辩方对其指控事实的质疑和解构。这种对抗性的诉辩制度，对于律师作为控方建构事实和对于律师担任辩护人解构事实提出了更高的要求。而律师实务一旦抓住了这一核心，便等于找到了自己工作的重点所在，能够提升自己的工作效率，同时，也减少了法官的工作量。在此基础上，我们引入建构事实、事实辩护、涵摄思维要细分为符合与分离思维等相关的观点，并提出建构事实的标准是定案事实。

建构事实是律师接受当事人的委托、在其陈述的事实上选择最恰当的诉求、寻找最近的法律规范而构成的一个“论证基”，需要律师以极高的标准将其推向法律程序，经审理转化为定案根据的事实“版本”[①]。如果排除“法律事实”“客观事实”对定案事实的干扰，通过以上案例可以深刻理解吉尔兹所说的“法律事实并不是自然生成的，而是人为造成的，一如人类学家所言，他们是根据证据法规则、法庭规则、判例汇编传统、辩护技巧、法官的雄辩能力以及法律教育成规等诸如此类的事物而构设出来的，总之是社会的产物”。[②]笔者关于律师“建构事实”的最通俗的说法，吉尔兹已经给予了学术上的注解。

以下的章节，笔者将分别论述。

第三节　律师要有一个好剧本并策划“演出”

建构事实是律师对诉讼的精巧设计。笔者对“建构事实”的解释是：对于当事人陈述的事实要以可能适用的法律规范构成要件为指导，通过律师的审视，在确信的基础上，把素材事实整理成具有法律意义的“小前提”，以便于

---

① 笔者在后文中还将论述到，之所以说是“版本”，是因为定案事实是以语言为载体呈现的写入判决书中的表述，从事实与法律的联结上看，它已经不再是那个消逝的过往了。使用该概念是与律师的论证技能相联系的。

② ［美］克利福德·吉尔兹：《地方性知识：法律和事实的比较透视》，邓正来译，载梁治平编：《法律的文化解释》，三联书店 1994 年版，第 80 页。

律师在此基础上提出主张。建构事实，是从当事人那里转化来的律师“论证基”，是律师运用逻辑思维，对照法律规范的构成要件，以“要素分析法”[①]提炼的供法律评判的事实，它应该具备简洁、明了、要素齐备的品质要求。

律师对事实进行审查并产生确信，一定不要认为只是法庭调查阶段完成的任务，而应站在法官的角度去深入地理解它的重要性——早于法官之前，完成对“论证基”的品质审查，才是解决法律适用的前提，才能实现下一个转化——成为定案事实。

因此，我们看到，“双转化”体现的律师思维，是双维逻辑结构：既是律师的本职工作，又必须以裁判思维来审视自己的工作。再简单点说，建构事实要求律师不仅要有一个假想的对手，看诉讼的对方会如何提出质疑，同时还要有一个假想的裁判，看法官如何认定自己建构起来的事实。

事实认定，解决的是法律争议的前提是否发生、是否存在、是否真实、是否能被法律评价；事实认定的结局，是成为法官判案的小前提。事实认定除了是诉讼活动，还是在法官主持之下、以法官的意志活动主导的事实之证明过程。所以，事实认定具有审判权因素，而笔者在论述到律师对事实的审查时，采用“确信”，以示律师职业与法官职权之区别。

我们分析它的规律和特点，发现法官审理任何一个案件的前提都是寻找“定案事实”，建构作出判决的小前提。而需要再次强调的是，由于律师和法官的职业不同、工作流程不同，律师应该提前做自己的法官，早在进入诉讼程序之前，就应该完成对事实的审查和确信，否则不可能提出诉讼请求、辩护意见。如果在对事实存在模糊认识的情况下提起诉讼程序或参加庭审，那是毫不负责的；如果提前对事实进行充分分析、判断并给予精巧建构的话，进入法庭审理，不过是为了对自己审查确信并建构的事实以及借此提出主张的验真。

所以，律师的功力深浅就体现在能否早在法官审案之前，通过系统全面的分析判断，对事实做出准确的判断、确信和建构。

从某种意义上说，事实不会说话，不会自己证明自己。所以，一定要借

① 见本章第四节。

助相应的媒介转化。从法律诉讼的角度说，事实是通过语言为媒介完成转化的，是语言对证据的信息予以排列、解释、释放，让法官听懂一个又一个“故事”。李立、韩德明认为“法律事实是一个语言问题，就是一个文本，一个语言性流传物”。

如何让这个文本、这个语言性流传物在主张与构成要件相匹配的角度释放法律意义，需要律师精心地构建。因此，从技能到技巧，需要深入分析、研究相关案例，并在长期的实践中形成思维习惯。因为这是法律适用的基础，一旦基础打好了，我们便可以在上面以坚固的证据，建起严密的结构，雕琢精美的论证，以流线型的方式，完成一起水到渠成、顺理成章的诉讼。律师应当具有建构事实的能力，并将其提升为诉讼技巧。这相当于一个大型活动的总策划所应当具有的思维和技能。

律师建构的事实之所以要瞄准法官定案的“小前提”，其目的只有一个，即通过法庭调查这一“大考”，通过各种说服论证手段的运用，使法官形成“四个确信，一个排除”，即证据确信、事实确信、程序确信、论辩确信，排除合理怀疑。从而认定律师建构的事实符合规范构成要件，能够成为适用法律的小前提，转化成为定案根据。

这是律师建构事实的目标。

建构事实的技巧，可以用“要素法”“关联法”。构成事物的因素即为要素，那么，建构事实也离不开构成事实的各种基本要素。这些要素基本上包括主体要素，如当事人、证人等，这些主体的确定，在事实与法律上的体现在于能够为确定诉讼主体和证人身份起到关联作用，使相关主体能在事实的基础上取得法律上的相应地位，如第三人；而且，这些要素的细节还可以与在案证据关联对应，能够接受法庭对“案件事实的个别部分，判断其是否符合构成要件中的各种要素”的细节考察。

分析判断事实，类型化思维具有重要的意义。比如，民法上把法律事实分为事件和行为，区分的标准以是否有人的意志因素参与。地震是事件，签订合同是行为。于是，行为事实与事件事实就会缩小法律评价的范围。

客体要素，即建构的事实所能体现的法律关系是什么，如合同关系，就构成法律争议的客体；犯罪嫌疑人的行为，就构成是否能评价为犯罪的客体。

时间空间要素，即事实的原产地。界定这一要素能够锁定在特定时间、特定场合的限定性。超出这个时间范围的事实因素，往往没有评判意义，如传闻证据规则，就需要严格的证明标准。所以，在建构事实前，律师要分析、整合事实素材中具有法律意义的、基础性的、结构性的要素，使之充实到建构事实中来。同时，运用关联法，将建构的事实与法律规范的构成要件要素进行对比分析。当然，还必须对事实与规范进行合一论证，这一点，我们将在后文讲述。总之，建构事实的要求是“事实要素齐备，对应证据充分，能够支持论证逻辑”①。这是建构事实能够经得起法庭调查的前提。

法官是将事实应用于法律之上的特殊职业者。也可以说，没有事实就没有法律适用。事实与法律之间的连结点，是法官的主观认知。而法官主持的诉讼活动，首要问题就是解决事实上的争议，确定可以适用于法律的事实前提。

在法庭调查阶段，就是通过举证质证来认定案件事实。而在调查之前，可能会存在不同版本的“事实”，即当事人陈述的事实、律师建构的事实、对方解构的事实、证据证明的事实等多个版本。只有经过法庭调查，通过合法的诉讼程序，法官才能在符合程序规则的前提下，对事实有重构的认识或最终确信、认定，达到“四个确信，一个排除”。

法庭调查，是程序正义的展示，也是证据裁判原则的落实。没有经过法庭调查的证据，不能成为认定事实的依据。这其中又包括庭审规则和证据规则的双重要求。但是，事实在法官那里得到确信，并不是一件简单的事情，举证、质证存在着对立与说服，想让法官在是与否之间找到确信，没有充分的准备，显然是不可能达到这个目标的。

在这里有必要说明，律师建构事实的另一层重要意义在于，配合法官，达到规范高效的庭审，以免事实不清、久拖不决。因为，当前案多人少的矛盾日益突出，如此一来，法官审理案件的时间便相对缩短。如何在较短的时间内结案，已经不是诉讼效率的问题了，而在实际上成为法官的精神负担。如果律师不能提前做好事实、证据、理由和论证的充分准备，法官绝不会让

① 笔者从宏观上提出了建构事实的“四项基本原则”，见第三章《事实的建构与呈现》第一节“建构事实的要求与表述”。此处是从技能方面提出的具体要求。

律师有在法庭上说废话的时间甚至是机会。在此，我们应该明白“成功青睐有准备的人”对于律师来说是多么重要。

在这一点上，我们说“法官永远期待现成的案件事实”。既然法官有此期待，律师为何不精巧地建构这个事实呢？

法庭审理是以语言为媒介进行的，所以，如何简洁有效地表达、论证，的确需要律师研究法庭审理的规律，也可以研究一下法官主持庭审的心理。所谓“庭上三分钟，庭下十年功”，就是说在相对较短的时间里，对律师综合能力进行了检验。如果律师跟不上法官审理案件的节奏，或者律师准备不充分，那么，临场发挥是完全不可能及时调动所有的知识储备的。“两岸猿声啼不住，轻舟已过万重山。”一旦庭审结束，事后的刻舟求剑便没有意义。机不可失，说的正是这个道理。

法庭调查之后进入法庭辩论，仍然是对法庭调查的以语言为工具的补充论证。这更需要充分展现律师归纳、整合、融会贯通的能力。我们知道，法庭调查中的举证和质证，本就包含着辩论，有时法官还会根据需要将调查和辩论程序合一。之所以安排辩论程序，就是为了解决在调查阶段没有完成的证据认定、事实认定和法律适用问题。这是律师在庭审中最终说服法官的机会。而辩论的作用从律师的角度看，是为了说服法官采纳自己一方的意见；从法官的角度看，就是兼听则明，从而解决证据与事实、事实与法律适用的关系。但律师辩论的目标，就是要通过论证，来说服法官采纳自己一方的意见，而这个说服的前提，就是对建构事实的证立。

于是我们看到，律师工作，是一个有机的生命整体，而不是相对割裂的部分。律师一旦接受委托，就要开始针对说服对象设计说服策略和目标，绝不能以为只在某个阶段完成某个任务，就可以实现最终目标，这是一种形而上学的观点。所以，让承办的案件具有内在的生命联系，让它伴随着证据、论证、说服，从而使建构事实得以成立，就是我们建构事实的目的，同时，也是律师高标准、高质量工作的出发点。

说服法官的任务，还要配合当事人完成。比如，在民事诉讼中，当事人要做最后陈述，此时，律师可以在合法与尊重事实的前提下，为当事人组织陈述事实的顺序、结构等，以配合法庭调查、律师辩论共同形成说服的合力[①]，同时，也避免了由于当事人无法用法言法语表述，使无序的陈述拖沓冗长；在刑事诉讼中，被告人的陈述，应与律师的辩护意见完美结合，形成有机的生命体，产生真实合法的说服效果。

由此可见，律师在“根据事实和法律”的职业要求之下，接受委托之后，实际上除了律师专业之外，还担任着诉讼总策划的角色。易言之，诉讼在律师手里，需要合法设计，而且，要设计得精巧、简洁、高效。这岂不正是律师思维区别于大众思维的最好体现吗？

建构事实，就是设计那个剧本。是精彩还是糟糕，一经庭审便会知晓。

第四节　解决事实问题才是法律适用的前提

尽管本节有重复之嫌，但笔者仍然要再次强调“解决事实问题才是法律适用的前提”。这有几点用意，一是当前发回重审、二审改判的案件约90%都出现在事实问题上，出现发回重审或改判的原因是什么？除了一审法院认定事实错误之外，有没有我们律师仓促起诉的原因？二是法律人的使命或法律人工作的难点，不在于适用法律，也不在于检索法律，而在于复原事实，这是法律人的共同任务，这绝不因职业的不同而有区别。对于这一点，笔者主张律师今后的工作方式应有所改变，尽管审查确信事实的确需要实体法知识，但在网络信息时代，实体法的知识学习，往往通过裁判文书网上的一个案例就足够了，相比于事实认定，这是不是容易得多呢？所以，律师同人若能有所舍弃、有所侧重，工作自然会增效不少。三是目前关于事实认定问题的研究，正如有关专家学者所言，尚未形成气候，而对于律师职业从其实务出发研究事实问题，更没有系统化或引起足够的重视。而所有诉讼的分歧都会止步于事实的真正确立。一旦事实确定，不在其上产生新的争议，适用法律就不再是问题。所以，笔者在此也是抛砖引玉，希望更多的律师同人们在我们的实务领域研究“事实”问

① 关于利用言词证据形成说服合力的论述请参见第三章第五节“对建构事实的补强方法”。

题，以期为更多的后来者提供参考或借鉴。

适用法律是法官的权力，找寻适用法律也不再是难题，检索法律完全可以借助电脑完成。这可以从《法国民法典》第4条的理念中得到答案，它明确规定，“法官借口法律无规定、不明确或者不完备而拒绝审判者，以拒绝审判罪追诉之”。从这个意义上说，找寻适用于事实的法律不是难题，而能否使事实确定、没有争议，才是问题。

从律师实务的角度看，律师思维和视角虽然希望建构的事实能够确定，但律师思维又绝不能止于事实这一项，因为事实是可说可读的信息，是需要有证据支撑并用证据编织的一个“事实表述”，这就要有一系列的建构、举证、论证。如同下象棋，律师不能只盯着棋盘上的那些局，因为律师不是和棋盘下棋，而是和“对手”下棋，不要忽视对手的能动性。不仅是在和对手下棋，而且还有“裁判”。所以，我们谈到律师要有哲学思维，既能抽象地看案件、看事实，找到案件的那条生命线，从而扼住它的咽喉，揭露在事实面前的遗漏、谎言、伪造，并预测庭审中的变化，准备应对不测的预案，又能微观地运用技能审查和搭建事实要素。一旦达到这种境界，说服力便牢不可破。

任何一个案件，首先是事实问题。法律的生命在于经验，其实从另一个角度来说明，任何一个案件的处理，都不是套用三段论那么简单，而是如何对事实证成。拉伦茨指出：“法律适用的重心不在最终涵摄，毋宁在于：就案件事实的个别部分，判断其是否符合构成要件中的各种要素。”

事实是律师工作的物质基础，同时也是法律适用的对象。严格地说，事实根据不同的研究领域或语境，从不同的角度可作不同的分类，如当事人（包括委托人）陈述的事实、证据事实、律师建构的事实、控方建构的事实、庭审查明的事实、待证事实等，但所有这些事实的归宿，从诉讼领域和法律适用的角度来看，归宿只能是定案事实。这也是笔者将建构事实与定案事实意义等同的原因。

首先，如果说有必要对有关事实细分，那也是符合律师工作的程序性要求，往往前一个环节不能顺利完成，便会直接导致下一个环节的工作无法展开。其次，它能使律师在相应阶段明确地知道法律对事实和证据、证明的要求，明确所在阶段应完成的任务；更具有实务意义的是，这样的划分是以最终定案事实的标准来要求律师要体现系统化思维，不能在某一阶段片面地认为“证据确实”“事实清楚”。最后，这也是与我们研究律师思维并在实际中自觉运用相关思维方式紧密联系的。

比如，当事人的陈述，是指当事人就有关案件的事实情况向法院做出的陈述。它包括当事人自己说明的案件事实以及对案件事实的承认两个方面的内容。《最高人民法院关于民事诉讼证据的若干规定》第 76 条规定，当事人对自己的主张，只有本人陈述而不能提出其他相关证据的，其主张不予支持。但对方当事人认可的除外。

《民事诉讼法》第 75 条第 1 款规定，人民法院对当事人的陈述，应当结合本案的其他证据，审查确定能否作为认定事实的根据。在我国，当事人的陈述被作为一种证据形式，但是，当事人的陈述又不能当然为法院所采信，还得负担相应的举证责任。对此，《最高人民法院关于民事经济审判方式改革问题的若干规定》第 21 条规定：“当事人对自己的主张，只有本人陈述而不能提出其他相关证据的，除对方当事人认可外，其主张不予支持。”

当事人陈述的事实，在民事诉讼中具有特殊意义。民事诉讼中的当事人，由于与案件的结果具有直接的利害关系，往往是有关案件事实的实际参与人，切身感知案件的情况较多，也最了解案件事实过程中的基本情况。但是，又因为当事人自身与案件有着直接的利害关系，其陈述就不可避免地带有片面性或倾向性，可能扩大某些对自己有利的事实，还可能缩小对己不利的事实，甚至有可能提供虚假的陈述。并且，受到人本身对事物的感知能力、记忆能力或表述能力上的限制，即使愿意如实陈述有关事实，也未必能够达到一种理想的效果。因此，当事人的陈述通常缺乏可靠性。

根据以上规定，律师在决定是否接受委托时，一定要认真核实当事人陈述的可信性，实际上，这是律师早于法官审案之前对事实建立内心确信的过程，这是律师接受委托的前提。

无论是民事案件还是刑事案件，当事人陈述都要受到律师的高度重视，并运用心理学知识来审视检验其陈述的真实性。所以，为了使自己接手的工作有坚实可靠的物质基础，律师就必须继续审查证据事实，即当事人或委托人陈述的事实，是否有相应的证据证明，或者还需要补足哪些证据。

证据证明的事实，至少是指构成要件的事实要素都有相应的证据证明。简单地说，就是律师的建构事实有证据支撑，这样的事实建构骨肉丰满、有型，有说服力。

《刑事诉讼法》第55条规定，对一切案件的判处都要重证据，重调查研究，不轻信口供。只有被告人供述，没有其他证据的，不能认定被告人有罪和处以刑罚；没有被告人供述，证据确实、充分的，可以认定被告人有罪和处以刑罚。证据确实、充分，应当符合以下条件：（一）定罪量刑的事实都有证据证明；（二）据以定案的证据均经法定程序查证属实；（三）综合全案证据，对所认定事实已排除合理怀疑。

"证据确实、充分"的具体要求，便是对证据证明事实的法定要求，证据的量上有要求，即定罪量刑的事实都有证据证明，均经合法查证属实，在形成定案事实的要求上，排除合理怀疑。

《最高人民法院关于适用〈中华人民共和国刑事诉讼法〉的解释》（以下简称《刑事诉讼法解释》）第64条规定，应当运用证据证明的案件事实包括：（一）被告人、被害人的身份；（二）被指控的犯罪是否存在；（三）被指控的犯罪是否为被告人所实施；（四）被告人有无刑事责任能力，有无罪过，实施犯罪的动机、目的；（五）实施犯罪的时间、地点、手段、后果以及案件起因等；（六）被告人在共同犯罪中的地位、作用；（七）被告人有无从重、从轻、减轻、免除处罚情节；（八）有关附带民事诉讼、涉案财物处理的事实；（九）有关管辖、回避、延期审理等的程序事实；（十）与定罪量刑有关的其他事实。认定被告人有罪和对被告人从重处罚，应当适用证据确实、充分的证明标准。

这也对于证据与事实确定提出了具体的法定要求，即事实仍然要有证据支撑。用在民事诉讼中也是一样的，民事诉讼以"谁主张，谁举证"为原则，即主张与举证是对应的。对于当事人主张的事实除举证倒置外，也应提出对应的证据来证明事实的存在，这就是研究证据证明事实的意义。也就是说，只有当证据能够对事实的证明具备法定的要求，下一步的律师工作才具有法律意义，否则，便无法启动法律程序。

律师建构的事实，从原告方来说，最直观的表现就是律师代书的起诉状，在诉状中陈述的事实以及运用证据编排技巧呈现的要件事实。控方建构的事实典型的是检察院的起诉书。这些事实构成法庭需要通过举证质证进行审理查明的对象，即庭审查明的事实。指控方的起诉书，完全可以用“骨瘦如柴”来形容，下面我们将举例谈到这一点。

庭审查明的事实，是指通过举证质证对于主张方提出的事实的确认。这一环节，也是验证律师建构事实功力的重要一环。以审判为中心的诉讼制度改革明确要求，证据出示、事实认定、裁判形成均应在庭审中完成。相关的证据裁判原则、言词原则、集中审理原则、辩论原则都在这个阶段充分体现和应用，所以，律师的建构事实在这里接受大考，这也是笔者强调律师一定要重视建构事实、预判庭审焦点的重要原因。

《最高人民法院关于全面深化人民法院改革的意见》关于诉讼制度改革明确“建立中国特色社会主义审判权力运行体系，必须尊重司法规律，确保庭审在保护诉权、认定证据、查明事实、公正裁判中发挥决定性作用，实现诉讼证据质证在法庭、案件事实查明在法庭、诉辩意见发表在法庭、裁判理由形成在法庭。到 2016 年底，推动建立以审判为中心的诉讼制度，促使侦查、审查起诉活动始终围绕审判程序进行。10. 全面贯彻证据裁判原则。强化庭审中心意识，落实直接言词原则，严格落实证人、鉴定人出庭制度，发挥庭审对侦查、起诉程序的制约和引导作用。坚决贯彻疑罪从无原则，严格实行非法证据排除规则，进一步明确非法证据的范围和排除程序”。

当事人主张的但又缺乏证据证明的事实或者在庭审中新发现的需要运用证据证明的事实，均可称为待证事实。当然，还包括在法官那里期待“查明的事实”，即从法官的角度看，未明的事实即待证事实。分析它的作用在于启示律师在实务中要有证据思维，要有全面的、系统的思考，因为，当事实真伪不明时，往往会对主张者不利。

定案事实，是法官在庭审查明之后，对于其认为能够成为法律适用之小前提的事实。这也是笔者强调的，律师在实务中要把事实建构成“小前提”的原因。

明确了以上相关程序性的事实分类，便可以指导我们具体的实务，从而使相关工作严谨、细致、高效。从事实与论证的关系上来说，律师从一开始接触事实，就要准备说服。这是完成诉讼的任务。说服力，必须结合事实的可证明程度以及证据的证明力才能合成。从某个角度说，律师的说服力，取决于对证据信息的完美释放，同时，这种完美使律师主张的事实和理由得以确立。依据现有证据对事实的关联，依靠具备真实性、合法性和关联性的证据，律师对事实产生确信，然后建构成一个符合小前提要求的事实，那么，正式的法律程序也就开始了，建构事实也就开始接受检验。

本节所列举的一些从不同角度对事实的分类，能够说明，根据不同的要求对事实进行类型化处理，有利于律师的实务工作，同时，也是我们律师同人们可以深耕的一片沃野。因为我们都知道，事实不清的法律后果是什么，检察官不能带病起诉，我们也不能带着不清的事实走向法庭。

第五节　于欢案的事实认定问题对律师的启示

以于欢案为例，我们来看法庭调查对事实的查明与定案事实以及法律适用之间的关系。

先看公诉机关提供的案件事实。山东省聊城市人民检察院指控："2016 年 4 月 14 日 16 时许，赵某 1 纠集郭某 1、程某、严某等多人到冠县工业园区源大工贸有限公司催要欠款，同日 20 时左右杜某 2 驾车来到该公司一同催要欠款，在此过程中，杜某 2 等人限制该公司老板苏某及其子于欢的人身自由，并辱骂二人。22 时许，杜某 2、郭某 1、程某、严某等人于被告人于欢公司办公楼一楼接待室内发生冲突，被告人于欢持尖刀将杜某 2、程某、严某、郭某 1 捅伤，致杜某 2 失血性休克死亡，严某、郭某 1 重伤二级，程某轻伤二级。就上述指控，公诉机关当庭出示了物证，书证，勘验、检查、辨认等笔录，鉴定意见，视听资料，证人证言，被害人陈述，被告人供述和辩解等证据。公诉机关认为被告人于欢的行为触犯了《中华人民共和国刑法》第 234 条之规定，犯罪事实清楚，证据确实充分，应当以故意伤害罪追究其刑事责任，因被害人一方对本案的发生具有过错，可以酌情对被告人于欢从轻处罚，建议对其判处无期徒刑以上刑罚。”①

从该起诉书的事实提取出来的关键点是：杜某 2 等人限制该公司老板苏某及其子于欢的人身自由，并辱骂二人。到了 22 时许，在接待室发生了冲突，于欢捅了数人。

聊城中院经审理查明：“2014 年 7 月，山东源大工贸有限公司（位于冠县工业园区）负责人苏某向赵某 1 借款 100 万元，双方口头约定月息 10%。2016 年 4 月 14 日 16 时许，赵某 1 以欠款未还清为由纠集郭某 1、程某、严某 10 余人先后到山东源大工贸有限公司催要欠款，同日 20 时左右杜某 2 驾车来到该公司，并在该公司办公楼大门外与其他人一起烧烤饮酒，约 21 时 50 分，杜某 2 等多人来到苏某和苏某之子于欢所在的办公楼一楼接待室内催要欠款，并对二人有侮辱言行。22 时 10 分许，冠县公安局经济开发区派出所民警接警后到达接待室，询问情况后到院内进一步了解情况，被告人于欢欲离开接待室被阻止，与杜某 2、郭某 1、程某、严某等人发生冲突，被告人于欢持尖刀将杜某 2、程某、严某、郭某 1 捅伤。出警民警闻讯后返回接待室，令于欢交出尖刀，将其控制，杜某 2、严某、郭某 1、程某被送往医院抢救。杜某 2 因失血性休克于次日 2 时许死亡，严某、郭某 1 伤情构成重伤二级，程某伤情构成轻伤二级。”

经过庭审查明的事实并没有丰满起来，是不是“骨瘦如柴”呢？

一审判决之后，以《刺死辱母者》② 为代表，该案一经披露旋即引发热议。其中描述“辱骂、抽耳光、鞋子捂嘴，在 11 名催债人长达一小时的凌辱之后，杜某 2 脱下裤子，用极端手段污辱苏某——当着苏某儿子于欢的面。匆匆赶来的民警未能阻止这场羞辱。情急之中，22 岁的于欢摸出一把水果刀乱刺，致 4 人受伤。被刺中的杜某 2 自行驾车就医，却因失血过多休克死亡”。

有的情节比庭审更加跌宕起伏，事实也更丰满。一个是来自法庭的版本，一个是来自媒体报道的版本，为何“骨肉”“肥瘦”两异？

于欢不服一审判决，上诉于山东省高级人民法院，其上诉理由第 1 条就

① 山东省聊城市中级人民法院（2016）鲁 15 刑初 33 号刑事附带民事判决书。

② 王瑞锋、李倩：《刺死辱母者》，来源网址：http://www.infzm.com/content/123659/，最后访问日期：2017 年 9 月 19 日。

是直指一审判决认定事实不全面。于欢的上诉意见是："（1）原判认定事实不全面。没有认定吴某、赵某1此前多次纠集涉黑人员对苏某进行暴力索债，案发时杜某2等人对于欢、苏某及其他员工进行殴打；苏某实际是向吴某借钱；杜某2受伤后自行驾车前往距离较远的冠县人民医院，未去较近的冠县中医院，还与医院门卫发生冲突，导致失血过多死亡……"

山东省高级人民法院经审理查明："上诉人于欢的母亲苏某在山东省冠县工业园区经营山东源大工贸有限公司（以下简称源大公司），于欢系该公司员工。2014年7月28日，苏某及丈夫于某1向吴某、赵某1借款100万元，双方口头约定月息10%。至2015年10月20日，苏某共计还款154万元。其间，吴某、赵某1因苏某还款不及时，曾指使被害人郭某1（男，时年29岁）等人采取在源大公司车棚内驻扎、在办公楼前支锅做饭等方式催债。2015年11月1日，苏某、于某1再向吴某、赵某1借款35万元。其中10万元，双方口头约定月息10%；另外25万元，通过签订房屋买卖合同，用于某1名下的一套住房作为抵押，双方约定如逾期还款，则将该住房过户给赵某1。2015年11月2日至2016年1月6日，苏某共计向赵某1还款29.8万元。吴某、赵某1认为该29.8万元属于偿还第一笔100万元借款的利息，而苏某夫妇认为是用于偿还第二笔借款。吴某、赵某1多次催促苏某夫妇继续还款或办理住房过户手续，但苏某夫妇未再还款，亦未办理住房过户。

2016年4月1日，赵某1与被害人杜某2（男，殁年29岁）、郭某1等人将于某1上述住房的门锁更换并强行入住，苏某报警。赵某1出示房屋买卖合同，民警调解后离去。同月13日上午，吴某、赵某1与杜某2、郭某1、杜某7等人将上述住房内的物品搬出，苏某报警。民警处警时，吴某称系房屋买卖纠纷，民警告知双方协商或通过诉讼解决。民警离开后，吴某责骂苏某，并将苏某头部按入坐便器接近水面位置。当日下午，赵某1等人将上述住房内物品搬至源大公司门口。其间，苏某、于某1多次拨打市长热线求助。当晚，于某1通过他人调解，与吴某达成口头协议，约定次日将住房过户给赵某1，此后再付30万元，借款本金及利息即全部结清。

同月14日，于某1、苏某未去办理住房过户手续。当日16时许，赵某1纠集郭某2、郭某1、苗某、张某3到源大公司讨债。为找到于某1、苏某，郭某 1 报警称源大公司私刻财务章。民警到达源大公司后，苏某与赵某 1 等人因还款纠纷发生争吵。民警告知双方协商解决或到法院起诉后离开。李某 3 接赵某 1 电话后，伙同么某、张某 2 和被害人严某（男，时年 26 岁）、程某（男，时年 22 岁）到达源大公司。赵某 1 等人先后在办公楼前呼喊，在财务室内、餐厅外盯守，在办公楼门厅外烧烤、饮酒，催促苏某还款。其间，赵某 1、苗某离开。20 时许，杜某 2、杜某 7 赶到源大公司，与李某 3 等人一起饮酒。20 时 48 分，苏某按郭某 1 要求到办公楼一楼接待室，于欢及公司员工张某 1、马某陪同。21 时 53 分，杜某 2 等人进入接待室讨债，将苏某、于欢的手机收走放在办公桌上。杜某 2 用污秽语言辱骂苏某、于欢及其家人，将烟头弹到苏某胸前衣服上，将裤子褪至大腿处裸露下体，朝坐在沙发上的苏某等人左右转动身体。在马某、李某 3 劝阻下，杜某 2 穿好裤子，又脱下于欢的鞋让苏某闻，被苏某打掉。杜某 2 还用手拍打于欢面颊，其他讨债人员实施了揪抓于欢头发或按压于欢肩部不准其起身等行为。22 时 07 分，公司员工刘某打电话报警。22 时 17 分，民警朱某带领辅警宋某、郭某 3 到达源大公司接待室了解情况，苏某和于欢指认杜某 2 殴打于欢，杜某 2 等人否认并称系讨债。22 时 22 分，朱某警告双方不能打架，然后带领辅警到院内寻找报警人，并给值班民警徐某打电话通报警情。于欢、苏某欲随民警离开接待室，杜某 2 等人阻拦，并强迫于欢坐下，于欢拒绝。杜某 2 等人卡于欢项部，将于欢推拉至接待室东南角。于欢持刃长 15.3 厘米的单刃尖刀，警告杜某 2 等人不要靠近。杜某 2 出言挑衅并逼近于欢，于欢遂捅刺杜某 2 腹部一刀，又捅刺围逼在其身边的程某胸部、严某腹部、郭某 1 背部各一刀。22 时 26 分，辅警闻声返回接待室。经辅警连续责令，于欢交出尖刀。杜某 2 等四人受伤后，分别被杜某 7 等人驾车送至冠县人民医院救治。次日 2 时 18 分，杜某 2 经抢救无效，因腹部损伤造成肝固有动脉裂伤及肝右叶创伤导致失血性休克死亡。严某、郭某 1 的损伤均构成重伤二级，程某的损伤构成轻伤二级。

本院查明上诉人于欢给上诉人杜某 1 等 7 人和原审附带民事诉讼原告人严某、程某造成的物质损失与原判相同。”①

① 山东省高级人民法院（2017）鲁刑终 151 号刑事附带民事判决书。

把一审的事实版本与二审的版本相对比，我们发现，如果按一审的版本，于欢没有那么可怜，甚至罪有应得；而二审的事实版本，使我们看到了因一起高利贷纠纷引起的暴力催债、非法拘禁、殴打、侮辱等情形，于欢在民警出警之后，自己的人身权利仍无法得到保障，在此情况下，于欢警告对方，最终持刀捅刺。当然，这些信息，都是二审法院再次查明之后呈现给我们的。

把一审查明的事实与二审查明的事实相对比，很明显地能够看出，于欢的上诉理由是成立的，即本案之所以引发热议，就在于一审判决查明的事实部分有遗漏，从而导致了适用法律的错误。① 当然，本案如果没有舆论潮水般的监督以及最高人民检察院、山东省人民检察院、山东省高级人民法院的重视，于欢是不是仍要背负无期之刑，我们不得而知。

通过本案，我们能够看出，事实问题直接决定着法律适用。就于欢捅人的事，故意伤害罪的法律规定可以直接套用。但如果事实不清，判决能否公正？所以，本案受到社会广泛关注，就是因为事实出了问题，而不是法律出了问题。

值得思考的是，一审时公诉机关起诉书中对事实的遗漏，加上一审法院没有细致查明事实，直接导致了对于欢构成正当防卫而没有认定的法律适用错误，最高人民检察院介入后，二审得以改判，恰恰是对起诉书事实的再调查、再查明，复原并弥补了被遗漏的事实。这对于我们律师从事辩护和代理具有深刻的启示。

刑事辩护中如何解构这种骨瘦如柴的“事实”，的确需要律师有把它丰满起来的能力。

最高检全面地调查了公安出警、一审判决以及相关高利贷的生态，然后，出庭检察官发表了鲜明的观点：一审没有认定于欢的行为属于防卫性质，错误。而这一句话，实际上是否定了一审判决中，强加给身处险境的于欢“没有正确处理冲突”义务。试想，一审判决，将“正确处理冲突”的义务与正当防卫的权利对立，怎么能不引起冲突和舆论的撕裂？

① 笔者认为对事实的遗漏不是真实的事实，是造出来的“事实”。

事实永远是价值评判的基础，重大案件仅仅以起诉书陈述的事实为蓝本并在此基础上进行庭审调查，不可能使案件判决建立在真相的基础上。而这恰恰是“以审判为中心”的诉讼制度改革，迫切要求纠正的错误做法。这提醒我们在类似案件中，要从在案证据中整合出另一个真实的事实版本，否则，就形成不了事实对抗，辩护自然就会被动。当然，辩护人的权利受到很多的限制不容否认，这影响着辩护权的行使。

试看，最高检在此案审理之前，做了哪些工作。其实，这不应该由最高人民检察院来办理，而是应该在一审时便细致查明的。自3月26日以来，最高人民检察院工作组会同山东省人民检察院专案组，先后赴冠县、聊城、济南等地，重点开展了以下调查工作。一是听取了山东省人民检察院和聊城市人民检察院的工作汇报，审阅了全部卷宗材料。二是实地查看案发现场。通过测量现场距离、绘制现场示意图、访问在场人员等方式，尽可能还原案发时当事人所处位置，为准确认定事实、界定责任奠定基础。三是复核主要证据。围绕案件事实和舆论关注焦点，提审上诉人于欢2次、复核主要证人19人、调取重要书证50余份，进一步查清了案件事实。四是核查关联案件。

如果没有以上大量的调查取证工作，本案在山东省高级人民法院的审理，案件事实能如此清晰明了吗？所以，无论案件结果如何，客观全面地审查事实，是确保案件不偏离以事实为根据的司法原则的最低限度的要求。因此，笔者认为，本案的标本意义之一就是提醒我们：坐堂办案的方式或许能提高效率，但有可能无法兼顾公平与公正。

同时，这也印证了笔者所提出的“建构事实”的重要性，即永远要审视诉讼对方事实是否有遗漏，是否有相应证据证明；而自己一方建构事实也一定要符合要件齐全的“小前提”要求，完整、紧凑、简洁而又与证据密切相连。因为，每个人对正义与邪恶都有自己独特的视角，也有个体的判断，但理性的认识与客观的评价，永远离不开事实的土壤。

尽管于欢防卫过当，造成了严重的危害后果，但是最高检直指一审判决的病根：“山东省聊城市人民检察院的起诉书和聊城市中级人民法院的一审判决书认定事实、情节不全面，对于案件起因、双方矛盾激化过程和讨债人员的具体侵害行为，一审认定有遗漏；于欢的行为具有防卫性质，起诉书和一审判决书对此均未予认定，适用法律确有错误。”[①] 所以，无论是媒体报道，还是一审判决，只要存在对事实的遗漏，那么，随之而来的评论或评价当然有失物质基础。这也是为何一审判决之后，当事人不服的重要原因之一——“认定事实错误”。所以，本案的标志性意义还在于，不要轻易去定论一个有争议的案件，它的争议或许是在撕裂的缝隙中没有弥补上事实的骨肉，从而造成了判断上的偏差。更难得的是，要承认，物质和意识相互之间的影响，这符合哲学观点。

舆论对于司法有促进作用，正确地接受舆论的监督，引导舆论发挥促进公正审判的作用，这正是科技时代的发展趋势。

舆论不是洪水猛兽，笔者认为，舆论这一概念脱胎于多数人的良知与期盼，只有极少数人利用舆论造谣、煽动等。在这一点上，最高检的态度值得称赞：于欢案引发广泛舆论关注，始于媒体报道，体现了舆论对司法的监督。检察机关高度重视和真诚欢迎新闻媒体对检察工作的监督，在今后的工作中将更加自觉地接受舆论监督，把舆论监督转化为加强和改进检察工作的动力，不断提高法律监督能力和水平。

通过以上分析，我们看到，本来《刑事诉讼法》便对提起公诉有着严格的要求即“事实清楚、证据确实充分”，但是实践中的确有存在错案的“病根”。而这对于辩护律师来说，是从事辩护工作的基础，无论是会见、阅卷还是庭审，永远都要将事实与法律规范的构成要件紧密关联。

笔者以上的观点，得到了最高检意见的印证：“本案中，民警处警离开接待室是案件的转折点。民警处警本应使事态缓和，不法侵害得到有效制止。但在案证据证实，杜某2一方对于欢的不法侵害行为，没有因为民警出警得到控制和停止，相反又进一步升级。在苏某、于欢急于随民警离开接待室时，杜某2一方为不让于欢离开，对于欢又实施了勒脖子、按肩膀等强制行为，并将于欢强制推搡到接待室的东南角，使于欢处于更加孤立

---

① 叶攀:《最高检五方面解读于欢案　法院一审认定事实不全面》，来源网址：http://health.chinanews.com/sh/2017/05-29/8236941.shtml，最后访问日期：2019年5月29日。

无援的状态。于欢持刀捅刺杜某2等人时，不法侵害的现实危险性不仅存在，而且不断累积升高，于欢面对的境况更加危险。如果他不持刀制止杜某2一方的不法侵害，他遭受的侵害行为将会更加严重。于欢在持刀发出警告无效后，捅刺了围在身边的人。一审判决书认定'不存在防卫的紧迫性'，显然是对矛盾激化的原因做出了错误的判断，这也是在认定事实不全面情况下得出的错误认定。"

以上事实的陈述，本应该在庭审中依法查明。但遗憾的是，我们看到，最终是由舆论推动了该案的改判。舆论不可怕，撕裂也不可怕，撕裂的伤口弥合，就是健康的进步；观点不同也不可怕，可以理性探讨或留给时间证明；最可怕的是，我们失去了理性表达的权利。

于欢案件给我们最深刻的启示是："以事实为根据、以法律为准绳"是对律师最为严格的标准。

任何一个案件，都是可见大海的一滴水。它产生于社会现实又折射社会矛盾，反映着社会生态。伟大的判决之所以伟大，不仅在于裁判个案，还在于彰显正义。

通过于欢案，我们看到如下的关系：于欢作为当事人陈述的事实、聊城市检察院起诉书中的事实、聊城市中级人民法院一审查明的事实存在着对于正当防卫要件事实的缺失，因此导致了适用法律错误。这要求律师要有系统化思维，在刑事辩护业务中，一定要特别注意起诉书所陈述的事实与被告人供述的事实是否有要件事实遗漏，更要把握住庭审调查阶段对事实查明的机会，帮助法庭客观公正地查明事实，维护当事人合法权益。

因为，律师要"以事实为根据,以法律为准绳"，把遗漏掉的事实给找回来。

第六节 律师对事实的审查和确信

趋利避害是人之常情。对于当事人来说，当他面临重大法律利害之时，如何陈述事实，当然会在其内心进行权衡或取舍。这就是"事实认定"总是在法律适用之前要解决的难题之所在。但是，律师接受委托的第一项任务，就是对当事人陈述的事实进行全面审视，以确信其能够转化为律师的建构事实，并且，综合全部的证据进行综合的审查、分析、论证，从而决定是否接受委托，提供辩护或代理服务。

对于此时的律师定位，相对于当事人来说，律师是律师；但对于当事人陈述的事实进行审查和确认，律师则是"法官"。因为，律师此时审查和确信事实的质量直接决定着案件办理的质量。

认定事实是法官的职权，而律师在接受委托时对事实的审查，用确信来表述更为合适。在确信的基础上，才能完成建构事实并论证当事人主张成立、收集证据等系列工作。

一、有时谎言是对律师能力的"测验"

2017 年 1 月 6 日，《看不见的客人》在西班牙上映，该剧中当事人与律师之间关于事实的"陈述"很能说明前述问题。

艾德里安是一名事业蒸蒸日上的企业家，家中有贤妻和爱女，事业家庭双丰收的他是旁人羡慕的对象。然而，野心勃勃的艾德里安并未珍惜眼前来之不易的生活，一直以来，他和一位名叫劳拉的女摄影师保持着肉体关系。某日幽会过后，两人驱车离开别墅，却在路上发生了车祸，为了掩盖事件的真相，两人决定将在车祸中死去的青年丹尼尔连同他的车一起沉入湖底。之后，劳拉遇见了一位善良的老人，老人将劳拉坏掉的车拉回家中修理，然而令劳拉没有想到的是，这位老人竟然就是被害人丹尼尔的父亲——托马斯。

托马斯偶遇留守在车祸现场的劳拉，出于好意，他将对方邀至家中修车。惊魂未定的劳拉不小心露出了马脚，而识破这一切的托马斯打算为儿子复仇。

剧情扑朔迷离。死者的母亲用伪装术，扮演了一位金牌律师，在真凶委托的另一位律师到来之前的短短一个多小时的时间内，其同凶手展开了对话，并一定要在这短短的时间内获知真相。然而，凶手编织的谎言，使该剧更加跌宕起伏。

某天，艾德里安被不明人士击昏并丢弃在酒店房间里，醒来后他发现身旁竟然躺着一具尸体——他的地下情人劳拉，而他也被破门而入的警察当作谋杀劳拉的凶手。

艾德里安请来了从未打过败仗的金牌女律师弗吉尼亚为自己辩护。弗吉尼亚否定了艾德里安所有的真相“假设”，逼着他说出了根本没有证人证词的案情过程。在艾德里安的回忆过程中，真相一层层地被揭开。

“故事始终在男人对自己律师的解释、讲述中慢慢展开，我们能感觉到那种慌乱和镇定，崩溃和强大同在的心理气场。他回忆着自己的挣扎、自己的逃避，一个错引来另一个错，像一个手不断出血的人，一次次拼命洗手，却怎么也洗不净一池血水。而强势老练的律师坚持要真相，唯有如此才能保证辩护的趋利避害。于是，故事在男人和律师的不断虚与委蛇中，层层剥茧，呈现出一个又一个版本。观者也随着讲述的反转，对故事的理解不断进入下一层。”

该剧清楚地向我们呈现了被告人向律师陈述的谎言以及这种刻意地对律师的考验。该剧对于律师的特殊意义就在于，被告人之所以在刚接触金牌律师的时候撒谎，并非想逃避自己的责任，而是想“测试”一下律师对事实的审查与确信的能力——能否识破谎言，如何建构起律师自己确信的事实，从而成功辩护。

引用该案例，笔者意在说明，当事人或委托人会在特定的时候隐瞒事实或者虚构另一个事实，尽管他们的用意不一而足，但律师要具备审查和确信事实的能力。不然，律师自己都“事实不清”，又如何能取得“事实清楚”的辩护和代理效果呢?

任何一个案件，都会有一条生命线。研究分析案件事实，就是为了找到这条生命线。它的背后，藏着无数的秘密。一旦抓住了它，就摸透了这个案件的脉搏。所谓的山重水复，便成柳暗花明。思路便豁然开朗、思如泉涌。通过分析冤假错案会有惊人的发现，它们几乎全部出现了事实的错误，“案件事实总是千差万别，从不同的侧面可以得出不同的结论。事实上，许多案件之所以定性不准，是因为人们对案件事实认定有误”[1]，即认定事实不全面、认

① 张明楷:《案件事实的认定方法》，载《法学杂志》2006年第2期，第30页。

定事实错误、能够认定的事实却不认定等。所以，律师要充分研究分析证据，并在这个基础上，建构事实、编好“剧本”，在这样的状态下，陈述“柳暗花明”的事实，在引人入胜的状态下，让自己的主张扎根在事实的土壤里，使自己的论证枝繁叶茂，据理力争。这何尝不是一件自得其乐之事？

二、法官永远期待“现成的”案件事实

律师工作，是从接触事实信息开始的。因为从立法者制定法律，到法官审判案件，这当中介入的便是来自生活的事实。而当事人就是提供这个事实并要求用这个事实来主张自己权益的人。易言之，事实之土壤，是法律适用之根基。关于事实究竟是什么，如何从抽象到具体，如何从具体的事实再上升到定案事实，其实是有一个漫长的认识过程的。

关于事实，刘燕在《法庭上的修辞》前言中有过精当的介绍，当她在法院实习的时候，“我从没认真想过‘案件事实’这种东西是从哪儿来的，要么课堂上老师讲故事似的直接扔出一个案件事实，让我们分析法律问题；要么报纸上讲故事似的直接扔出一个案件事实，接着评论一番；要么就像少年时代看《福尔摩斯探案全集》那样，有位天才大侦探根据种种蛛丝马迹逮住真凶，然后真凶或大侦探或小说家讲故事似的扔出一个案件事实……模模糊糊地以为案件事实是‘现成的’……直到那会儿，书记员哥哥把一大沓案卷放在我面前，我毫无头绪地翻开……越翻越感觉有什么地方不对劲儿——我并没有看见那个‘现成的’案件事实”[①]。

由此可见，从最原始的事实状态到最终成为定案事实，其间必须经过法律职业人的感性至理性的升华，同时借助于证据、论证等手段才能最终确定案件事实。如刘燕所言，“一个案子从公安机关立案到法院宣判，各种细枝末节太多了，若不进行大规模的剪裁、抓住重要部分，只会让整个司法程序瘫痪”。“在案件事实的问题上，立场、修辞、叙事、可能性、人的命运……其实非常复杂，有时真的超乎控制。”“现成的”事实是不存在的。也就是说，

① 刘燕:《法庭上的修辞》，中国书籍出版社 2017 年版，第 1 页。

没有法律人的审查判断，就没有定案事实。

尽管法律适用是以事实为基础的，但从实务上来说，关于事实的研究却少得可怜。近年来，有关专家学者已经注意到这个问题，关于事实的相关研究方兴未艾，如张明楷教授曾撰文《如何认定案件事实》、西北政法大学刘治斌著《案件事实的形成及判断》、司法部司法研究所王舸著《案件事实推理论》等。但是，针对律师职业特点来研究事实的相关论述，更为鲜见。笔者相信，在不久的将来，关于事实的研究一定会成为与证据学并肩的学术领域，而在这一领域，律师同人们一定会有辉煌的研究成果。

作为执业律师，把自己经手的案件，整理成“现成的”定案事实，不仅能体现自己的专业技术水平，而且还能够节约司法资源。同时，在很大程度上，律师的主张获得法官支持的概率就会增加。因为，法官太期待“现成的”事实了。

所以，我们必须深入研究：如何认定事实，如何分析事实，在分析事实的时候如何把主张、证据、理由、论证融为一体，最后向法庭呈现一个“现成的”定案事实，甚至我们可以自信并潇洒地向法官说：拿去，不谢。

笔者即遵循如此思路，从实务的角度对事实问题展开论述。

三、优秀律师的目光，应该具有穿透事实的魔力

当事人在评价律师时，可能会说律师思维清晰，判断准确，而这都是长期积累的执业能力。特别突出的体现是，庭审中律师把大脑中无形的工作成果，集中在法庭上展示，那种雄辩的风采，更会获得法官的认同、同行的尊重、当事人的爱戴。

“以事实为根据、以法律为准绳”，其意旨即为，必须针对事实适用法律以解决争议，而认知事实并评判事实，是法律人共同的工作任务。律师的工作，就是从接触“事实”开始的。①

律师的工作从接触事实开始，该怎样才能高效明确地为法官提供“定案

① 此处的“事实”，笔者将其称为没有加工的原始素材。

事实”[①]？

法律的生命在于经验，其实从另一个角度来说，任何一个案件的处理，都不是套用三段论那么简单，而是如何对事实证成。所以，在律师这里，处理任何一个案件，首先是事实问题。而这个任务，对于律师不仅有时间要求，而且还有着更高质量的要求。它要求律师从接受委托开始，就要解剖事实，孤独地对其做出艰难的分析与认定；同时，这种分析、认定的标准要符合自己建构事实的要求，达到为法官呈现“现成的”小前提的标准。

从律师实务的角度来看，笔者自身的感悟是，律师研究事实的任务，就是要“建构事实”[②]，以使律师提出主张所依据的事实符合构成要件要素，或者使事实与之对应并有证据支撑。

吉尔兹的表述“它们是根据……构设出来的”，印证了笔者关于“建构事实”的观点。因为，定案事实，的确不是客观事实的原貌。客观事实是自然生成的，是实然；而法律事实一定是法律人对它进行审查、判断并运用符合法律规则的程序予以复原、认定的。前者产生在社会现实中，是以实然状态存在的、未经过人为加工的“事情”；而定案事实则是产生在法律程序中，是以法官、诉讼当事人、诉讼参与人等以语言为媒介辅以证据证明而陈述出来的“事实”。例如，判决书往往都会有：“本院经依法审理查明……认定以上事实的证据有……”严格地说，这才是“定案事实”在个案中的完整表述和具有法律意义的表现形态。

四、建构事实的前提是对事实审查产生确信

从法官判案的角度来说，建构事实是为了成为适用法律的小前提；从律师承办案件的角度来说，建构事实是为了更加简洁地“说服”：帮助法官删繁就

① “定案事实”是与定案证据相对应的概念，即经过审理后法庭认定的事实，裁判结论据此作出。

② 笔者称“建构事实”是指律师运用逻辑思维，对照法律规范的构成要件，以“要素分析法”提炼的具有法律意义的事实，它应该具备简洁、明了、要素齐备的品质要求。

简，提高认定事实的效率。从这个意义上说，律师就是法官的助手。

回到本书前言中笔者关于“符合说”的观点。“符合说”最简洁的表达就是，案件事实与法律规范的假定条件符合，案件事实的个别部分与规范的构成要件要素符合，从而，律师便请求法官作出与律师提出的主张相同的结论。

在“符合说”与“建构事实”的关系上，拉伦茨的论述可谓清楚明确：“在无限多姿多彩、始终变动的事件之流中，为了形成作为陈述的案件事实，总是先作选择，选择之时，判断者已经考量到个别事实在法律上的重要性。因此，作为陈述的案件事实并非自始既存地显现给判断者，毋宁必须一方面考量已知的事实，另一方面考虑个别事实在法律上的重要性，以此二者为基础，才能形成案件事实。法律家的工作通常不是始于就既存的案件事实做法律上的判断，毋宁在形成——必须由他做出法律判断的——案件事实时，就已经开始了。”[①]

拉伦茨的表述其实也印证了律师从一接触案件开始，就必须孤独而又严苛地审查事实并要形成确信。“法律家的工作通常不是始于就既存的案件事实做法律上的判断，毋宁在形成——必须由他做出法律判断的——案件事实时，就已经开始了”，既包括了没有现成的案件事实，也包括了“必须由他做出法律判断”的律师工作开始时，律师就要完成对事实的审查和确信，否则，无法展开下一步的工作。

在“事件之流中”总是要先选择作为陈述的事实。这就是律师向法官提出的“主张事实”。律师工作也是“毋宁在形成——必须由他做出法律判断的——案件事实”，即当建构的“主张事实”成为定案的事实，建构事实的工作才算完成。

霍尔姆斯说，“抽象的条文并不能对具体案件进行裁判”。律师高效工作的能力，不在于背诵多少部法律条文，而在于复原案件事实以及将这个复原过程论证得清晰可信的能力。我们要反复强调，检索法律易如反掌，而复原事实则是任何法律结论的前提。从这个意义上说，一旦事实确立，找寻适用的法律便不再是难题。一旦复原案件事实，哪怕的确属于立法空白、没有可

---

① ［德］卡尔·拉伦茨：《法学方法论》，陈爱娥译，商务印书馆 2003 年版，第 160 页。

明确适用的规范依据，律师除帮助法官“造法”外，不必关心法官缺法的职业困境。因为，法院不得拒绝裁判已经成为国际司法规则。

“一个受过法律训练、具有严谨的法律思维的人，在处理任何案件时，都要进行体系的、全方位的思考，而不是考虑孤立的规则。法律本身是对维系复杂的社会现象和社会规范的抽象和概括，在不同程度上具有非人格化、一般化的特点。这也就决定了，当将法律运用到具体个案时，又必须对各类事实进行类型化处理……法律思维的体系性就决定了其逻辑性。”① 律师在处理个案时，同样需要对案件事实进行类型化处理。类型化的好处就在于精细化分析和研究，分析点、联系面，从而得到系统化的方案，建立在这样的研究与论证之上，律师得出的结论自然就经得起考验。

律师提出方案、完成论证需要的客观前提就是事实，影响事实复原的因素很多，如物证灭失，当事人陈述必须真实且与全案证据相互印证等。

原本的事实已经成为过去，尽可能接近客观真相的定案事实，必须依据相应法律规范对“事实”是否符合法律规范的构成要件进行必要价值评判，以推进该事实成为定案的事实；而在做出这种必要的判断之前，必须依据法律规范的要求对事实予以复原和再现（主要依据证据法规则）。而在缺少明确的法律规范依据的情况下，律师评价事实得出结论的办法，就是“帮助法官造法”，这可以从习惯、司法原则以及既往判例中找到论据。②

对于事实的审查和确信以及将之与法律规范相互对照，不仅不会矛盾，反而恰恰体现了律师对“符合”“分离”思维的充分运用，是对律师自己建构事实可靠性的“审验”。

律师无论是解答咨询，还是起草诉状，抑或是答辩，都要有一定的事实依据，“事实与理由”的主文部分所陈述的这个事实，其实就是律师的“建构事实”。但这个事实的确立，必须经过律师的慎重思考与充分论证，甚至在必要的情况下，还要专题研讨。和公诉人的起诉书对事实的裁剪类似，律师也需要裁剪或构建案件事实。因为，这是律师建构的符合法律规范的事实，由此，

---

① 王利明:《民商法研究》，法律出版社 2014 年版，第 620 页。

② 参见第五章第五节“律师可以为法官造法”。

拉开了举证、论证以证明结论应当成立的序幕。最为关键的是，律师经过加工后的建构事实的质量，决定着这一事实能否成为“定案事实”，不得不慎重。

但毫无疑问，律师裁剪或构建的事实，是否符合逻辑、是否能为自己的主张提供肥沃的土壤、是否能成为定案事实，尚需要检验。

从“涵摄”理论来说，律师在“事实与理由”中的“事实”就是构建“小前提”，就是律师提出对应主张的事实依据。

如果大前提规定“欠债必须还钱”，在起诉状中的事实部分，就必须建构“李四自三个月前向张三借钱，超过约定时间没有还款”。这一建构事实的质量和水平决定着律师的诉请主张、举证责任，以及一系列的说服任务，更决定着一整套的逻辑体系，所以非常重要。易言之，陈述案件事实、建构小前提的质量决定胜败。

当然，律师建构事实的思维不应止步于此。诉讼的全局性要求，律师要将建构事实的标准定位于：说服法官可接受、裁判中可定案、二审及再审不可撼动。只要用这一标准建构事实并组织证据、理由和论证，律师承办案件的质量就能有所保证。

比如，《刑事诉讼法》第37条规定：“辩护人的责任是根据事实和法律，提出犯罪嫌疑人、被告人无罪、罪轻或者减轻、免除其刑事责任的材料和意见，维护犯罪嫌疑人、被告人的诉讼权利和其他合法权益。”

“根据事实和法律”，这就是要求律师要深研案件事实，并使之与法律相对照。如果认可起诉书对被告人的指控，那么就进行罪轻辩护；若指控在事实上不成立，则作无罪辩护。总之律师一切工作的开端，都来自事实。

而事实对于裁判来说，鲜明地体现在二审、再审程序对它的要求上。“事实不清”“事实不清证据不足”会成为改判或发回重审、提起再审的法定理由。三大诉讼法对此均作了相同的规定。

从三段论的架构上来说，由事实到要件事实再到定案的事实，是法官作出裁判需要确定的“小前提”。笔者之所以强调律师在接触事实时，便要严格地审查事实并在确信的基础上建构事实，就是为了使法官非常清晰地明了律师所铺设的“阶梯”：事实清楚、证据确实充分、主张所适用的法律正确。如果达到这个要求，法官能不支持律师的主张吗？所以，建构事实与律师对事实素材的审查、分析、甄别、论证是分不开的。

五、审查和确信事实的方法

笔者认为，建构小前提的“定案事实”一般通过三个步骤完成，每一个步骤都体现不同的律师思维。

（一）批判性听取当事人陈述

融入律师的职业理性，正视案件与当事人具有天然的利害关系这一事实，客观、全面、理性地分析其所陈述的事实，这中间介入律师的提问、质疑，经过反复听取当事人的陈述，经受律师的质疑，直到律师审查认为符合逻辑。因为当事人的陈述直接影响着律师对事实的判断以及对法律的寻找和对结论的形成，所以有经验的律师都极力要求当事人如实向自己做出陈述。当事人做出虚假陈述，律师完全可拒绝代理。当事人在审判程序中被发现有虚假陈述的还要受到法律制裁。

尽管律师没有探寻真相的义务，但肯定会有识别谎言的技能要求，如《看不见的客人》中凶犯对律师的一串串谎言。如果当事人不能够如实陈述案件事实，那么在庭审当中，当事人就会如同那位凶犯，无法自圆其说，而律师自然也会陷入被动——哪怕他再高明，也无法挽救当事人的每一个谎言，而那样，律师的职业形象便会在法官那里轰然倒塌。

在委托律师后，当事人的陈述就发生了变化，除必须由当事人亲口做出的陈述外，当事人的陈述，可以由律师代行或转化为律师的论证，用专业的语言对事实进行逻辑表达。由此，律师开始了对当事人所陈述的事实进行加工，使之上升为“定案事实”的建构工作。而这个前提，就是要批判性地听取当事人的陈述，考察其是否符合建构事实的要求。

经验来自失败的判断，而成功的判断来自经验的积累。在倾听完当事人陈述后，你就可以运用训练有素的法律技巧、逻辑思维和丰富的法律经验得出你的结论。

从这个意义上说，当事人陈述与律师代理完成了衔接，事实陈述主体可以被取代，而取代的价值就是律师执业的价值，当事人所获取的就是律师的专业服务。

听取当事人的陈述具有极为鲜明的技巧。第一轮，不要打断他，无论他说得多么冗长，一定要让他自然陈述（除非的确太不着边际）。在关键的地方，也可以边听边问。然后，记下具有法律意义的细节，重点归纳整理，并对这些重要的细节向当事人索要证据或证据线索。

为使整个事件变得清晰，必须向当事人提出自己认为应当了解的某些具体情节、事实，以便完成对当事人所做陈述的想象表达。

这个环节的工作任务，是搜寻并确定符合法律规范的“构成要件要素”。只有明确了构成要件要素，才能为自己的主张、理由、证据、论证锁链等一系列工作建立基础。

（二）在事实较模糊的状态下将事实的原料与法律规范对接验证

当事实并没有那么明朗，但具备了基本要素之后，律师开始找法，并反复在事实与法律之间进行“对接”[①]。这种对接，要求精密，包括证据对应、规范符合、论证严密等，如果能对接上，则属于“符合”，否则便是事实与规范的“分离”状态。律师建构事实的目的，是将其作为“定案事实”诉之于法律程序，以供法官审查认定为小前提，同时，也必须接受对方当事人的质疑与反驳。所以，事实与规范的对接工作做得越精细，越能使事实丰满，而不是骨瘦如柴，同时，事实越丰满，抽取出来的具有法律意义的要件事实则越精干，组织证据也会更严密，诉讼中出现意外的概率就越小，律师的自信就越强。

所以，“对接”工作可以比喻为走上法庭的最后一道工序，是律师出庭前准备工作中最为精密细致的一环。

这是检验律师知识广度与深度的过程，但这并不重要。在互联网时代，输入任何一个关键词，互联网都会给你丰厚的免费馈赠，从这个意义上再一次证明，律师与常人的根本区别点在于律师具有律师独特的思维模式，而且，

① 用“对接”是为了体现律师工作的阶段性特征，以区别于法官做出裁判时的“涵摄”。

还是先于法官之前就要完成的论证思考。

也就是说，输入同样的关键词，得到互联网同样的回报，但拿到同样回报的人，却不一定能得到相同的结论，这就是律师与常人的根本区别。这正是律师工作的价值。

律师的工作就是这样。有人认为，律师的工作只是在法庭上说了几句话这么简单，那么，这些人对律师的认识一定是荒芜的。没有缜密思考的人，不会理解思考的痛苦与艰难。不能因思考是无形的，便被忽视。所以，笔者的观点是，对于不理解、不尊重律师工作的委托人，再高的律师费也未必能买来律师的尊严。从这个意义上说，律师与委托人又是一个双向选择的过程。

反复验证要件事实与法律规范的"对接"，除实体依据外，还要看有无程序障碍，使之能成为定案事实，即完成由建构事实到定案事实的转化晋级。定案事实是能够用法律规范评价的并被法官确信为真的事实。所以，一旦事实确立，也就意味着争议进入高潮。我国三大诉讼法的程序设计，清楚地体现了这一点：法庭调查，是通过举证质证来认定事实；而调查结束，说明法官对案件事实有了初判，进入法庭辩论。如果律师的论证说服了法官，案件事实涵摄于法律规范之下，印证了律师论证得出结论的正确性，那么，律师的胜诉就指日可待。

需要指出的是，在建构要件事实的整个过程中，律师的认识能力对其有很大限制。必须在认识论和实践论的层面充分考量。认识论解决对事实的构建、确信以及判断；而实践论，则是对律师论证的物质化——转化为文字或语言。构建事实是为论证提供物质基础；而论证则是为了使案件事实成为定案事实，一体两面，不可顾此失彼。易言之，建构事实，不仅要在大脑里运用思维加工好，还要把它从大脑里提取出来表达好，形成"版本"，正如笔者对实习生常说的技能要求："想出来，说出来，写出来。"

（三）从事实提炼要素，寻找证据支撑

对建构要件事实的每一个要素，都要审视它的物质基础：证据。所以，建构要件事实与证据思维如影随形。否则，律师不是在"建构事实"，而是在普通地叙事。没有证据支撑的普通叙事，或许其会提出一种主张，但"主张不

是证明。证据是关键的，但故事并没有给出证据”[①]。

易言之，建构事实要以证据为基础，并服务于律师论证；而对事实的加工、整理、组合、排列、赋予其法律意义就是建构事实；从建构的事实中抽取出对应的论证理由，最后形成以语言为载体、加上修辞的论证“说服力”。

建构事实是为论证打下坚实的事实基础。这就是“论证基”。律师的十八般武艺都要在这个基础上展开，唇枪舌剑，拼的不仅是法律知识，还有着常人不可见的综合的知识积累。

尽管证据对事实有证明作用，但是我们不能简单地把证据等同于事实，以为有了证据就万事大吉。从论证的角度来说，充其量只解决了论据的问题，但从定案事实的形成角度看，还差着遥远的距离。易言之，有了证据不等于就有了定案事实。连接两者的桥梁是论证。因为，证据仅是就其自身的功能对相关问题的证明，所呈现的是“点”，而定案事实，是一个系统，是对事情的发生、发展、高潮、结局的完整表述。

真正被法官视为“现成的”事实的，并不是证据，而是证据信息。“语言不是单纯的载体，而是意识和知识的形成者，事物必须经过语言才获得可辨认、可理解的存在形式。”[②]需要作出判断的、发生在过去某个时间的事件或行为，在诉讼中是通过证人证言或其他证据的证明而被证实的。而所谓的“被证实”，就是论证成功，是指“法院就一项事实主张的正确性获得确信”。事实主张的正确性要依当事人提供的证据和证人予以支持，更主要的还在于法院或法官对主张某事实的证据和证人证言在恰当基础上的信赖。

建构事实以及最终被法官认定为定案事实，是一个复杂的过程，其中需要运用多种技术手段，甚至调动律师包括法律知识在内的所有知识储备。

事实需要被证成，在建构事实的过程中，还要站在事实、证据的基础上，完成律师论证的逻辑架构。“就事实的整体认定而言，由于时间的一维性，它不可能以‘眼见为真’的方式进行，因此裁判者只能依赖思维推理的方式认定案件事实。”由事实、法律到结论的桥梁就是论证。

---

① ［美］波斯纳：《法律与文学》，李国庆译，中国政法大学出版社 2002 年版，第 466 页。

② 温科学：《20 世纪西方修辞学理论研究》，中国社会科学出版社 2006 年版，第 81 页。

论证的起点，律师总要提出一定的主张，这就是论题。这个论题一定是出产于事实的土壤，事实是散见于一对一的问话，还是散见于各个间接的证据，这就需要对事实予以加工整理而成为法官接受的定案事实。

无论是法官论证还是律师论证，总之，这是使人信服的裁判必须具有的生命力。为使事实素材成为案件事实的必要组成部分，法律判断者必须依据相应法律规范对“事实”是否符合法律规范的构成要件进行必要判断；而在作出这种必要判断之前，判断者又首先必须依据法律规范的要求对客观事实予以复原和再现（主要依据证据法规则），以期通过论证的方式证明其将该案件事实涵摄于某法律规范之下是正当的。这句话道出了律师工作的核心任务，就是论证。具体地说有两点必须论证：律师主张的事实成立（小前提）；论证结论成立。如果还有，那就是驳论对方的观点不成立。这就需要律师不停地对自己的论证进行审视和检阅，直到说服自己，直到自己确信。也只有到这个时候，律师出庭，才会取得非凡而令人信服的自信，其庭审上的陈词，才会大放异彩。

“事实再现”，的确需要通过人的认知，在合法的程序里得到判断。而是否如实表述事实，的确具有不确定性。我们所引用的于欢案，便足以证明这一点。因此，作为本节的结语，笔者认为，律师无论处于控方还是辩方，都要对事实有“破”“立”之术，而这一切的准备，律师都要在开庭之前完成。

第七节　如何分析事实

案件事实在法学中是对应法律规范的，它的另一称谓是“小前提”。对作为小前提的事实的价值判断，构成了司法三段论中价值判断的核心内容。[①] 法律争议以及权利义务均在特定的事实土壤里生长。波斯纳说，发现事实是很困难的事情，而这个困难的事情，正是法官、当事人、律师共同需要完成的任务，而且，还必须准确地认定案件事实。

① 参见［德］卡尔·恩吉施：《法律思维导论》，郑永流译，法律出版社 2014 年版。

那么，为了达到准确地认定事实，就需要借助一定的手段，对事实进行分析、归纳、整理，提炼其中的要件要素。

对于事实，王利明教授有过精彩的评语："并非所有的案件事实，都可以作为小前提。"① 小前提的确定，是指通过法律技术手段从事实中整理出要件事实的活动，它是整个演绎推理的始点，也是进而寻找大前提的基础。"生活关系是一个连续统一体，而我们正是从这一连续统一体中取出一部分来，对其进行法律观察。"② 迪特尔·梅迪库斯的这段话讲的是小前提的确定，同时，对于律师分析事实、建构事实也是适用的。

由此，说明了事实至少有几个层阶的区分。

一、证据分析是事实分析的前提和基础

事实和证据的关系就是证明的关系，事实的呈现必须以证据为支撑。因此，事实分析先要进行证据分析。当事实与证据具有了表里关系之时，其他的分析才得以运用。例如，事实性质分析、法律关系基础上的法律适用分析、法律责任分析等。但这些分析的前提，仍是借助证据对事实的审查与确信。这些构成了一个层次逐渐推进、互相配合的有机联系的整体，但证据分析是基础。

从实务角度看，事实通常有如下表述：客观事实、当事人陈述之事实、法庭调查之事实、庭审查明之事实、定案事实。笔者认为，能够作为小前提的只有定案事实，是符合法律规范构成要件又能与个案相对应的事实。

所以，定案事实应该具备如下特征，即王利明教授所说的"小前提"的特点。

首先，小前提是依据证明规则确定的事实。但依据证据规则证明的事实，未必就是定案的事实。

其次，它是有法律意义的事实。没有法律意义的事实，如陈良宇案件中，

---

① 王利明：《法学方法论》，中国人民大学出版社 2011 年版，第 152 页。

② ［德］梅迪库斯：《德国民法总论》，邵建东译，法律出版社 2013 年版，第 58 页。

曾经有一条指控为“道德败坏，利用职权玩弄女性，搞权色交易”。检察机关认为，鉴于《刑法》没有惩治性贿赂的法律规定，并且该问题与案情无直接关联，因此未将其列入起诉的事实中。这就是说，该事实不能被现行法律规范所评价，只能是道德评价。

再次，它是依据方法论规则所确定的要件事实。“客观事实只有与实体法规范中所设定的要件事实相符合，才能产生一定的法律效果，并能够在裁判中得到认可。”即笔者所说的“构成要件符合”。

最后，确定小前提的任务，是证明该部分事实受所适用的法律规范调整，两者符合。

证据分析，在于我们对这些证据的事实证明程度要有明确认识，在证据资格、证明力、证据是否充分方面，将这些有形的材料与建构的事实图景进行对照。这也便于明确我们取证的范围和方向，准确提出符合法律规范的主张。也就是要紧扣法律规范要件，让“要件事实”与规范要件“无缝对接”。

二、构成要件分析是论证的必经程序

建构事实，其实就是整理事实。“所谓事实的整理，就是指结合大前提中的构成要件，将案件中所有相应的规范事实加以整理。”[①] 事实中蕴含着事件和行为，往往我们分析的是人的行为：委托人和对方实施了什么行为？该行为哪一方是合法的？有没有依据？他们的行为是事件还是法律行为？等等。而这些，就是对法律规范中的构成要件进行分析。

我们分刑事、民事、行政诉讼三个方面，简单地看这种思维所具有的指引功能。

在刑事诉讼中，任何被指控的被告人，一定是针对他的行为提起的，无论是作为犯罪，还是不作为犯罪，均要达到符合刑法对应条文的假定条件，指控才能成立。因此，细细拆分、研究被告人的行为，便为辩护指明了方向。

在民事诉讼中，当事人的争议以及他们间的权利义务关系均来自事实的

① 王利明:《法学方法论》，中国人民大学出版社 2011 年版，第 175 页。

土壤，其中，法律关系的性质和要素，就是我们要具体研究的内容。只有明确了当事人之间的法律关系，才能与民法规范相对应，提出对委托人有利的主张。“法书万卷，法典千条，头绪纷繁，莫可究诘，然一言以蔽之，其所研究和所规定者，不外法律关系而已。”①

在行政诉讼中，则需要研究行政行为这一最直接的对象，以合法性审查为原则，看行政机关是否有职权、是否符合行政原则、行政行为是否成立。

笔者认为，“建构事实”与王教授所言的“事实的整理”并没有不同，无非笔者是从实务经验的角度进行总结，对于律师实务具有更简洁的提示。此外，在时间顺序上还有区别，即律师总是先要向法院呈上自己主张所依据的事实，才能让法官明确审理的范围；而法官正是对这个主张所依据的事实进行审查，才能确定适用法律。所以，笔者所要强调的正是：律师要事先建构事实，先建构事实就必须先分析、判断事实的真伪及其法律意义。而王教授认为“法官应当根据法律规范来确定，特定案件中要适用该法律规范应当具备哪些法律事实”。但从研究案件的方法上、提高工作效率上是完全相通的。

那么，如何分析一个不完整的事实呢？

构成要件分析，其实就是“结合大前提中的构成要件，将案件中所有相应的规范事实加以整理”。

在这个基础上，还可以进行要素分析，以理性辅佐证据的方式，权衡律师架构的论证体系。因为，律师在向法院提出主张时，其所依据的事实，往往都是在感性和自发的状态下进行的，但是，法官最终需要认定的是定案事实，一定要与法律规范的构成要件符合。所以，如果律师以建构小前提的标准，把清晰明了的案件事实呈现给法官，再经过庭审，法官听取对方陈述，相信法官当然会对于表述清晰、证据确实的一方给予较多的关注。

这或许是诉讼技巧，但不得不说，正如律师期待法官的判决书说理充分一样，律师建构事实的标准，如果达到小前提的程度，可以直接拿来用，的确也是法官对律师的期待。

也就是说，律师一旦为委托人提出了符合规范依据的主张或者明确了诉

① 郑玉波：《民法总则》，台北三民书局 2003 年版，第 63 页。

讼请求，那就必须有相应的事实依据。该事实应当精练、概括、“符合”。拉伦茨的名言再次指明“事实上，法律适用的中心不在最终的涵摄，毋宁在于：就案件事实的个别部分，判断其是否符合构成要件中的各种要素”。这再一次强调了要件分析。而这其中的判断，对于律师来说，就显得孤独而严苛了。“最终的涵摄”是法官的任务，而事实的建构，就是律师建起一座从事实到结论的桥梁。“符合构成要件中的各种要素”说明了律师建构事实的标准和要求，即无论是法律关系、权利义务还是主观方面、危害后果等规范要求的要件要素，都应简洁、精当地使法官读出明确的信息，给予法官明确的引导。

律师建构事实的任务，就是为法官适用法律建设一条“小前提”的桥梁。“顺理成章”的精妙，其实就在于此。而这，必须先完成分析和判断。

对于律师来说，导致法官无法裁判的原因有三个：事实不清、证据不足、既事实不清又证据不足。明白了这一点，我们就知道，为什么律师职业决定了律师的思维，这符合“存在决定意识”的哲学。因为，要达到顺理成章，律师一定要早在法官之前做自己的法官，让事实与规范要件联系紧密。而“建构事实”达到与规范“符合”的思维模式，是律师高效的工作品质。

想要胜诉或取得法官的支持，律师首先就要把事实说清楚，这是由其职业决定的。

三、事实分析的任务

亚图·考夫曼说：“法律人的才能主要不在认识制定法，而正是在于有能力能够在法律的规范的观点之下分析生活事实。”张明楷教授在《案件事实的认定方法》中说，刑法规范是大前提，案件事实是小前提，如果二者相符合，便可以作出相应的判决。这印证了笔者的“符合说”，即案件事实与法律规范的假定条件、构成要件符合，从而得出结论。如此，我们可以将涵摄简言为：主张的事实与法律规范的假定条件符合。

张教授的下列观点更鲜明地呈现了这一点：“一方面要将案件事实向刑法规范拉近，另一方面要将刑法规范向案件事实拉近。不难看出，判断案件事实是否符合构成要件，需要把握三个关键：一是对构成要件的解释，二是对案件事实的认定，三是对案件事实与构成要件的符合性的判断。”他也是强调“案件事实与构成要件的符合性”。

其中，律师应用最多的是“要素分析法”。要素分析，笔者认为在法律职业资格考试时就开始应用了，法律职业资格考试的命题者也是刻意要锻炼律师分析事实的能力。“案件事实总是千差万别，从不同的侧面可以得出不同的结论。事实上，许多案件之所以定性不准，是因为人们对案件事实认定有误。”[①] 对事实要素的分析不准确会导致事实认定不同，当然也会导致不同的结论。在这一点上，律师具有裁判思维，会引导法官不要偏离自己的主张，而自己的主张是建立在从事实中抽取出法官评判的事实要素、提取充分理由的论证上，则获得法官支持的可能性就大。

对案件事实的认定，必须以构成要件为指导，围绕着可能适用的构成要件认定事实。对事实的分析，其实无论是刑事、民事还是行政案件均是相通的。因为，对于诉讼案件来说，解决事实问题，是所有诉讼类型的案件必先解决的前提。

张明楷说，一个案件由诸多事实构成，其中，有的事实与可能适用的刑法规范没有关系（即本文所称的“边缘事实”）；有的事实则直接关系到行为是否符合可能适用的刑法规范（即本文所称的“核心事实”）。显然，法官应当关注的是案件的核心事实，而不是边缘事实。然而，在司法实践中，由于案情的复杂性，许多法官、检察官不能抓住案件的核心事实，导致认定犯罪不准确。事实上，只要时时刻刻以可能适用的构成要件为指导，就能迅速归纳出案件的核心事实。笔者认同此种对事实的分类。细分案件事实具有特别重要的现实意义，它能锁定研究分析的范围，更加精准地对照法律规范的假定事实。所以，对应法官内心的期望，律师应该“投其所好”，如抽丝剥茧一般，把粗糙的事实，整理出“要件元素”，这样法官审理案件的焦点便非常突出，司法的效率也得到提升，同时，律师一旦将案件做到如此程度，如果没有特别的因素制约，则胜诉在望。

如果有些边缘事实不符合或不具法律意义，我们完全可以把它裁剪掉，

---

① 张明楷：《案件事实的认定方法》，载《法学杂志》2006 年第 2 期，第 30 页。

既不失其法律意义，又能减少法官的视觉疲劳，关键是裁剪后的部分一定要直接联系律师提出的诉讼主张，能够支持自己的理由。“以法学上合理的论证去架构可供检验的理由构成”[①]，这也是一份优秀的法律文书应该具备的品质，自然也是事实分析的任务。

“只要时时刻刻以可能适用的构成要件为指导，就能迅速归纳出案件的核心事实。”这也是锁定焦点的能力，这一内容，笔者将在“要素分析法”中探讨。对于律师来说正是如此，张教授的观点其实是以法官的工作来启示律师工作的规律和要求。

边缘事实与核心事实的分类或其他对于案件事实的分类，无疑是为研究分析的便利，以便于缩小具体的范围，从事实中提取具有法律意义的“要件元素”，以便于对“符合性”进行精准检测做出自己的判断。

所有事实的分类，都应该揭示案件事实的本质，即事实是通过证据复原的海市蜃楼，只是表象，但归根结底，事实是表象后面包含着的法律关系、权利义务，这才是分析事实的任务——哪些可用的案件信息已经确定？案件的待证事实还有哪些？否则，对事实的分析就成为盲目的“知其然”，但不知其所以然。所有的法律分析理解和适用，包括取证方向、诉讼主张，都是从案件事实中抽取出来的，对事实的理解应该是深刻而全面的，但对于事实的提炼却又是精准而简洁的，否则，律师对于事实与理由的主张便会偏离主题。

笔者完全同意张明楷教授的观点，即“不能从主观到客观认定案件事实，而应从客观到主观认定案件事实”。“但是，我国的司法机关习惯于从主观到客观认定犯罪事实，因此造成认定案件事实的困难。”[②]因为，通常律师的对方就是以自己的主观推定案件事实，作出曲解。但这恰恰留给自己一方一个破解的端口：只要立足于自己主张的事实上，运用精当的逻辑论证来证明对方犯有主观推定的谬误，庭审的优势一定会转向自己一方。[③]

这不仅是一种思维规律，还是一种司法规律。也就是说，从律师实务的

① 王泽鉴：《民法思维：请求权基础理论体系》，北京大学出版社 2009 年版，第 149 页。

② 张明楷：《案件事实的认定方法》，载《法学杂志》2006 年第 2 期，第 30 页。

③ 张明楷：《案件事实的认定方法》，载《法学杂志》2006 年第 2 期，第 30 页。

角度不能“为赋新词强说愁”，为了证明自己的主张而从主观出发，裁剪迎合自己主张的事实。相反，必须“以事实为根据”，律师的主张一定是脱胎于真正的事实才能得到支持，否则，一旦犯了从主观意愿出发“寻找”“拼凑”案件事实，显然，就会在某一个时间节点陷入无法自圆其说的被动局面。“一个谎言要用一百个谎言来掩饰。”实践证明，此类思维，哪怕暂时取得了胜诉判决，也无法预测被申请再审的那一天。

但这恰恰证明了律师分析案件事实的重要性，同时，也是要求律师分析问题仍要坚持唯物主义，从客观实际出发，而不能从主观愿望出发，更不能为了委托人的诉求得以实现，去迎合诉求“制造”事实。否则，那就成为笔者所批判的“构造”事实了。

分析案件事实，就是从客观出发，站在事实的高地上，调动所有的知识储备，研究这片事实疆域里，究竟有哪些主体、产生了哪些法律关系、他们各自的权利义务是什么、委托人的主张在这些事实面前究竟能否成立、律师如何替委托人提出主张等。

这些就是事实分析的任务，也是目的。

四、待证事实的预测和分析

除边缘事实与核心事实的分类外，笔者从实务角度认为，在接受委托阶段，一定还要有另外一个对事实的分析方法：确信事实与待证事实。

确信事实，是律师通过与委托人交流，审查委托人提交的证据后以理性的思考产生内心确信的事实，是律师理性审查形成的内心确信。在此事实的基础上，律师根据法律的规定，为委托人建构请求权事实。而待证事实，是相对于为委托人提出法律支持的主张，还欠缺证据证明，或现有证据不足以完整反映的“定案事实”以及在庭审中可能出现的举证负担，从而成为程序法证据规则中的“待证事实”。

待证事实，又可称为证明对象，是有争议的需要通过证据来证明的事实。从律师实务来说，通过“诉前思维”“预测思维”运作，能及早锁定待证事实，对于争取取证时间、及时提出调查、保全证据申请或申请鉴定，从而对引导法官判案的效果至关重要。所以，确信的事实可以让它静静等待开庭，而对于待证事实，我们要努力找寻那些散落的“花瓶碎片”。

研究待证事实对律师的实务有何促进?

当然，这里还有一个实务细节，即法官也会根据其职业要求，在其脑海中形成一个“待证事实”，而这个事实在法官庭前准备的时候就已经形成了。法官实务中不可能全部如同律师一样，细致全面地研究案卷，预先审验事实是否确定、主张是否成立。出于程序公正的要求，没有证据在庭审上的出示并接受举证、质证以及辩论，法官是不能认定事实的。所以，法官在初步阅卷之后，就会对“两造”提出的对立主张进行审查，并据此构建一个“待证事实”。如果法官确定的模糊事实“待证”，能从律师建构事实的精巧中得到“证明”，那么律师建构事实便与法官查明的事实重合。小前提便得以成立，即形成了笔者所称的第二个转化：建构事实转化为定案事实。

众所周知，司法证明以及整个的诉讼活动都是为了查明事实，而理论上又将案件事实分为“客观事实”“法律真实”。客观事实属于实然的状态，正如委托人所言“事实如此”。但法官并不知“事实”，故需要运用证据证明事实“如此”。不过待证事实是有争议的事实，它伴随着举证责任。

当然，笔者此处援引其他事实的分类，旨在说明事实认定的复杂性。

有关举证责任，“待证事实分类说”认为：依待证事实的性质来确定证明责任的分配标准。凡主张积极事实、外界事实的当事人，就应当负担证明责任；凡主张消极事实、内界事实的当事人，不负担证明责任。

例如，在合同纠纷中，主张合同成立并生效的一方当事人对合同订立和生效的事实要承担举证责任。甲主张和乙存在借贷合同关系，但乙否认，此时，甲有举证责任，乙不负证明不存在合同的证明责任。

但是，当甲拿了一份假合同或者是乙已经履行完毕的合同起诉时，此时，案件事实真伪不明，举证责任会发生变化。那么，乙便会基于“待证事实”产生举证责任。例如，他可以通过申请鉴定以证明甲伪造了合同，或提供证人证明，他已经归还了甲的借款。

笔者认为，待证事实产生于主张对立。有了不同的主张，才需要主张方寻找支持自己的证据，证明自己的主张。证明责任总是伴随着事实不清应运而生。

法官永远都在期待能简洁地证明待证事实的证据和律师对事实逻辑清晰的表达。所以，研究待证事实的意义在于：

（一）抓住争点，提高工作效率。律师并不需要证明完整的事实，只需要瞄准法官需要的定案事实即可。这其实就是张明楷教授所讲的核心事实。如前述案例中，没有必要证明甲乙之间除了借款事实之外的其他事实，比如说，乙是否结婚。尽管如此描述有人会认为，哪有律师会做无用功？其实，笔者所举的例子是再简单不过的，无用的事实是容易区分的。但当案件涉及法律关系复杂、时空跨度大、材料堆积如山时，律师的取证方向却并非如此明了，很难说不会走到弯路上去。所以，从认识论上说，梳理法律关系、定位对立的主张、明确待证事实、最终确定证据范围，不仅能提高自身的工作效率，同时，也使法官减轻了办案压力。

研究案例会发现，胜诉方首先是对待证事实有了充分的证据予以证明。

（二）确定了核心事实，便于梳理精干的证据（见证据运用篇）。

（三）有利于引导法官快捷地认定案件事实，使诉讼程序效率提高，在这一点上，法官自然会欣赏帮助自己厘清案件思路的律师。如此而言，主导诉讼的角色因律师的超前思维而得到逆转，一旦法官跟着律师的思维走，胜诉的概率也就大大增加。这也是律师思维重要性的体现。

（四）架构证据与证明事实之间的逻辑论证桥梁，使论辩的思维提前，有利于预测到对方的观点并作出应对。

（五）律师提前预测到待证事实的范围，便于明确举证责任的分配和证明标准的确定问题，有利于精细化操作。从而，又反过来促进调查取证工作的进行，以弥补证据的缺陷，使证明达到定案的质量——证明峰值。

（六）在"符合"上提高说服强度。大前提、小前提以及最终结论，其涵摄之途有所规律。诉讼是以证据为内容、以语言为呈现载体的事实重构过程，以达到法官确信"如此"为标准。运用证据证明事实，是诉讼不变的主题。而明确诉讼意义上的待证事实，才能找到"精兵强将"。

五、不要忽视事实“推定”

除了待证事实之外，还有“推定事实”，而有些时候突然适用“推定”来认定事实，对于律师来说，总有些“防不胜防”。造成这种情况的原因有两点：一是建构事实的分析论证不全面，二是的确存在着律师对推定知识的盲点。

推定，是法律规定或由法律授权法官根据经验法则，从一个已知的事实推定未知的事实存在。也就是说，基于一个前提事实的存在，法官认为另一个事实亦存在，除非被举证推翻，否则这种推定的事实就成为定案事实、裁判依据。笔者在此对“推定”不再展开论述，只是在此提醒从适用推定的权限上来说，律师没有适用推定的权限，相反，推定权在法官。而律师在建构事实的时候，一定要把这个因素考虑进去。当待证事实真伪不明的时候，法官是否会适用推定规则认定事实?

对于主观故意的认定，能否用自由心证的、推定的办法，笔者认为是值得商榷的。我国著名的刑法学者高铭暄教授曾言，无罪过即无犯罪。对于故意犯罪案件，查明被告人是否具有主观故意，即是否明知自己的行为会产生危害社会结果，对于定罪起决定性作用。不过，司法实践中，会依照一些司法解释性质的规范性法律文件的规定，将某种情形直接推定被告人为明知、具有犯罪故意。这些规定的出台固然有其现实需求和实践意义，不过，这种推定若用之不当将有违罪刑法定原则，并且，任此种推定继续扩大，恐为司法审判留下隐患。尽管现在司法解释越来越有“立法”的意味，但对律师来说，必须旗帜鲜明地反对这种“自由心证”式的推定。

例如，2002 年 7 月 8 日最高人民法院、最高人民检察院、海关总署联合发布的《关于办理走私刑事案件适用法律若干问题的意见》第 5 条规定，用特制的设备或者运输工具走私货物、物品的，提供虚假的合同、发票、证明等商业单证委托他人办理通关手续的，以明显低于货物正常进出口的应缴税额委托他人代理进出口业务的，除有证据证明确属被蒙骗的，均可以认定被告人“明知”自己所从事的行为是走私行为。该意见中的“明知”即是推定。

然而，现实经济生活极其丰富，商业行为极其复杂，用一个文件的几项推定设置的制高点来覆盖经济生活中全部的商业行为，难免会造成误伤甚至导致冤假错案的发生。比如，深圳海关张大春在其所著《走私犯罪证据研究》一书中论述，在包税代理通关模式下，如果委托人没有教唆代理人以走私的方式通关，则委托人不构成犯罪。即行为人尽管是以低于正常进出口的税额委托他人代理通关，但代理人的行为非委托人所授意或控制，代理人为了节省通关费用、赚取更多的代理费用，往往以自己独立的行为进行走私活动。此种情形如果适用上述文件中的“明知”规定，显然会导致自己被蒙骗的委托人构成犯罪。

清华大学法学院教授周光权在其著作《明知与刑事推定》中认为，“明知”分为司法认定的明知与推定的明知，故意的判断取决于客观构成要件。客观构成要件是故意的对象，依客观构成要件评断故意，乃是当然之理。推定不是凭空想象，而应以控方提出的证据为基础。不能过分扩大推定明知的范围，行为人是否具有明知，一般能够直接认定，进行推定实属多此一举。此外，周光权教授还从控方举证责任的角度论证了认定与推定的关系。能通过举证认定被告人主观故意的，不应适用推定。

因此，在刑事司法实践中，由于现实生活的复杂性，不宜将举证认定简单地以推定替代。而且，查实被告人主观故意，涉及罪与罚，此种规范更应审慎适用。①

上海高院陈根强法官认为，应当严格适用推定的条件基础事实不可动摇。只有需要推定的事实无法用证据证明，才能适用推定。如果有可能通过证据证明，只是为了减少难度而草率适用推定，便极易造成冤假错案。此外，如果是有证据但证据不足，则适用证据裁判原则，不应作对被告人不利的认定。如果适用推定，则应存在高度盖然性。

“法律论证过程中，概念和定义或许不可避免，但没有经过充分研究的定义是危险的，这是因为法律要保持一定的适用弹性和空间，因为立法时不可能预见到所有可能的情况。”② 从律师的实务来说，一定要预先精准研究法律规

① 吴世柱：《慎对“明知”推定》，载《检察日报》2015 年 6 月 18 日，第 3 版。

② 李勇：《法律人的技艺在于论证》，载《人民检察》2013 年第 11 期，第 58 页。

范的假定条件（事实符合性），审视对规范的各种解释，是否会产生与主张的偏差，并与已经确定的事实反复对照，研究待证事实是否存在，还需要补强哪些证据，法官是否会适用推定等体系化、全面的理性思考，只有这样，才不至于出现措手不及的情况。

前述对事实分析的各种考量，是律师对受托事务的思维运作。

首先，要确信事实。对委托人提供的事实，要从基础上分析，判断其中的事实要素，时间、地点、人物、事件，如果是刑事案件，重点看被告人的行为；如果是民事案件，则重点考察权利及义务。总之，要锁定基本的事实，就必须先从分析事实构成要素开始。

比如刑事案件，事实构成要素是与法定的要求相对应的，同时，也是公诉人应举证证明的。《刑事诉讼法解释》第 64 条第 1 款列举了 10 项应当运用证据证明的案件事实。每一项要求都独具其法律意义，一旦分析精准，研究到位，辩护人就能够为法官提供豁然开朗的视野与清晰的思路，案件的辩护效果也会出乎常人预料。

如笔者在徐州市中级人民法院办理的张某故意毁坏财物案件，该案经过一审、二审、重审、再次二审终于取得了张某无罪的判决。

这次辩护的成功，不仅在于遇到了公正严明的法官，还在于律师精研了本案的事实，一旦发现事实构成要素与规范构成要件不符合，就应该果断地作无罪辩护。

该案是这样的。张某所在村的土地需要征用，而补偿条件没有谈好，在某一天，村民们看到开发商在自己的地里建起了围墙，以阻挡村民进入。村民获悉后，陆续自发地到达现场，先是与开发商的安保人员发生了肢体冲突，其中包括张某，村民们把安保人员赶出自己所在的土地。后来，不知是谁提议说要把开发商的墙头推倒，于是一呼百应，几十位村民站成一排，从东至西将开发商建的墙头推倒了。这几十位村民中平常有些“威望”的人，被认定为组织者和积极参加者，其中就有张某。

张某不服一审有罪判决，笔者接手其二审上诉。认真地查阅了案卷后，发现本案证据对于指控存在明显的问题。首先，张某并没有出现在现场的监控录像中；其次，各证人证明推墙的表述均证实：站成一排，有人喊口号“一、

二、三”地推，这就是行为。但在事关张某的证词中，只有少数人使用一些猜测与推断性的语言，“看见了、跟着去了”等，没有任何一份证据证明上诉人在确定的时间、确定的地点、用什么方式、和谁在一起实施了推墙的身体动作。也就是无法锁定张某实施了“犯罪”行为。

对案卷事实分析至此，笔者首先确定的是“没有犯罪事实”。

但分析事实不应止步于此，只有不停地追问，才能为法官提供更开阔的视野，帮助法官查清案件事实。那么张某没出现在监控中，他人在哪里？这一点总要让法官解除疑虑吧。

通过细致地、反复地阅读厚厚的证人证言，终于从不同的证人那里、从不同的笔录里散落的点上找到了一幅完整的事实图景：当别人在推墙的时候，张某正在距涉案墙头100余米的地方，与警官袁某、证人孙某等人在树下聊天，其中，时至中午，张某为袁某警官买饭出去了一下，待买饭回来，刚好迎到要回去的孙某，而此时，墙头已经推倒。

这一事实，如果从起诉书陈述的事实、从证人单份证言证明的内容来看，绝对无法找到。其是在会见被告人之后，经过细致的阅卷，从“点”艰难地组合成的“面”。但这是事实，是证人证明的事实。所以，建构起被告人不在现场的事实与本案缺少客观证据就成为笔者辩护的“论证基”。

对于这些事实，侦查人员没有详细询问，只有通过律师细致的阅卷才能完成。由此，笔者果断申请相关证人出庭作证，并得到法庭允许，在此关键事实上，各证人均客观作证。

本次辩护的思路是，严格将事实与公诉人举证责任以及定案根据联系起来。缩小空间，即起诉书指控的张某到达案发现场，仅是指与安保人员冲突的案发现场，而不是墙头这个现场；排除犯罪行为，张某没有推墙的行为。这是基于“（三）被指控的行为是否为被告人所实施”“（五）实施行为的时间、地点、手段、后果以及其他情节”所规定的事实要素进行的分析，二审法院认为不能排除疑点，遂将本案发回一审法院重审。

在发回重审后，各证人被再次叫到公安机关重新制作笔录，当然，除了问清事实之外，还要再问一句，律师做了什么？

一审重审后，法院仍然坚持作出了张某有罪的判决。张某仍不服，继续上诉。这是最后一次机会，而这一次机会，再一次证明了刑事诉讼中证人出庭作证的重要性。

证人仍然勇敢地走上了法庭，并如实地证明了笔者确定的无罪事实，经过激烈的辩论以及漫长的等待，终于，宣告张某无罪。

这个案例的成功，就是得益于建构事实的成功，同时，也解构了控方的事实，即将法官的视线引领到证人证明的另一个地点，在时间和空间上解构指控的事实。①

而民事案件，《民事诉讼法》则要求“谁主张，谁举证”，即原则上原告对自己的主张、被告对反驳原告的主张应各自提供证据证明，除非法律规定举证倒置或法院分配举证责任，否则各自均应证明主张的要件事实。

有时无罪辩护成功，并不是法院不知道案件的问题，而是缺少一股正义的力量，以促使体制惯性转轨。如笔者办理的无罪案件，经过一审、二审、发回重审，如此多的程序审理，难道法官看不出案件的疑点？那太小看我们法官的水平了。

终审判决就查得非常清楚：“经查，张某一直否认参与推倒防尘墙，也没有现场录像、照片等客观证据证实张某参与推倒防尘墙。在本案的言词证据中，原审被告人迟某的供述、证人张某丁、张某己、冯某、乔某丙、孙某甲、乔某己、孙某乙、乔某辛、时某乙的证言虽然提到看到了参加推防尘墙的有张某，但均不能证明张某参与推倒防尘墙的具体行为细节；在原二审期间，张某提供了证人乔某癸、乔某子、张某丁、张某己、邵某、张某壬、张某癸、张某子等人书写的证明，以证实其未参与推防尘墙。经公安机关核实，证人张某丁、张某己、孙某乙三人均翻证称没有看到张某推防尘墙；证人张某丁、乔某癸、乔某子三人均证明案发时其和张某四人与执勤的袁某警官在一起聊天，张某未参与推防尘墙；证人袁某证明有几个村民过来聊几句就走了，快到中午时候，听到村民说都走都走，就剩其和两名保安，过了一段时间，所长打电话说墙头被推了，记不清张某是否在其身边；证人张某戊、张某壬证明其参与推防尘墙，没有看到张某；另外有10多名村民书写证明称没看到张某参

① 徐州市中级人民法院（2016）苏03刑终字第122号刑事判决书。

与推防尘墙。综上，原公诉机关提交的证据中证明张某参与推倒防尘墙的证人证言内容过于笼统，不能证实张某参与推墙的时间、地点、位置、周围人员及作用等细节，证据的证明指向及证明力较弱；相反，证人乔某癸、乔某子等人证明张某未参加推墙；还有参与推墙的证人张某壬等人证明没看见张某推防尘墙。在缺乏客观证据，言词证据之间又存在矛盾，且没有排除的情况下，认定张某有罪的证据达不到确实、充分，故认定上诉人张某参与推倒防尘墙的事实不清，证据不足。”

在这里，我们必须引用一下 2017 年 8 月 26 日贵州高院孙潮院长的讲话："中国不缺法官，缺的是向法律负责，向事实负责，向天下负责的法官！”这也就是笔者所说的司法勇士。徐州中院王胜宇、孙妍、闫君以及所有平反冤案的法官们，都是能扛起正义、将司法公信力提升的司法勇士。只有不断地涌现司法勇士，我们的司法公正才能像阳光一样普照大地，法律共同体共同维护法律正确实施才具有实际意义。

第八节　事实分析之要素分析

律师的能力不在于将所有法律条文烂熟于心（事实上没人能做到），而是在于对事实精细剖析之后，提取出具有法律意义的事实。有的人能从事实的分析中找到案件的突破口，而有的人看过了事实就是记住了一个故事，而对这个事实里的法律因素却抽不出一丝。这就是律师思维的差异——的确存在。

张明楷教授说，“案件事实总是千差万别，从不同的侧面可以得出不同的结论。事实上，许多案件之所以定性不准，是因为人们对案件事实认定有误”。

笔者认为根据案件的不同，必须采用不同的分析方法。如对行政案件，因为重点审查的是行政行为，所以要将行政行为与职权作为重点考察对象；对于刑事案件，因为涉及的是犯罪行为，所以要对被告人的行为是否能被评价为犯罪重点研究；对于民事案件，因为属于平等主体之间的民事权利义务关系范畴，所以要重点针对当事人之间的法律关系进行分析。

这就是事实与规范的对照分析。而“事实”中具有法律意义的要素提取，与法律规范构成要件的精确对照，才是这种对照的精髓。没有人随便拿来一个“事实”就能找到对应的规范，判断它的法律性质，相反，总是以事实中具有法律意义的要素符合规范的构成要件——在这个点上做出判断的。因此，笔者称为要素分析。如此有针对性地分析事实，不仅有利于律师理性地认清案件性质，而且还有利于提高工作效率。

先以民事案件为例：

甲与保姆乙约定：甲生前由乙照料，死后遗产全部归乙。乙一直细心照料甲。后甲女儿丙回国，与乙一起照料甲，半年后甲去世。丙认为自己是第一顺序继承人，且尽了义务，主张甲、乙约定无效。

抽取事实 1：甲与乙的行为符合遗赠扶养；

抽取事实 2：丙与乙一起照顾甲，是否影响乙受遗赠的权利？

是应保护甲受遗赠的权利，还是应保护丙作为继承人的权利？

法律规范：《继承法》第 31 条规定，公民可以与扶养人签订遗赠扶养协议。按照协议，扶养人承担该公民生养死葬的义务，享有受遗赠的权利。据此，乙与甲的遗赠行为合法有效。第 5 条规定，继承开始后，按照法定继承办理；有遗嘱的，按照遗嘱继承或者遗赠办理；有遗赠扶养协议的，按照协议办理。据此，在存在遗赠扶养协议的情况下，应按遗赠扶养协议约定执行。由此可见，事实 2 不能成为本案的小前提，即丙的主张不成立。

上述的分析遵循了：事实分析→关键事实要素提取→不同主张审查→法律规范的对照→结论。

这种思维路径，是符合司法三段论的。以律师思维来说，从乙的角度看，事实 1 与《继承法》第 31 条相符合，应得到法官支持；从丙的角度看，事实 2 与《继承法》第 31 条相分离，就成为“边缘事实”。如果丙要获得胜诉，那么她就要举证证明遗赠扶养协议无效。所以，律师代理乙，完全没有必要关注丙是如何对甲尽义务的事实，只要把重点放在论证遗赠扶养协议有效、乙尽了扶养义务上就可以了。因为，这不仅是对自己立论的捍卫，同时，也是对丙方驳论的预防。

再以刑事案件为例：

甲在2013年10月15日见路边一辆面包车没有上锁，即将车开走，前往A市。行驶途中，行人乙拦车要求搭乘，甲同意。甲见乙提包内有巨额现金，遂起意图财。行驶到某偏僻处时，甲谎称发生故障，请乙下车帮助推车。乙将手提包放在面包车座位上，然后下车。甲乘机发动面包车欲逃。乙察觉出甲的意图后，紧抓住车门不放，被面包车拖行10余米。甲见乙仍不松手并跟着车跑，便加速疾驶，使乙摔倒在地，造成重伤。乙报警后，公安机关根据汽车号牌将甲查获。

讯问过程中，虽有乙的指认并查获赃物，但甲拒不交待。侦查人员丙、丁对此十分气愤，对甲进行殴打，造成甲轻伤。在这种情况下，甲供述了以上犯罪事实，同时还交待了其在B市所犯的以下罪行：2013年6月的一天，甲于某小学放学之际，在校门前拦截了一名一年级男生，将其骗走，随即带该男生到某个体商店，向商店老板购买价值5000余元的高档烟酒。在交款时，甲声称未带够钱，将男生留在商店，回去拿钱交款后再将男生带走。商店老板以为男生是甲的儿子便同意了。甲携带烟酒逃之夭夭。公安机关查明，甲身边确有若干与甲骗来的烟酒名称相同的烟酒，但未能查找到商店老板和男生。

本案移送检察机关审查起诉后，甲称其认罪口供均系侦查人员丙、丁对他刑讯逼供所致，推翻以前所有的有罪供述。经检察人员调查核实，确认了侦查人员丙、丁对甲刑讯逼供的事实。

对于刑事案例，我们仍采用事实分析法：

事实1：甲偷开面包车；

事实2：为图乙财，开车强行拖乙致重伤；

事实3：甲被刑讯逼供；

事实4：以拐骗的男孩骗取价值5000余元烟酒。

对繁杂的“事实”提取后，最终就是用简洁的语言表述这几个要素而已。

那么，律师作为辩护人对本案如何处理呢？

能够被法律评价的事实已经抽取出来了，律师也很容易对照事实评价甲分别触犯盗窃罪、抢劫罪、拐骗儿童罪、诈骗罪。所以，在这里，笔者强调律师是“根据事实与法律”维护被告人合法权益的。律师的思维，不在于法官如何根据事实与刑法规范对甲涵摄，而要把重点放在另一个“核心事实”：拐骗儿童、诈骗只有甲的供述，没有其他证据证明，并且，这一事实是在被刑讯逼供的情况下供认的，不能认定。

分析此案我们可以看到，律师作为辩护人与法官对甲定罪的思维并不相同。辩护人只有从本案的事实中提取出“核心事实”才能维护被告人的合法权益。

当确立了这样的思路之后，辩护人便可以“建构事实”，即刑讯逼供下甲供认了没有其他证据证明的事实，公诉机关的指控依法不能成立。

事实分析→关键事实要素提取→法律规范对照→主张的确立→论证主张。

我们可以看到，“关键事实要素提取”考验律师的能力，也是主张确立的基础。

最后以行政案例分析：

某市原有甲、乙、丙、丁四家定点屠宰场，营业执照、卫生许可证、屠宰许可证等证照齐全。1997年国务院发布《生猪屠宰管理条例》，该市政府根据其中确认并颁发定点屠宰标志牌的规定发出通告，确定只给甲发放定点标志牌。据此，市工商局将乙、丙、丁三家屠宰场营业执照吊销，卫生局也将卫生许可证吊销。乙、丙、丁三家屠宰场对此不服，找到市政府，市政府称通告属于抽象行政行为，需遵守执行。三家屠宰场遂提起行政诉讼。

因为行政诉讼的审理对象是行政行为，所以我们抽取本案中的行政行为。

行为1：市政府发出了一个通告；

行为2：市工商局据通告吊销了乙、丙、丁三家营业执照；

行为3：卫生局吊销了三家的卫生许可证；

行为4：市政府对乙、丙、丁三家“通告属抽象行政行为”的答复行为。

如果从律师代理原告的角度来说，需要对上述行为进行法律分析。

市政府只给甲颁发证照，其行为可诉，且该行为属于侵害了其他市场主体公平竞争权的违法行为，应予撤销。市政府、工商局、卫生局均有行政行为，因此均可成为被告。

通过前面三个案例的分析，如果事实以案例的方式呈现，通常思维就是

"发生了这么一件事"。但当运用律师思维来解决具体问题时，如何提取事实中的核心要素，对照法律规范具体分析，就成为破解问题的关键。我们不得不重温亚图·考夫曼的经典表述："法律人的才能主要不在认识制定法，而正是在于有能力能够在法律的规范的观点之下分析生活事实。"因为一旦能够将隐藏在事实中的具有法律意义的元素单独抽取出来，那么，研究这个元素便会变得相对简单。笔者将其称为要素分析法。

哪怕有些刚执业的律师没有办理过行政诉讼案件，其也可以通过上网查案例的方式，辅助完成相关的知识储备和结论验证。所以，律师工作的特点决定了：思维的灵活运作，远胜于能够背诵更多的法律法规。识别事实并分析事实的技能，远比背诵法律法规重要。

第三章

事实的建构与呈现

第一节　建构事实的要求与表述

“事实从来都不是自证自明的，事实永远不会自动呈现于法官面前以代法律适用。”[①] 事实上，诉讼的对立双方也各有自己的事实，因为立场决定态度，面对同一个事实，如何向法官表述，取决于他们的立场和利益。

建构事实与裁剪事实不同。笔者主张，建构事实是在素材的基础上，以构成要件为指导，建构要件事实，建构它的标准，要直指定案事实。而裁剪事实，是一种人为的对案件事实的取舍，于欢案的起诉书可为代表。

因为公诉机关的立场是控诉犯罪，所以起诉书很简洁地对应了“构成要件”。起诉书向法官讲述了这么一个故事：2016 年 4 月 14 日下午，赵某等人先去催款，20 时左右，杜某 2 加入催款行列，并对苏某及于欢有限制人身自由、辱骂的情节。到了 22 时，发生冲突，于欢持刀将数人捅伤，其中杜某 2 失血性休克死亡。

法官一看这个案件，首先就会关注于欢持刀捅人并致人死亡这一核心要件。他只需要评价是符合故意杀人还是故意伤害即可。

由于这一事实过于简洁，一审判决之后，引发热议。山东省高级人民法院二审查明，一审认定事实不全面，还有借高利贷、将苏某按在水池、杜某脱裤子等细节。

因为事实丰满了，相应适用法律予以评价的物质基础也丰满了，所以于

---

① 杨建军:《法律事实的解释》，山东人民出版社 2007 年版，第 143 页。

欢从无期改判为5年有期徒刑。根本原因是对于欢的行为具有防卫性质的认定，有查明的事实依据。

分析于欢案我们可见，如果不是以审判为中心，而是以侦查为中心，事实有时是骨瘦如柴的。这也印证了“案件事实往往是被构造出来的，如公诉人在起诉书中陈述的事实，其实就是一种构造。这种构造，陈述了被告人的行为、情节、后果，由此与具体的刑法条文相对应，以行使其求刑权。所以，就事实问题，绝不是法官认定的工作，是法官与各诉讼主体共同完成的。简单点说，审判的本质就是法官和一帮人在一起研究，案件的事实是什么。因为，事实是适用法律的前提”[①]。

但我们在这里分析于欢案，不是简单地重复，而是要说明，律师从事实务工作的时候，一定要遵循一切从实际出发的原则，运用“符合”“分离”的思维，对事实以规范为指导，反复审视进行真正的建构。这是一种技能，而不是下意识的随意裁剪。建构事实，应当视为律师一项精密的劳动，而不是信手涂鸦。

笔者对建构事实的定义，是以可能适用的法律规范构成要件为指导，把素材事实整理成具有法律意义的“小前提”，以便于律师在此基础上提出“符合”或“分离”的主张。

建构事实应当符合下列要求：

（1）客观全面性。建构事实的表述应当能够概括地反映事实要素，并与现有证据对应，是以证据组成的事实表述而不是主观的臆测或取舍。

（2）不矛盾性。即从事发的起因到事件的结果，不存在无法排除的矛盾，以及无法排除的合理怀疑，这是证据法的要求。[②]

（3）确定性。即得出的事实只能确定一个版本，而不是两个，否则，就成为（2）的矛盾，而无法成为证据法要求的“定案事实”。

（4）符合或排斥。即所得出的确定的事实结论，要么是与规范要件相符合的，可以确定一方提出的主张成立，如有故意杀人行为，构成故意杀人罪；

---

① 焦宝乾：《事实与规范的二分及法律论证》，载《法商研究》2005年第4期。

② 本章第二节中我们将谈到如何在建构事实时排除合理怀疑。

要么，该事实与构成要件排斥（分离），一方提出的主张不能成立，如某人没有犯罪事实，改判无罪。这一点表面上看似矛盾，实则不然，因为这符合律师的职业特点，这种对事实的建构，要根据其在案件中的地位决定。

笔者将之称为建构事实的“四项基本原则”。

笔者再次强调，建构事实是为了使法官易于得到定案事实，绝不是随意对事实的裁剪、取舍。所以，遵从以上原则经过组合、整理、排列过的事实才能称为建构事实。特别是（4）的表述，更鲜明地体现了律师辩护与公诉人指控的不同，同时，也指出了建构事实与裁剪事实、构造事实[①]的不同。

下面笔者将以本人承办的马某强奸案为例，解读针对起诉书的裁剪事实辩护人该如何建构事实（同时也是解构指控事实）进行辩护。

事实素材为：2016 年 4 月，刘某受他人之托，就承包荒山事宜找本村书记马某盖章，双方 9 时许电话联系，马某称自己无法决定，要集体决策。刘某要求面谈，马某提出可到刘某家中去谈，但刘某以家中有小孩太乱为由，提出到马某家中商谈。双方约定中午在马某家中见面，此后，马某与刘某发生性关系，刘某离开后，报案称被马某强奸，导致案发。

公诉机关裁剪的案件事实为：

11 时刘某如约至马某家中，马某将刘某推至卧室强奸。

对于起诉书对事实的陈述，有人称为“事实的裁剪”。起诉书所陈述的这一段话，简洁到直指“以暴力、胁迫或者其他手段强奸妇女的……”这一规范要件。而案发的背景、经过等均没有体现。

所以，律师的辩护自然要在现有的证据当中，提出证据载明的细节信息，以丰满被裁剪掉的部分。事实上，被告人需要辩护的根本原因或许就在于此，如果没有专业律师为被告复原事实，仅按起诉书的指控定案，而“以审判为中心”又流于形式的话，那么，冤假错案将无法避免。

但是，裁剪事实显然是为了达到指控目的而做的排列。所以，从这个意义上来说“事实又是人为制造，以语言文字等载体呈现的”。

裁剪的事实，隐去了事件发生的前因、过程以及刘某的真正主观心态。

① 见本章第四节对构造事实的举例。

而被告人马某也承认与刘某发生了性关系。那么，究竟该作无罪辩护还是罪轻辩护呢？

律师的理性思维决定，不能轻易下结论。要寻找这个案件的碎片并尽可能地把裁剪掉的那部分、其中最具有法律意义的事实联结起来，才能最终确定辩护方案。

通过会见被告人、阅卷，有以下碎片事实：

事实 1：刘某找马某盖章有着巨大的经济利益。其早在案发一个月之前，便找到村委文书，要求开证明盖章。又根据证人周某证明，如果工程顺利开工，其所在公司肯定不会亏待她。

事实 2：刘某去的目的就是盖章，《证明》为事先书写，只需要马某直接在《证明》上盖章即可，可见刘某是有备而来。

事实 3：马某陈述，当他去摸刘某的胸时，刘某说“只要盖了章，你怎么搞都行”。

事实 4：双方从宽阔的客厅到卧室，在卧室发生性关系。在客厅，刘某没有反抗和挣脱等行为，当时，刘某身着紧身牛仔裤，其称“马某一把拉下我的裤子”。马某称，刘某因裤子紧，要求马某帮忙脱下的裤子。

事实 5：发生性关系后，马某与会计打了电话，会计说出差在外，要回来再盖章。

事实 6：刘某离开马某家后，先给其堂兄打电话，然后再报警，说被强奸。13 时许，马某被抓。

如何根据以上六项事实确定辩护方案并为辩护建构定案事实呢？

经过反复审视现有证据，笔者建构如下事实，并且均有在案证据予以证明：

“被害人”为获得某公司巨额经济利益自愿与被告人通奸，以取得马某盖章；被马某拒绝后，将通奸说成强奸。

这一事实的建构，同样遵从了前述的“四项基本原则”。得出的答案是唯一的、确定的，在构成要件上与指控是分离的。最终检察院撤回起诉。

如何论证建构事实是成立的呢？在这里我们要分清建构事实和论证或辩护词的关系。建构事实有可能就是一句话，如笔者前面所说的“刘某为获得某公司巨额经济利益自愿与被告人通奸，以取得马某盖章”。但论证或写进辩护词的时候，可以排列以上六项事实作为论据，因其均有相应的证据证明，故笔者将此六项事实联系起来，以叙事的方式填补了起诉书裁剪掉的部分，使之与《刑法》第236条分离，即马某没有采用暴力、胁迫或其他手段违背刘某意志与其发生性关系，本案的性质实质上是性交易，不过是刘某没有达到目的，就将自愿的性行为称为“强奸”。

前面我们已经说过，律师思维是以“理性辅佐证据的方式”思考，所以，论证这一建构事实的成立、解构指控事实，当然要把证据信息充分发挥：

刘某受某公司委托，曾多次向村委不同人员要求盖章。事发当天，刘某拒绝马某到自己家中，而独自一人到马某家中“商谈”。在整个过程中，现场没有任何破坏痕迹、马某身体无任何外伤，由此可见，马某称刘某说“只要盖了章，随你怎么搞”是事实。因为，如果刘某反抗不仅可以迅速逃离现场，而且其紧拉裤子，马某也无从得逞。据刘某陈述，其被“强奸后即去报案”，但证据证明刘某是在性行为结束马某给村委会计打电话询问是否可以盖章之后，才离开现场去报案的。通话记录显示，马某与会计的通话达10分钟之久。也就是说，刘某在现场等待马某是否能盖章的结论，至少足足等了10分钟。这一行为表明，其仍然是为了能带来利益的盖章，同时，也印证了“只要盖章随便怎么搞”的真实性。因此，本案性质是通奸，而不是强奸，案发的原因就是刘某得不到利益，将通奸说成强奸。

通过以上的分析，笔者认为，建构事实要在“双模型”的图景指导下，完成“双转化”，建构事实要遵从“四项基本原则”，表述事实一定要把单一事实和论据区别开来。事实的呈现是可说、可读的信息，而将这个信息向法官传递，能揭露事物的本质即可。

第二节　建构事实如何排除“合理怀疑”

法定证据和自由心证实际上是没有严格分野的。比如，关于“排除合理怀疑”即是法定证明标准，同时，因其介入了主观对“合理”的判断，故又可称为自由心证。正如卢梭曾言：“人生而自由，却无往不在枷锁之中。”法律制度移植，亦是如此。

《刑事诉讼法》第55条关于“排除合理怀疑”的突破性规定，无疑是中国法制史上的重大进步。但我国对于排除合理怀疑证明标准的研究尚显匮乏，严格地说，“排除合理怀疑”的标准是舶来品。对其哲学逻辑研究也不够深入。适用排除合理怀疑证明标准，必须构建以理论基础为支撑的操作方法。而对于律师实务来说，研究什么是合理怀疑、如何在建构事实中预先排除合理怀疑、指出控方事实中的合理怀疑，自然具有实践意义。

《刑事诉讼法》第55条对“证据确实、充分”的证明标准作出了明确、具体规定，应当符合以下三个必要条件：（一）定罪量刑的事实都有证据证明；（二）据以定案的证据均经法定程序查证属实；（三）综合全案证据，对所认定事实已排除合理怀疑。第一条标准是对证据量的要求，即只有定罪量刑的事实都有证据证明才能达到证据充分的标准；第二条标准是对证据质的要求，即对证据的证明力提出的要求；第三条标准是对运用证据认定事实所要达到的程度要求，定案事实要排除合理怀疑。

写进法典里的句子，字字可酌。那么，什么是合理怀疑？由谁来认定合理怀疑？排除合理怀疑的方法有哪些呢？

合理怀疑，从句法上看，是“合理”与“怀疑”的并列使用。

合理，指合乎道理或事理。语出唐代刘知几《史通·载言》：“言事相兼，烦省合理。”《北史·斛律光传》：“每会议，常独后言，言辄合理。”明代张居正《进帝鉴图说疏》：“覆辙在前，永作后车之戒，则自然念念皆纯，事事合理。”而这些道理或事理，自然应该是来自日常的生活经验、法则、常情、常理。合理性包括法理、情理和事理等内涵。其实，是否合理，是一个理性的人运用逻辑推理做出判断的手段。如笔者所举的张潮杀赵三案件，张潮到赵家敲门，不喊赵三，而直呼赵家三娘子，就违反了常理。杨评事据此做出推理，断定张潮杀死了赵三，最终得到验证。

怀疑，指心中存疑、疑惑。在司法实践中我们可以理解为：在法官主持完法庭调查，并对待证事实进行审查之后，又经过控辩双方的辩论说服，仍然无法确定事实真伪，法官无法消除内心的疑虑或疑惑，所以，内心存疑，无法定案。

如果把这两个拆解的意思合并起来，笔者认为《刑事诉讼法》中的“合理怀疑”是指因符合常理、常情的理由存在，无法消除法官内心的疑惑，从而难以定案。

我们再细分以上的分析会发现，合理怀疑的形成有以下标准：

第一，“合理怀疑”，应当是指建立在一定的理由之上、有合理根据的怀疑。

第二，合理怀疑必须是从单个证据到综合全案证据，对所认定事实进行事实与证据的对照，是对全局的要求排除合理的怀疑。

第三，排除合理怀疑标准更说明了“定案事实”的程序价值。易言之，绝对的客观真实，只是往事，而定案事实，是排除法官内心合理疑问的事实确信，在此基础上，他便可以将法律适用于这个事实之上。

我们再回到“定案事实”的定义：“以证据为内容在诉讼程序中转化成为排除合理怀疑的事实信息，它成为法官适用法律的定案根据。”

因为存在合理怀疑的事实是不能成为定案根据的，所以我们再以定案根据的定义，来审视合理怀疑产生的物质基础、程序基础和逻辑基础。

以证据为内容，是指证据支撑着定案事实的成立，这构成定案事实的物质基础。如果通过任何一个证据或者综合全部证据，仍然无法排除疑点，那么显然，证据需要补强、论证需要强化，否则不能成为定案事实。

程序基础是指所有的证据均要在法庭查证属实，那么，诉讼双方均有机会揭示、质疑对方证据的疑点，辩驳或排除自己一方的疑点，在程序的公平公正上，如果不能说服法官去除疑点，那么就对该方不利。

逻辑基础是指运用证据来重构定案事实的过程中，要讲究全部证据与定案事实的对应性、单一证据与其证明对象的对应性，这些对应共同构成了定案事实与证据密切联系的逻辑生命。

当我们分析至此，律师建构事实、将事实与规范进行逻辑论证，以达到清除“合理怀疑”的障碍，便成为律师“提前审查”的重要内容。

当然，排除合理怀疑的方法，笔者已经讲述了，那就是物质基础的质量要求、程序基础的分秒必争、逻辑基础的严密严谨。而这的确是需要长期的实践才能得来的功力。

同理，一旦知道了排除合理怀疑的标准，我们也就知道了什么是“合理怀疑”，而这种认知，对于律师职业来说，的确太有趣味了。

第三节　建构事实与论证的关系

论证，是生成定案事实的助产士。从律师角度看事实与论证的关系，是为法官获取“现成的”定案事实和判决书说理论证铺设阶梯。

“法律如果没有法院来阐说和界定其真正含义和实际操作就是一纸空文。”[①] 司法改革要求，裁判文书要加强说理，对于律师的意见是否采纳，要给予明确的回复，说明拒绝或采纳的理由。所以，在对裁判结果的论证上、在对公正的阐述上，特别是律师对于判决书的说理期待，无论法官是否支持律师的主张，都希望法官不要吝惜笔墨，把支持或否定的理由在判决书中“辨法析理”，这样不仅是判决的应有之义，而且使律师对于委托人也便于解释。判决书之所以需要说理，就是因为要真正让人民群众从个案中感受到司法的公平正义。俗话说：“有理走遍天下，无理寸步难行。”司法的固有特性决定了法院是最讲逻辑、最讲道理的地方，人民群众之所以将纠纷提交到法院，正是为了寻找公正裁判。法谚有云：正义是从裁判中发声的。司法的正义不是抽象的，而是具体的，它正是通过每一份判决书中的理由彰显出来的。可以说，判决的说理性越强，其公正性越强，也就越能够为当事人所接受，起到案结事了的作用。在实践中，某些判决从结果上看，对当事人双方是公平合理的，但因为欠缺说理，导致一方或双方都不相信该判决是公正的，甚至出现无休止的缠讼，从而引发很多社会问题。[②]

司法是公正的最后一道防线。查清事实，分清是非之后，便要出具裁定

---

① ［美］汉密尔顿：《联邦党人文集》，程逢如等译，商务印书馆 1980 年版，第 112 页。

② 王利明：《用判决书说理促公正》，载《人民法院报》2013 年 4 月 25 日，第 2 版。

或判决。裁判书除了解决个案纠纷之外，还兼负说服社会的责任：把公正以公众看得见的方式呈现。法官让一方胜诉，是经过了法律、证据、事实的推理与论证的。在胜败之间取舍的过程，经过了法官公正的权衡，甚至是痛苦的抉择。如迈克尔·D. 贝勒斯所言："即使判决并没有准确地判定过去发生的事实真相，争端各方只要确信他们受到了公正的对待，他们也会自愿接受法院的裁判结果。"实体正义是正义，程序正义同样也是正义。

裁判文书上网就是以公开促公正的重要改革举措。让社会检阅或审阅司法公正，是司法改革的应有之义。这对于法官判决说理论证提出了更为现实迫切和更高标准的要求。科技的迅猛发展与自媒体的广泛应用，对公正"看得见"的条件已经具备，法官生产出的判决就要在公开里呈现公正——面临着这样的检阅。所以，案件止于领导签发判决书的司法理念应该更新，与时俱进。公众只有不断看得见公正，司法才更有公信和权威。

公开判决能不能有这样的效果呢？全国首例直接引用"疑罪从无"原则的判决书（由广东省高级人民法院法官向玉生、钟锦华、石春燕裁判）便是一典范。"本院认为，因受制于犯罪的隐蔽性、复杂性及侦查手段局限性等诸多因素，本案目前无法通过证据体系还原客观事实、认定法律事实。在对于上诉人陈某钧是否是本案真凶既无法证实亦无法证伪的两难局面下，人民法院应当恪守证据裁判规则，绝不能为片面追求打击效果而背离'疑罪从无'的刑法精神。"这份判决的面世与誉词同步。

另一个对比是轰动全国的湖北十堰胡庆刚案的判决。微信公众号"法客帝国"载陕西宋文利律师的评论认为"为什么一审法院不要求企业一方提供必须提供的工资表？对原告个人提供的又不去追查是谁给原告固定期限，固定金额的工资？难道原告自己给自己编造工资，每月固定给自己发工资？这些都是基本的、简单的逻辑，常年办理此类案件的法官，不应没有这个考虑。并且原告已经积极举证，需要被告的证据反驳，而不是不承认。"阅完该判决书之后的感觉就是，除了格式用语之外，说理只剩下简单得不能再简单的几十个字。

从劳动仲裁到最后的终审裁判，始终在维持"胡庆刚没有证据"。"想让痛苦成为真相的熔炼炉，似乎不幸者的筋骨和皮肉中蕴藏着检验真相的尺度”——贝卡里亚。笔者在尊重该案判决的同时，认为：维持一个错误的裁判不亚于新的犯罪。这并不矛盾。

笔者非常同情遇刺的法官，但是，在今天，我们有理由从法官被刺与司法公正的角度分别作出评析：胡庆刚行刺的刑事责任自有司法裁决，胡庆刚案件的民事判决是否公正，公众也自然有权利评论。不过，一定不要犯肤浅的幼稚推理病：司法不公就能对裁判者施暴。暴力的成长有它的土壤，那是愚昧代替了文明、简单取代了理智、深刻的思考让位给肤浅的聒噪。这些不负责任的“言论自由”，正是将社会培养成动辄用暴力宣泄不满的社会。如果给这种暴力以正当的理由，那么法治的文明将毁于一旦，人人自危。除非有法律授权，任何人都不能剥夺他人生命、侵害他人健康，这是最基本的常识。我们不能成为暴力社会的推手，只能在痛定思痛后深刻地反思并改正。事实上，无数的法官案牍累积，生产公正的他们身心俱疲，我们应怀着最起码的信任，期待公正如不竭之源从他们手中流出，而不是因某一个案件便否定一个整体。

笔者认为，律师有为法官减轻工作压力的能力。每一份判决都应该写有裁判者对公正的理解与司法良知，以此让公众看到，司法是一件极其庄严而神圣的事，事关人类最宝贵的公平与正义决断，而公正是从每一份判决书中积累和确立起来的。要让当事人从判决书中读出来迈克尔·D. 贝勒斯所言的公正对待，自愿接受裁判结果。如果从律师的角度狭义考察判决书应有的说服责任，律师要说服法官，便是第一位的说理论证，这是基础，是法官论证的阶梯。而法官要用判决书说服当事人，最有说服力的判决就是饱含公正的判决。所以，笔者不支持有些法院采用的“判后答疑”程序，那就是一种虚设，不仅解决不了任何问题，还给法官增添了讼累。因此，写一份公正的判决是最好的答疑。

写判决书是法官的专有权力，写好判决书是法官应有的智慧，权力和智慧都倾注于对公正的捍卫，这就是当前司法改革应该提倡的。法官值得骄傲与自豪的是，忠实于使命，把公正以判决书的形式呈现给世人。如此，不仅树立了司法权威，也赢得了司法公信。只有司法公信确立了，这个社会的安全才能从司法的秩序中得到。如果判决书都不能捍卫公正，就无从谈起司法权威。所以，法官们对待判决的态度不是在写一份结案文书，而是在积累和树立司法权威。同时，也是为社会注入司法文明带来的安全和稳定。

而对于我们希望的公正而言，律师是不是应该为法官铺下一个“顺理成章”的论证阶梯呢？从这个意义上来说，律师是法官的助手，的确毫不为过。

想在法官前面，就是裁判思维；论证在法官前面，就是铺设阶梯。如果不具备裁判思维，相反还给法官设置了难以解决的问题，律师提出的主张若想获得支持，肯定是加大了难度。

通说认为，法律论证是“将待决案件事实置于法律规范要件之下，以获得特定结论”的“涵摄”过程。往往，这是法官必须完成的任务。

律师缜密思维是论证的最佳开端。从涵摄思维模式来看，事实与法律规范的构成要件，实则难以截然分开。它们好像一对卯榫，越是精密，越能严密扣合。律师建构事实的目的，就是使其符合法律规范的适用条件，自然要为建构的事实找到对应的规范；法官审查证据并认定事实，肯定也是根据律师提出的主张或当事人提出的诉求所依据的法律规范，来对照审查，看本案的证据能否证明该事实。并且关于法律规范可适用的范围以及是否适用于本案的质疑，又会通过法官对事实的反复审视来解决。

由此可见，这就是复杂的涵摄过程。但它又具有鲜明的特征，事实判断与价值判断并存，这不仅适用于法官审理案件，而且律师从一开始接受委托也是如此思维的。在这一点上，律师同时又是“法官”，不过是早于法官审理案件之前做自己的“法官”。

比如，我们以“女子跳楼，男子赔偿案”为例。

案情：25 岁的陈先生和芳芳曾是同事，关系很好，后来陈先生跳槽，但两人一直保持密切的来往。一年前的一天，陈先生下班后打电话邀请芳芳来家中做客。

芳芳应邀前来，就在陈先生到厨房准备水果时，本来坐在客厅的芳芳突然从客厅窗户坠下五楼身亡。事发后，警方对芳芳的死因进行了侦查，排除了陈先生的嫌疑。

此后，芳芳家人起诉陈先生，要求赔偿。

判决：虽然芳芳的死和陈先生无直接关系，但陈先生仍应当承担 20% 的次要责任。判决的依据是《侵权责任法》第 6 条第 1 款：“行为人因过错侵害他人民事权益，应当承担侵权责任。”判决的理由是：“陈先生邀请芳芳到其家中聊天，芳芳来之前无任何反常举动，而陈先生明知她当时心情不好，本应当给予安慰并注意芳芳有无反常行为，但其未预料到芳芳会发生从其家窗户坠落而亡的严重后果，陈先生理应承担责任。”

我们采取要件分析法来分析，陈某是否符合“行为人因过错侵害他人民事权益”这一要件事实。

陈某在本案中并没有过错。本案中，陈先生有没有预见芳芳跳楼并采取防范措施的义务？确定行为人是否有作为的义务，必先了解什么是民事义务以及义务的来源。民事义务的根本特征在于其约束性，即为满足权利人的需要义务人必须为一定行为或不为一定行为，否则义务人就会承担相应的民事责任。义务的来源有两个方面：一是约定的义务，二是法定的义务。在其对于芳芳没有合同约定也没有法律规定的给予其义务的情况下，一审判决强加给了陈先生预见义务。本案首先排除约定的义务，即他们之间没有约定陈先生有看守芳芳不跳楼的义务；法定的义务，就是法律对于社会个体给予的义务，如服兵役是公民应尽的义务等。

明确了义务的特征和义务的来源，我们再分析本案中陈先生是否具有“过错”，是否有预见并制止芳芳跳楼的义务。

按照判决的理由，其逻辑推理是这样的：心情不好会跳楼，芳芳心情不好，所以，芳芳跳楼。陈先生明知其心情不好，但未预料到其会跳楼，理应承担责任。当形式逻辑徒具形式的时候，那就只能沦为结论的借口。

判决的逻辑错在：以“心情不好会跳楼”这个前提给陈先生强加预见的义务。

首先，心情不好会跳楼，绝不能成为陈先生具有预见义务的法定理由。

女子只是被领导批评，这种批评对于广大的普通劳动者来说，司空见惯，受批评可能会导致心情不好，但绝不能说心情不好就会跳楼，以这种概率极低的事件要求陈先生有预见义务并当作推理的前提，显然是强人所难，也有违日常生活经验，更没有法律依据。所以，其没有法定义务。

其次，判决认定的事实与适用的法律自相矛盾。《侵权责任法》要求过错侵权责任的承担要有过错、过错行为对结果的发生具有因果关系，而法庭审理后认为：虽然芳芳的死和陈先生无直接关系，但陈先生仍应当承担20%的次要责任，支付死者父母死亡赔偿金和丧葬费 8 万余元。既然没有直接关系，为何仍要承担次要责任呢？显然，自相矛盾。

最后，如果按该法院的推理逻辑，陈先生甚至会构成过失致人死亡罪。按判决的逻辑，既然陈先生有预见的义务，其因为疏忽大意而没有预见，继而发生了死亡的后果，那岂不是过失致人死亡？

为什么此案一出，舆论哗然？

因为，该判决会导致人们基于对法律的尊重和信任所构建的法秩序、公平与正义受到严重的挑战。法律是最低限度的道德，所以，从法的实现的角度来说，它应该更有利于对道德的维护与弘扬，这是最低限度的要求。否则，若因判决而损害了人们最低限度的道德、破坏了良好的秩序，请朋友到家做客都惶恐不安、提心吊胆，那么这不仅是个案裁判的失败，同时也是对道德的伤害。

汽枪大妈、玉米案等都在说明一个共性：判决除了解决个案还必须具有实现法的价值的功能。那就是维护和构建更强的司法公信力，使人们相信法官用法生产出来的判决，能够给人以安全、信任而不是恐怖。

以上案例足以说明，建构事实与寻找法律规范甚至搜索类似案例之间相互依存。认定事实必须趋向于法律规范，法律规范的获得及其具体化亦须趋向于具体的事实。这种“符合”与“分离”的要件分析，对律师提出主张、法官作出判决同样适用。

事实上，这就是在检验律师建构事实的功力。拉伦茨认为：如果精确地审视就会发现不是事实本身被涵摄，毋宁是关于案件事实的陈述。建构事实，是律师提出主张的基石。

比如上述女子跳楼案，判决书中的陈述就不能成为判决的“小前提”，而当律师引用该事实时，其又成为与规范相“分离”的解构事实。

我们可以把委托人陈述的事实称为基础事实，律师一旦建构事实成功，该事实部分便是规范事实。它应该与法律规范的构成要件相对应，应该有相应的证据来证明它，在这个基础上，慢慢地抽出理由，用来论证自己的主张。法律的韵味全在这桥梁之架构中。

因为，经过前面的思考，规范性事实融入了律师的智力。规范性事实（Normative Facts）不仅指实际发生了什么事情，而且指对过去事件的评价必须用特定的标准（Criteria）。或者说，规范性事实是律师智力组合出的符合规范要件的事实。

说服，从律师建构事实开始。因为，一种解释最终是否被接受，必须直接依据这种解释本身所具有的说服力，而说服，往往是在叙事。法学家们从事实出发来寻找恰当的规则，然后又回到案件的具体情况中来检验是否一致。

将关注的问题从案件事实是什么切入法官应当接受哪一方当事人说的话、事实主张，即将案件的事实问题转变为当事人事实主张的真假问题，再将真假问题转变为当事人事实主张的可接受问题，也就是我们在什么情况下应当接受某个事实主张的问题。

在诉讼法上，无论是传统的客观真实论还是法律真实论都将法律事实的取得建立在证据的基础上。事实理由证据和主张以及论证必须成为有机的整体，不存在易受攻击性以及难以排除的矛盾。三段论的大前提和小前提往往不表现为既定的因素，而是需要人们去认真探索和发现。三段论虽是常用的逻辑形式，但律师的逻辑形式显然要比法官丰富得多。法官总是在确定大前提以及认定小前提，这样最方便得出裁判结论，而习惯也让他们觉得这样非常合乎逻辑。

但对于律师来说，由于承担着艰难的说服论证任务，还要顾及背后委托人的合法诉求，律师的工作重点就在于说服法官接受自己对所期待的结论所建构的小前提（事实）以及他缜密思考所推荐给法官的依据、法律规范。

论证的内容和任务，即在于此。法律适用者必须检验他面临的问题在法律秩序的某一个领域中有无规定。他的目光将在事实与法律规范的相关部分之间来回穿梭。“法官作出判决不应以社会效果为依据，怎样判决效果好就怎样判。根据‘以事实为根据，以法律为准绳’的要求，裁判的直接依据只能是法律，否则何以称为‘法官’？”

这或许是对法官的约束，而律师论证的理由，笔者认为，除了依据法律，还完全可以上升到道德、伦理、公益等各个方面，来增强论证的说服力。这就是律师区别于检察官、法官之处。

因为，做出结论的是法官，不是律师。律师是代理委托人提出主张或诉求的，审查这个诉求的是法官，是否支持，取决于律师依据的事实与理由是否充分。当事实被认定之后，理由是否充分就成为法官是否支持的重要因素。

总之，建构事实是律师展开举证、质证、说理、论证的基础，而这些工作的目的，就是将建构事实推向判决书中的“定案事实”。因此，笔者说，建构事实是律师的“论证基”，是律师工作的源点。

第四节　以聂树斌案为例看事实的“建构”和“构造”

律师不仅要有识别当事人谎言的能力，还要有看“破”案卷的技能。因为，事实究竟如何，始终是考验法律人的难题。

笔者在前面说过，建构事实是在尊重事实的基础上，为了更好地说明事实与法律规范的假定条件符合而对事实做出的组合、排列，这种建构的作用在于更加清晰地让事实与法律规范相匹配，让表述更简洁，让论证更有说服力。

而对于事实“构造”，笔者在此认为应是贬义的，也就是说是一种脱离实际的、人为的“为赋新词强说愁”，侧重于“造”，是为了使某案得以适用某条法律规范，而人为制造的符合法律规范条件的假象。尽管有部分事实是真的，但要件事实是不能成立的，但这种不能成立又被假象所迷惑，往往被误认为真。

通过分析冤假错案，我们会有惊人的发现，最终写进判决书的所谓定案事实，几乎都存在这种“构造”。如果我们的司法制度不能制止这种构造，那么我们的司法改革就是失败的。好在，近些年来，我们看到了来自中央的决心，一系列的司法改革文件出台，具体地说，就是为了从制度上、体制上制止这种“构造”。比如，以审判为中心的刑事诉讼制度改革、对证据裁判原则的落实等。

我们以聂树斌案为例，来说明建构事实与构造事实的区别。

石家庄市中级人民法院一审判决认定：“1994 年 8 月 5 日 17 时许，被告人聂树斌骑自行车尾随下班的石家庄市液压件厂女工康某 1，至石家庄市郊区孔寨村的石粉路中段，聂树斌故意用自行车将骑车前行的康某 1 别倒，拖至路东玉米地内，用拳头猛击康某 1 的头部、面部，致康某 1 昏迷后将其强奸，而后用随身携带的花上衣猛勒康某 1 的颈部，致其窒息死亡。”

那么，我们分析聂树斌案件事实的个别部分，看看能有何惊人发现，是建构的事实还是构造的事实。

一审法院认定的“定案事实”说了一个连贯的故事，即聂树斌尾随下班的被害人，至人迹罕至处，用自行车别倒被害人的方式，暴力强奸，先奸后杀。这个情节和人物的塑造，让任何人看了这段事实，都会认为聂树斌罪有应得、十恶不赦。

其中有如下要件：1. 聂树斌的尾随行为，以体现其动机；2. 用自行车将被害人别倒，拳头猛击被害人是强奸罪要求的暴力；3. 强奸既遂行为；4. 事后又用随身的花上衣勒颈致被害人死亡。这种以语言为呈现方式的事实信息，传递给了法庭，法院判决聂树斌构成强奸罪、故意杀人罪。

一审判决认定的就是聂树斌的四个行为，各个行为连续组合成“使用暴力方法强奸被害人”的强奸罪的构成要件，一审法院认为，被告人聂树斌拦截强奸妇女，杀人灭口，手段残忍，情节和后果均特别严重，其行为已构成强奸妇女罪、故意杀人罪从而判决其死刑。

但是，以辩护人的视角审视这份事实认定，案件中的个别部分，真的都能符合构成要件的要素吗？

我们可以提出如下疑问：

1. 聂树斌是否到过案发现场？

2. 一审认定的事实是只有聂树斌的陈述，还是有其他客观证据证明？

3. 认定被害人 1994 年 8 月 5 日当日死亡的依据是什么？

4. 聂树斌为何随身携带一件花上衣？

5. 通过阅卷后，辩护人还发现 1994 年 9 月 23 日聂树斌被抓获之后前 5 天的供述缺失，而有证人证明，这 5 天对聂树斌进行了“突审”，供述笔录呢？

6. 聂树斌上班的考勤表去哪里了？

7. 花上衣的来源是什么？

8. 现场的一串钥匙是谁留下的？

9. 一案两凶，王书金陈述的强奸杀人案为何与本案吻合？

……

带着这些疑问，辩护人根据案卷的疑点，建构了一个符合逻辑的、具有说服力的事实。

“1994年8月5日，石家庄市液压件厂描图工康某1下班后失踪。其父一边组织亲属四处寻找，一边向石家庄市公安局及郊区分局报案。8月10日晚，康某1亲属在石家庄市液压件厂东边玉米地一处草堆里，发现康某1所穿的衣物。8月11日上午，石家庄市液压件厂出动100多名干部职工，在发现康某1衣物的玉米地里拉网寻找，发现了康某1的遗体。石家庄市公安局郊区分局将案件定为‘8·11’案件。

1994年9月23日下午，鹿泉市综合职业技校校办工厂（鹿泉市冶金机械厂）工人聂树斌，经过石家庄市电化厂宿舍区时，因被石家庄市公安局郊区分局民警怀疑为犯罪嫌疑人而被抓。”①

这一事实，首先在时间上给了受众一个很大的距离：自8月5日康某1失踪至9月23日聂树斌被抓，“怀疑”的理由居然是：“破案报告记载，群众反映在电化厂平房宿舍周围有一名男青年经常出现，有流氓、盗窃行为，康某1被害案专案组遂组织人员在此蹲守。1994年9月23日18时许，聂树斌骑一蓝色山地车路过时，侦查人员认为其像群众反映的男青年而将其抓获。”

因此，聂树斌被抓获仅因其疑似群众反映的男青年，并非因群众反映其涉嫌实施本案犯罪。也就是说，缺少群众指认以及辨认。聂树斌被抓仅仅是因为“怀疑”。

但是，正因为这份怀疑，我们看到了一系列的疑点：聂树斌被抓后前5天口供丢失，考勤表丢失，聂树斌向辩护人哭诉遭受刑讯……

辩护人建构这一事实的另外一重说服用意在于说明“缺少能够锁定聂树斌作案的客观证据，在被告人作案时间、作案工具、被害人死因等方面存在重大疑问，不能排除他人作案的可能性”。

研究证据和事实之间的关系，对于律师辩护意义特别重大。因为，即使有证据，但该证据本身因自身的性质不能成为定案根据的话，那么，基于此证据认定的事实便不能排除合理怀疑。有时，孤证不能证实，但可以证伪的

① 李树亭：《聂树斌刑事申诉案辩护意见》，来源网址：http://blog.sina.com.cn/s/blog_4aec7bdb0101ct1z.html，最后访问日期：2019年7月18日。

区别即在于此。不能排除合理怀疑，便不能成为定案事实。聂树斌案件的再审理由就是“原审判决缺少能够锁定聂树斌作案的客观证据”。同时，这个理由也印证了笔者关于重点研究言词证据的观点。主观证据均是人的感知和感觉，是产生在特定环境下的人的陈述，而人的陈述最具有多变性，所以，这也是客观证据的证明力要大于主观证据的有力说明。

但是，面对一审判决“定案事实”，而且已将聂树斌执行死刑，如何解构一审定案的事实呢？

最高人民法院审查了本案原审卷宗、河北省高级人民法院和山东省高级人民法院复查卷宗；赴案发地核实了相关证据，查看了案发现场、被害人上下班路线、原审被告人聂树斌被抓获地点及其所供偷衣地点，询问了部分原办案人员和相关证人；就有关尸体照片及尸体检验报告等证据的审查判断咨询了刑侦技术专家，就有关程序问题征求了法学专家意见；多次约谈申诉人及其代理人，听取意见，依法保障其诉讼权利；多次听取最高人民检察院意见。

深入一线对事实发生的场景现场考察，对于摆脱言词证据的干扰、形成法官确信的事实具有重要意义。于欢案件也是如此，最高检的人员同样是抵达案发现场实地调查研究。没有调查就没有发言权，坐堂问案，其实只是“听讼”，而说者又往往会裁剪掉一些事实，这就使得关键事实变得模糊，而有些裁剪，实际上是不尊重事实的体现，就是人为“构造”。正如辩护律师所言：“原审认定的作案工具事实不清，物证彩色照片上的半袖上衣极大可能在原始案发现场并不存在，是侦查人员为印证聂树斌供述的作案工具而编造出来的物证。”

“经再审查明：1994 年 8 月 5 日 17 时许，河北省石家庄市液压件厂女工康某 1（被害人，殁年 36 岁）下班骑车离厂。8 月 10 日上午，康某 1 父亲康某 2 向公安机关报案称其女儿失踪。同日晚上，康某 2 和康某 1 的亲属余某某等人在石家庄市郊区孔寨村西玉米地边发现了被杂草掩埋的康某 1 连衣裙和内裤。8 月 11 日上午，康某 1 尸体在孔寨村西玉米地里被发现。同日下午，侦查机关对康某 1 尸体进行了检验。

上述事实，有现场提取的自行车、凉鞋、连衣裙、内裤和钥匙等物证，证人康某 2 和余某某等人证明康某 1 失踪和发现康某 1 衣物情况、证人侯某某证明上述现场提取物品系康某 1 生前所用之物的证言以及尸体检验报告、现场勘查笔录和照片等证据证实。本院予以确认。

原审认定被告人聂树斌于 1994 年 8 月 5 日 17 时许，骑自行车尾随下班的康某 1，将其别倒拖至玉米地内打昏后强奸，而后用随身携带的花上衣猛勒其颈部，致其窒息死亡。本院认为，这一认定事实不清、证据不足，不予确认。”

否定一审建构的事实，实际上是解构定案事实，以使其与犯罪构成要件分离的过程。

通过对本案的分析，辩护人在阅读起诉书之后，一定要对骨瘦如柴的起诉书用批判性思维多提些疑问，然后，带着这些疑问，核实具体的细节，深入案卷，反复对照起诉书陈述的事实。特别是阅卷阶段，是发现事实被遗漏的关键。笔者曾言，追求公正是辩护人的愿望，但生产公正却不是辩护人的权利。刑辩律师不仅需要技术、技能，还需要良知、胆略与勇气。当我们再次回顾这个典型的冤假错案的时候，不由得心有余悸。该案不仅有血的代价，聂树斌早已被执行死刑，而且申冤过程更令人扼腕痛惜。前后十几位律师为了此案奔波，李树亭律师为了获得一审判决书，只好去求被害人康家。阅卷难，申诉难，为何制造一起冤案却只有怀疑就够了？

冤案何以发生？

这些案件惊人的相似：刑讯的存在、证据的不足、无视律师的意见、公检法缺失制约……

念斌案、陈满案、佘祥林案、呼格吉勒图案……这些案件都清楚地证明了“构造”事实的存在以及个别执法人员滥权滥刑、逼供求证的构造手段，而这些手段的应用，其实就是为了向法院提交一个伪造的事实假象。正是在这些冤假错案暴露出这种构造之后，我们才更深刻地理解非法证据排除、公检法要加强制约、要以审判为中心改革的重要性。

2015 年 1 月，最高人民检察院明显是认识到了这些问题的存在，提出防止带病审判：“要积极适应以审判为中心的诉讼制度改革，大力推进严格司法，坚决防止事实不清、证据不足的案件或者违反法律程序的案件‘带病’进入起诉、审判程序。”这一句话，虽然简短，但却是用这些冤案——包括聂树斌、呼格吉勒图的生命换来的。然而，法律的规定可以说比最高检的规定更加明确详细、更有效力，检察院的要求，是否能比法律更有效呢？让我们怀着美好的愿景期待吧。

平反个案，固然是对司法公正的捍卫，但实为治标一例。司法监督与司法的制约，绝不能只是写在纸上，只有在现实的司法实践中真正有了监督和制约，才会避免类似案件的发生。

我们最希望看到，无论是行政还是司法，任何权利的不当行使，均要承担对应的责任。我们不希望看到，冤案的终结，是以国家支付赔偿金为终点；我们更不希望看到，冤案一再平反，追责却无动于衷。没有追责的平反，只是向社会返还迟来的公正。

只有追责，才能体现司法审判终身负责；只有追责，才能彰显国家司法改革的决心，才能提升人民对司法改革的信心，才能促使公职人员对法律心生敬畏、换髓洗心，才能真正减少并避免错判。

公正是司法的灵魂，但前提是必先有司法者独立公正之魂。所以，司法改革的成败，在于是否从这些案件所付出的代价中，触及了灵魂。不触及灵魂的司法改革，有可能在某些人那里，就是一场作秀。

而触及灵魂，最起码的要求是不要基于怀疑而构造事实，并动用私刑逼供或滥用职权将假的强求为真的。

最高人民法院第二巡回法庭在辽宁沈阳对聂树斌案再审公开宣判，宣告撤销原审判决，改判聂树斌无罪。本案与呼格吉勒图案一样，无论多么正义的判词，都无法使两位年轻人复生，唯愿他们付出生命的代价，能真正唤回司法者的良知，能让司法人员始终牢记这些血泪教训。

2005 年 1 月，犯下多起强奸杀人案的河北人王书金在河南荥阳落网。在供述完他在河北广平犯下的 5 起案件之后，他还称曾于 1994 年在石家庄市西郊玉米地里奸杀了一名女子。而聂树斌早已在 10 年前就被“依法判决”为“凶手”并被执行死刑。

此后 10 余年，王书金案件历经两审，他始终称石家庄西郊玉米地一案是他所为，但未被法院认定。

承办律师陈光武介绍：第一，质疑死者被勒死的说法，原来的判决根据死者脖子处有花衬衫认为是聂树斌勒死死者，但案卷中没有关于死者脖子处有勒痕或者喉结骨折的情况；第二，现场物证之一是一串钥匙，聂树斌没有提及过，但王书金时隔七八年仍能提起现场有一串钥匙；第三，王书金曾表示自己跳起来踹过死者胸前，律师阅卷后发现，尸体肋骨暴露在外面，有几处断裂。鉴定之后，结论是骨折，与王书金口供一致。

行文至此，笔者感觉背后冷风飕飕。构造事实，之所以与建构事实不同，在于建构事实建立在尊重事实的基础上，而构造事实，是对一个已经发生的事实，以自己主观的推断将其与无辜者关联，并在拘留、逮捕后，使这种关联成为冤狱。

按说，原审法院应洞察秋毫，及时启动纠错机制，还死去的聂树斌正义清白。然而，即使王书金出现、承认自己为真凶，但聂案的平反仍然是路漫漫其修远兮：

2007 年 3 月，王书金因犯故意杀人罪和强奸罪一审被判死刑，在庭审中，王书金意欲主动供述玉米地案，但被法官以“与指控无关”打断，公诉方以“查无实据”驳回。王以遗漏本人罪行为由提出上诉。

2013 年 9 月 27 日，河北省高级人民法院对王书金案二审宣判：驳回上诉、维持原判。目前，王书金案处在死刑复核阶段。

2014 年 12 月 12 日，最高院指令山东高院对聂树斌案异地复查，10 天后，山东高院向聂树斌母亲送达立案复查决定书。

2015 年 3 月 17 日，聂树斌被执行死刑近 20 年后，律师首次获准查阅该案完整卷宗。同年 4 月 28 日，山东高院召开聂树斌案听证会。此后案件复查四度延期。

2016 年 6 月 6 日，最高院决定依法提审聂树斌案，按照审判监督程序重新审判，6 月 8 日向聂树斌的母亲送达了再审决定书。

10 余年，王书金案历经两审，他始终坚称石家庄西郊玉米地一案是他所为，但未被法院认定。为什么纠错这么难？王书金主动承认自己才是真凶，为什么被法官打断“与指控无关”“查无实据”？所以，聂树斌案暴露了司法纠错能力的缺失，更暴露了个别司法人员对于刑事审判的态度。如果不能建立有效的纠错和追责机制，所有的法律要求都将成为一句空话。

令人欣慰的是，党的十八大以来，党和国家高度重视纠正和防范冤假错案，展示了党的十八大以来全面深化司法改革的部分成效。但我们仍希望，在司法改革的今天，来自法院自身的纠错问责更能发挥作用。

最高院负责人表示：作为司法人员，一定要牢记错杀的沉痛教训，始终坚持司法为民、公正司法，确保悲剧不再重演，法治不再蒙羞，正义不再迟到。

但愿。

柏拉图曾言“如果某人管理人类事物可以不承担责任，那么必然产生傲慢与不正义”。刑辩律师在维护司法公平正义的路上，还需要艰难的努力。

因此，笔者以聂树斌案为例，来说明建构事实与构造事实的区别与联系，目的就在于，使刑辩律师在处理具体个案时，能够作出区分，从而决定作无罪辩护还是罪轻辩护。而这对于法律共同体共同维护法律的正确实施、不枉不纵，至少有积极的意义。

第五节　对建构事实的补强方法

笔者对于建构事实的方法、任务以及所达到的标准都作了系统的阐述。但是，立场与诉讼地位的不同，的确会使事实呈现多面性。那么，建构事实是否还存在法官认为的合理怀疑？如何对这个建构事实的可信性进行补强呢？

抓住法庭调查环节，通过发问来为事实增添骨肉，不失为一种有效方法。

在此，我们以众所周知的崔英杰“小贩杀城管”案为例。

北京市人民检察院第一分院指控：被告人崔英杰于2006年8月11日17时许，在本市海淀区中关村科贸大厦西北角路边，因无照经营被海淀区城管大队查处时，即持刀威胁，阻碍城管人员的正常执法活动，并持刀猛刺海淀城管队副分队长李志强颈部，伤及李右侧手臂静脉及右肺上叶，致李急性失血性休克死亡。[①]

---

① 北京市第一中级人民法院（2006）一中刑初字第3500号刑事判决书。另，公安起诉意见为故意伤害罪，公诉机关变更指控为故意杀人罪。

笔者之前说过，有时事实就是“骨瘦如柴”，它是根据不同的立场和需要所做的“构造”。请注意，笔者对“构造”和“建构”是有不同指向的。从骨瘦如柴的事实中，显然无法读出更多的信息，这就需要辩护人对该案的事实给予补强，以使自己的辩护观点有血有肉。

解读起诉指控的事实，这个陈述给法官的信息是：“无证经营的小贩持刀威胁城管，暴力抗法，并持刀捅人。”

但是，事实是不是真的如起诉书所说的那样呢？

事实上，哪怕是刑事诉讼来自起诉书指控的事实，也会存在另外的版本。这就要求律师具有“破”和“立”的功力，需要对事实引导法官进行重构，至少应当考虑那些被起诉书裁剪掉的部分。

2006 年 12 月 12 日 9:30 北京市一中院开庭审理“北京海淀城管队副分队长李志强被杀案”，中国法院网做网络直播，以下就是直播记录。

首先，我们看被告人陈述的事实。崔英杰说：我家比较穷，来北京打工，我没有文化干了保安，干保安的同时不开工资，我没有多少钱减轻家庭负担，又兼了一份外卖，同时我感觉还是改变不了我的生活，所以我就当上了小贩。就在 2006 年 8 月 11 日，我和我父亲带的小女孩一起来到科贸西北角的胡同口，在那里摆摊的时候，来了城管。我跟他们说，把三轮车给我留下，这是我新买的，我只听见一句话：不行，车必须带走。我拿了划肠的小刀吓唬他们，我看人越来越多，感觉不可能打过他们，这时候我准备离开，决定不要了。我直接走出了人群，走出去以后我发现小女孩没有跟过来，我又返回来去看，找那个女孩，结果没找到，女孩却看见他们一大帮人把我的车往他们的车上装，我非常心痛，跑过去想把车要回来，当我跑到车跟前的时候，车已经启动了。

我就一转身迎上一大帮人，我急于脱身，当时非常紧张，就直接向左侧跑去，是栏杆，直接挨着的人就是李志强，我感觉他在抓我，我就用手上的刀扎了被害人，扎完我就跑了。

通过这段陈述，我们看到，在骨瘦如柴的背后，还是有些血肉的：崔英杰因家境贫穷，干过保安，还兼职外卖，但被拖欠工资，无法养家，便与父亲和一女孩一起干小贩。事发当天，遭遇城管，要扣他新买的三轮车，他便吓唬他们，看到对方人多，便离开现场。后来返回现场，是为寻找小女孩，在返回的时候，捅了李志强。

公诉人与崔英杰的对话记录如下：

[公诉人] 你跟本案被害人认识吗？

[崔英杰] 不认识。

[公诉人] 你跟他以前有过矛盾吗？

[崔英杰] 没有。

[公诉人] 今年8月11日你因为什么问题，和什么人发生冲突了？

[崔英杰] 我不知道。

[公诉人] 你摆摊经营什么项目？

[崔英杰] 卖烤肠。

[公诉人] 有营业执照吗？

[崔英杰] 没有。

[公诉人] 过去无照经营的行为是否受过有关部门的查处？

[崔英杰] 是的。

[公诉人] 什么人查处的？

[崔英杰] 当时我不知道。

[公诉人] 8月11日当天，你进行无照经营的时候，有什么人干扰你的经营活动？

[崔英杰] 不知道是什么人，就是过来一帮人。

[公诉人] 有什么人跟你说什么了？

[崔英杰] 过来一句话都没有说，直接拉我的车。

[公诉人] 你当时有什么反应？

[崔英杰] 我感觉可能是碰上社会上的人了，我问他们，他们没有说话，我就哀求他们，他们说不行，比较坚决，意思是必须把车带走。

[公诉人] 你当时手里拿着什么东西？

[崔英杰] 我正在切肠，拿着小刀。

[公诉人] 你有什么行为？

[崔英杰] 我吓唬他们。

［公诉人］后来呢？

［崔英杰］后来我就离开了。

［公诉人］这些人对你人身有什么举动吗？

［崔英杰］当时没有注意。

［公诉人］后来你为什么要离开现场？

［崔英杰］我一看人越来越多，我感觉要车是没有希望了，他们要就要了吧，我就离开了。

［公诉人］后来为什么又返回现场？

［崔英杰］我回去找那个女孩。

［公诉人］当时手里拿着什么？

［崔英杰］一直拿着切肠的小刀。

［公诉人］返回现场之后遇到了什么人？

［崔英杰］我看见他们正在把我的三轮车往他们的车上装。

［公诉人］当时被害人李志强的衣着和体貌特征看清楚了吗？

［崔英杰］没有。

［公诉人］为什么要用刀扎他？

［崔英杰］我没有特定的目标，他距离我最近，对我最有威胁。

［公诉人］他怎么威胁你了？

［崔英杰］我们擦肩而过的时候没有看太清楚。

［公诉人］你手里怎么拿的刀？

［崔英杰］右手拿刀，刀刃向下。

［公诉人］怎么扎被害人的？

［崔英杰］我当时没有看，就是一划，我怕他抓我，顺手一扒拉就扎了他。

［公诉人］怎么扒拉的？

［崔英杰］记不清楚了。

［公诉人］你作为一个成年人，是否知道用刀扎被害人的要害部位会造成什么后果？

［崔英杰］当时不知道扎了什么部位。

［公诉人］扎完人手里的刀什么样子？

［崔英杰］扎完人以后就直接松手了。

［公诉人］为什么逃跑？

［崔英杰］毕竟我伤人了。

“被告人崔英杰在法庭审理中辩称，他不知对方是城管工作人员，也没有杀死李志强的主观故意，其行为不构成故意杀人罪。”公诉人对崔英杰的发问和崔英杰的回答，可以印证他的辩解。

他的回答说明，他不知道对方的身份，自然，也就不存在明知对方是城管而暴力抗法的事；当他认为对方是社会上的人，而且人很多，拿刀吓唬不起作用时，便离开了现场，这自然不是抗法之后，直接捅刺李志强；当他再次返回时，是为了寻找小女孩，后来持刀是没有明确目标的……

崔英杰的陈述，与起诉书构造的事实存在着明显的不同。我们再看辩护人建构的事实。

“从本案来看，被告崔英杰与被害人李志强素不相识、无冤无仇，只是因为现场混乱，城管在追赶被告，被告担心不只是三轮车被没收，自己的人身也可能受到强制，在急于脱身的情况下随便挥了一刀。而且从公诉人提供的视听资料来看，被告第二次进入现场时曾经经过李志强的身边，并没有对李志强实施任何行为。在这种情况下，指控被告具有杀害李志强的故意，于理不通，于情不合。”“尊敬的法官、尊敬的检察官：贩夫走卒、引车卖浆，是自古已有的正当职业。我的当事人来到城市，被生活所迫，从事这样一份卑微的工作，生活窘困，收入微薄。但他始终善良纯朴，无论这个社会怎样伤害他，他没有偷盗、没有抢劫，没有以伤害他人的方式生存。我在法庭上庄严地向各位发问，当一个人赖以谋生的饭碗被打碎，被逼到走投无路的绝境，将心比心，你们会不会比我的当事人更加冷静和忍耐？我的当事人崔英杰，一直是孝顺的孩子，守法的良民，在部队是优秀的军人。他和他的战友们一直在为我们的国家默默付出；当他脱下军装走出军营，未被安置工作时也没有抱怨过这个社会对他的不公。”①

① 夏霖律师一审辩护词。

这里，夏霖律师建构了崔英杰优秀军人、守法不盗的品格以及案件的起因：崔英杰是一名小贩，害怕人身受到强制。在这一事实基础上，主张崔英杰不构成故意杀人罪（尽管辩护词是法庭调查之后发表的，但毫无疑问，这正是律师建构的事实、论证的基础）。

在此，辩护人应该如何在现有证据的基础上，通过继续让崔英杰陈述，来补强这个事实呢？下面是辩护人的发问和崔英杰的回答：

[辩护人]当时城管队员在现场处罚你的时候，他们有没有出示证件？

[崔英杰]没有。

[辩护人]他们在处罚的时候是否出具了行政处罚决定书？

[崔英杰]没有。

[辩护人]是否出示了扣押物品通知书？

[崔英杰]没有。

[辩护人]你跟城管说了什么？

[崔英杰]我求了他们，希望他们把东西拿走，把车留下。

[辩护人]你的身高？

[崔英杰]1.78米。

[辩护人]伤人用的刀是从何而来？干什么用的？

[崔英杰]在西苑市场买的，用来切肠。

[辩护人]原来受过什么专业训练？

[崔英杰]我在济南军区，学的专业是通信，曾经荣获优秀士兵。

[辩护人]你在天津发信息询问朋友被害人的伤势，这是什么意思？

[崔英杰]我想问问牛许明，被我伤的那个人怎么样，如果不重或者怎么样，我想去自首。

[辩护人]城管队员执法的时候，他们是否问过你有无执照？

[崔英杰]没有。

[辩护人]你当时手上拿的刀，是否就跟这把刀一样？（出示）

[崔英杰]是的。

[辩护人]刀刃也是一样的？

［崔英杰］是。

［辩护人］从你看见三轮车被装的时间，到你扎被害人逃跑的时间一共有多长？

［崔英杰］记不清楚了，最多几秒钟，不到一分钟。

［辩护人］你做了什么？看到其他人做了什么？

［崔英杰］没有看到其他人做什么，我直接就跑了。

［辩护人］你有没有听到李志强当时说什么？

［崔英杰］没有。

［辩护人］你见到张某以后，你说对被害人的伤情不知情？

［崔英杰］是。

［辩护人］你也没有告诉张某你伤的是什么人？

［崔英杰］是。

［辩护人］张某给你提供到什么地方去？

［崔英杰］到天津，他弟弟的同学。

［辩护人］叫什么？是贾某某吗？

［崔英杰］是。

［辩护人］他的居住情况？

［崔英杰］集体宿舍。

［辩护人］你从伤人一直到被抓捕，经历了多长时间？

［崔英杰］12个小时左右。

庭审发问的功能，一是能让事实更加丰满，特别是让要件事实得到呈现；二是为论证说服打下基础。显然，夏霖律师发问的重点不是崔英杰干了什么，而是城管是如何“执法”的。发问的目的，当然是破解或解构起诉书指控的“因无照经营被海淀区城管大队查处时，即持刀威胁，阻碍城管人员的正常执法活动，并持刀猛刺海淀城管队副分队长李志强颈部”事实，先“破”后“立”。而崔英杰回答，城管没有出示执法证件、没有行政处罚决定、没有出具扣押物品清单。这样的执法，显然不是起诉书所称的“正常执法活动”。

通过这样的发问，在现有其他证据不变、证明力和证明值同等的情况下，辩护人建构事实的说服力明显增强。所以，辩护人提出的价值理念也深深地打动了人心：

“尊敬的法官，尊敬的检察官：我们的法律、我们的城市管理制度究竟是要使我们的公民更幸福还是要使他们更困苦？我们作为法律人的使命是要使这个社会更和谐还是要使它更惨烈？我们已经失去了李志强是否还要失去崔英杰？”

当事人的陈述被视为法定的证据种类，这一特殊的言词证据的特点就在于，它会以语言的方式，回应来自法官、公诉人、辩护人的提问，在回答提问的过程中，毫无疑问，当事人会根据自己所接受的法律知识来调整自己的回答。于是，这份证据的生动性就体现了。

我们说过，律师建构事实，是打造了一个“论证基”，论证是说服的手段。而用好当事人陈述这一证据，由律师一个人说服，变成了两个人共同说服，形成合力，自然增强了事实的可信性。

第四章

律师如何运用证据

第一节　证据和事实的关系

证据是什么？证据是认定事实的工具，是律师说服论证的论据。它是诉讼活动中各方当事人均应审查的对象。它是串联诉讼程序的物质，也是法庭调查中举证、质证、认证的中心环节。证据和诸多方面发生关系：证据与事实具有互为表里的关系；证据与主张具有互为印证的关系等。所以，研究证据、证据规则和证据裁判要求，对于诉讼的顺利完成，具有重要意义。

证据是证明案件事实的信息载体，是律师思维的物质内容，是律师对案件作出推理、判断的物质基础。尽管各类教科书对证据有不同的定义，但从律师职业的角度来说，证据是律师理性思考的“手杖”，也就是笔者所言“理性辅以证据的方式思考”的要义，因为，根据律师职业的特点，律师的思维如果偏离了证据作为基础，作出的判断将仅具有可行性，而只有“证据确实、充分”才能将案件事实与法律适用联系起来，使律师建构的事实成为定案事实，从而实现律师建构的事实模型“双转化”。

因为在前文中笔者提出了“双转化”“双模型”的观点，所以笔者不再论述关于证据的理论问题，只着眼于律师的实务：如何运用证据建构事实，如何在法庭上运用证据陈述和论证这个建构事实，如何使证据与定案事实之间产生紧密无解的锁扣。

目前，我们国家没有统一的证据法，有关证据的规定散见于各部门法中，最为典型的如“鉴定意见”，尽管规定在程序法中，但司法鉴定的相关规则却散见于全国人大常委会关于司法鉴定管理的有关规定、司法鉴定程序通则、司法鉴定人管理办法等相关规范中。对于律师来说，研究证据问题，关键在于综合运用证据，更具体地说就是如何取证、举证、质证以及以证据为论据完成对事实与主张的论证。

所以，笔者在本篇中将从实务的角度来探讨律师如何运用证据。证据的功能和作用，首先在于它对事实的证明作用。当然，这是由其承载着的事实信息所决定的。但是，正如“金银天然不是货币，但货币天然是金银”一样，证据并不能因为其具有金银的材质便具有了对待证事实的证明力，而必须通过人的思维活动对证据信息进行加工，然后，提取出对证明事实有价值的信息，并以书面或口头的方式陈述它，这就是运用证据。假设我们依据现有的证据起草一份诉状，其中关键的事实叙述部分，自然要以证据所载的信息为内容，这就是用证据陈述一个事实信息，律师建构的事实也就通过证据得以陈述。而到了法官那里，他看到的就是一个“陈述的事实”。正是在证据规则的规制下，证据的运用被赋予了特殊的价值，才使得其具有“货币”的作用。

证据中蕴含着两种信息。一种是事实信息，它是事实留下的痕迹或事实转换的载体。比如，一件血衣，它能证明被害人受到伤害的部分事实。对于事实信息的提取，首先要明确证明对象或称为待证事实，只有“有的放矢”，才能目标明确地锁定律师所要提取的信息。而对于事实信息的运用，则要以“关联性”为基点，向外扩展，找到证据的事实信息与证明对象或待证事实的连结点，使其具有紧密的“锁扣”，而这种锁扣的形成，必须有律师对证据与事实关联的论证，这一点，可以从举证规则中清楚地得到体现。另一种是证据本身具有能够被法律评价的要素信息，这是程序法本身对证据提出的要求，这就是使其从金银的天然状态一跃而升为货币属性的法律价值。例如，一块现场留下的砖头，可以成为法定证据种类之物证，能与其他证据结合共同接受法律的评价，从而使证据具有关联性、合法性。为此，运用证据的两个核心就是：充分提取证据的信息；利用提取的证据信息论证主张符合法律规范的构成要件。因为，运用证据的目的，就是证明案件事实，而要件事实的证明，必须辅以论证。

当然，从论证的角度来说，运用证据还是以证据为已知前提推理未知事实的工作。

而一旦提到证据的运用或运用证据展开证明，我们便清楚地看到，对律师的思维要求，便纷纷“不请自来”，律师的思维与具体工作的有效性，如理性、系统化思维、辩证思维、论证思维等都会被检验。

我们前面已经讲述过，一定要正确区分逻辑推理与主观臆断。在运用证据推理的过程中不能按自己的主观意愿、狭隘的经验主义进行“推理”，而是应该做出合乎事理的、有根有据的推导判断。

建构事实的思维，要求我们瞄准“小前提”，运用证据为法官构建一个定案的事实。法官首先对事实进行认定，确定司法推理的小前提；其次根据当事人的请求以及法律的规定确定所要适用的法律；最后得出审判结论。

系统思维与辩证思维要求，证据必须具有充分性和完整性，力戒出现孤证，即使当事人实在无力再补充更多证据，也要利用“续造”的功力对此做出符合逻辑的解释；论证证据之间、证据与事实结论之间有着内在的联系，符合构成要件要求。

分析研究证据，是提取证据所蕴含的信息以形成证据证明力的过程，同时，也是凭借证据生产说服力的任务。证据的功能，除了能证明案件事实，对律师来说还有基于证据证明力所需要的说服力。

所有证据立法以及审判中实际起作用的“规则”，都会应用于实践。尽管立法不断地调整对证据的表述、扩充证据的种类，但律师运用证据的技巧却可以以不变应万变。这就是实践与立法的区别。

笔者的上述论述，可以从诉讼的程序设计中看出来：在法庭调查阶段，最重要的工作是“举证、质证”。这一工作的目的，自然是运用证据来证明事实，以使法官最终寻找到定案小前提。当举证、质证结束，随之而来的就是法庭辩论，辩论的任务就是消除争议，说服法官接受提出主张的一方观点，获得胜诉裁判。辩论中的说服力或说服强度，与证据自身的品质具有很大的关系。

于是，本书的体系在此从律师思维、事实的确信与分析来到了第三个层次，即证据运用对事实的证立，这就是在前文中所提到的事实模型与符合或分离的问题。

众所周知，没有证据不能认定案件事实。而证据，只是证明事实存在的工具。两者之间是证明与被证明的关系。但是，拥有了证据，是否就拥有了事实？显然，答案是否定的。

因为，事实需要建构，需要从证据那里转化成为“定案事实”，我们在前面以《刑事诉讼法》第55条的规定说明了定案事实的要求。也就是说，最终定案的事实是在证据证明的基础上，经过质证被法官认证，是符合法律规范构成要件，能以适用法律调整之事实。

从“定案”的意义上来说，法官通过法庭调查的目的，并不是彻底还原那个起始原点上发生的客观事实，而只是认为现有证据拼起来的信息，足以让他对个案进行认定，提供了法律规范适用的小前提而已。

分析至此，是否获得法官支持，也就取决于谁提供的证据能与事实相对应、形成具有说服力的建构事实。法官如此期待“现成的”定案事实，而律师若提前完成了这份工作，胜诉岂不顺理成章？

所以，研究建构事实与证据之间的关系，是建构事实必须完成的任务。在顺序上：证据出示在定案事实之前，而事实形成在后；在形式上：证据是证明事实的手段，是零碎的事实信息，而事实则内容完整、要件齐备；在结果上：相同的证据，有可能产生不同的事实认定，如于欢案，基于同样的证据，是否应认定为防卫过当。由此可见，事实的建构过程是如此脉络：1. 律师收集并判断具有证据资格和证明力的证据。如果是刑事案件，则全面阅卷与被告人会见交流，了解第一手信息。笔者初始执业时，一头扎进案卷堆里，不知所以，方向迷茫，但经过总结之后，阅卷完毕，便能拎出一个事实出来。这就是长期坚持以建构事实为指引养成的习惯。2. 提取出尽可能丰富的证据信息。如果是刑事案件，则要写好质证笔录，把指控与证据的矛盾析透、析深；整理加工证据信息，信息越丰富，证据证明的事实越可信。3. 把证据信息转化成为符合构成要件的事实文本（语言）。这个阶段，需要律师选准建构事实的视角，如同拍照的镜头，一定要瞄准自己定位的那个方向，直指案件焦点核心，从而在释放事实信息时，受众特别是法官才能明白律师建构的事实表述与案件本身的最终处理有着多么紧密的血肉联系。例如，笔者承办的张某无罪案件，证据释放的视角，不是放在案发现场，而是放到了距离案发现场100余米的一棵树下，张某正和出警的袁某警官等四人在那里乘凉。恰恰在案的监控录像也没有拍到张某在推墙的现场。于是，起诉书将张某锁定在“现场”的控告事实被解构：张某所在的位置是发生争议的现场，但不是故意毁坏财物的案发现场。4. 将该事实文本与诉讼主张、理由、证据进行对照检验，验证是符合还是分离。5. 撰写辩护词、代理词等法律文书。从核实证据入手，把证据信息转化成为符合构成要件的事实文本，就是律师建构事实工作。事实文本不仅来自证据，还来自语言转化。这是不可否认的事实。也就是说，所谓的定案事实，一定是通过法律文书用文字表达出来的。这由法官、律师、检察官共同完成。

在证据中，最应该努力研究的是言词证据。言词证据，对于律师的实务来说，意义重大。经过了时空变迁的证人感知和记忆，或者与自身有利害关系的当事人陈述，所有的这些言词证据都有一个共同点，即都是感官感觉之后的语言表达。同时，有的言词证据形成在存在心理压力的情况下，如被刑讯逼供的被告人供述、以限制人身自由的方式逼取的证人证言等，认定这些感觉感知和他们的语言表达是否尊重了事实、发自内心并是自由自愿的表达，对于律师来说，不仅要从维护自己当事人的权益这个角度出发，而且应该从宏观的视野找到其中的内在联系。对于言词证据进行这些分析，是举证排除证明力障碍、是质证找到证据疑点的关键。

或者说，言词证据的特点是：从事实到事实的表述。在这个过程中，表述者对事实做了什么裁剪、遗漏了哪些关键信息？这种表述是否合法、应否排除？这里其实需要客观的多维联系才能认定言词证据的客观性、关联性。

通说认为证据有三性：客观性、关联性、合法性。但笔者认为，还应该加上一个“对应性”。也就是说，通过法庭调查之后，这些用来证明事实的证据是否能与定案事实相对应。这些证据就是产生在事实的形成过程之中，所以，需要法官从内心确认，这些证据和心中的那个定案事实存在着卯榫关系。而这种对应性，已经远非“关联性”的要求那么肤浅，而是笔者在前面所谈到的形成证据与事实联结的“锁扣”之定点。

有必要再次强调一下对建构事实的定义：以可能适用的法律规范构成要件为指导，把素材事实整理成具有法律意义的“小前提”，以便于律师在此基础上提出“符合”或“分离”的主张。

建构事实应当符合下列要求：（1）客观全面性，事实的表述应当能够客观全面地体现原貌，并与现有证据对应，是以证据组成的事实表述而不是主观的臆测或取舍；（2）不矛盾性，即从事发的起因到事件的结果，不存在无法排除的矛盾，以及无法排除的合理怀疑，这是证据法的要求；（3）确定性，即得出的事实只能确定一个版本，而不是两个，否则，就成为（2）的矛盾，而无法成为证据法要求的“定案事实”；（4）符合或分离（排斥），即所得出的事实结论，要么是与规范要件相符合的，可以确定一方提出的主张成立，如有故意杀人行为，构成故意杀人罪；要么通过审理，事实与构成要件排斥（分离），一方提出的主张不能成立，如某人没有犯罪事实，改判无罪。

建构事实是为了使法官更明了地确认案件事实，绝不是人为地对事实的裁剪、取舍。所以，遵从以上原则对事实的组合、整理、排列才能称为建构事实。特别是（4）的表述，更鲜明地体现了律师辩护与公诉人指控的不同，同时，也指出了建构事实与裁剪事实的不同。

之所以再次重申建构事实的要求，就是因为律师在实务中，对于证据的运用，一定要明确证据的任务：证明事实。证明事实还不够，还要有更严格的标准，使证据所证明的事实符合建构事实的标准，从而转化为定案事实。这就是证据与事实之间的关系，也是对证据运用提出的要求；如此高标准的要求，恰恰是律师运用证据所应当达到的。

第二节　对证据要横看成岭侧成峰

如何识别证据、判断证据的证明力，是一名执业律师必备也应该能够胜任的工作。但如何运用证据，却因人而异，这其中不仅有法律对证据的运用规则之规定，还有律师实务对证据运用之技巧。技巧就是基本方法的灵巧运用，属于“方法”的范畴，主要是指对工作方法的熟练和灵活运用。所以，这就是在前文中我们提到的，法律理论可以从书本中学到，但方法，却来自经验，是附着在个体上的技能。“古人学问无遗力，少壮工夫老始成。纸上得来终觉浅，绝知此事要躬行。”读书万卷，听名家万言，最终还是要把知识转化为技能。否则，即使听过最权威的名家讲座，但形成不了自己的技能，那么，专家的知识仍属于专家，听课也仅仅是受了一场熏陶而已。因为，律师职业是一种实践性很强的职业，技能不是单纯靠听课就能形成的，需要在实践中对知识进行应用才能形成。本书即从律师实务的角度，探寻证据与待证事实之关系，研究证据与案件事实之间所需要的证明质和证明量以及律师举证质证的技巧。总之，研究证据，一切从律师实务的角度出发。

陈瑞华教授认为，证据学是将发现事实真相作为诉讼活动的目标，揭示了证据的功能是对事实的证明。但其提出，证据学正在向证据法学转变，证据法学具有“如何限制和规范发现事实真相的活动”的功能。“证据学”和“证据法学”虽一字之差，但其中的深意非常明显。陈教授认为，证据法学，应当将有关证据运用的法律规则作为研究的焦点问题，解释那些存在于各种证据规则背后的观念问题。

实际上，陈教授所言，从律师实务的角度可以如此理解：证据学解释的是已经收集的证据对发现事实真相的作用；而证据法学研究的是在现有证据的基础上，需要如何运用规则、在符合证据法律运用规则的情况下合法证明，使之成为程序合法的事实证明。

从律师实务看，如果空有证据这一物质基础，但不能有效运用证据，正如空守一堆建筑材料，而无法垒起高楼大厦一样。所以，对证据的运用，必然要先有律师自己的审查判断，然后，考虑从证据到案件事实的证明之联系，运用设计举证或质证顺序、证明要点归纳、证据信息发掘、扩张以及用法律论证锁定事实等实务技巧。

证据运用的实务问题，笔者认为，首先，要对证据的证据资格和证明力基础的问题有明确的认识，即用什么来证明你的诉讼主张，诉讼“取材”是否能完成建构事实的任务。其次，要明确诉讼法对证据的程序要求，包括民事诉讼中的举证期限、刑事诉讼中的非法证据排除程序申请事项等。最后，要明确法院在何种情况下会采纳证据，将证据由实然的状态，转化为“定案根据”。

其实以上观点，完全可以简单地概括为三句话：什么是符合法律要求的可以用来证明诉讼主张的材料（包括如何收集）；如何用材料证明案件事实；材料证明案件事实需要达到的程度（直接证明和印证证明）。

对证据的运用，同样不能陷入就证据论证据的局限。只有将证据与待证事实、论证、定案根据等密切相联系，依据证据所发表的律师意见才会更全面、更有说服力，证据运用的效果才会更好。否则，就证据论证据，只是解决了证据本身的问题，而没有完整地陈述证据对于案件本身产生的影响，这样就使证据的证明力大打折扣。造成这种情况的原因，在于思考问题的广度与深度不够。所以，在实务当中遇到问题时，我们才发现，律师的思维对于律师技能的提升具有多么重要的作用。实际上，有些律师在举证质证阶段，仅提出一些最基本的质证意见，如证据不是原件、日期不清等，没有将证据融入案件的整体来表达自己对案件的意见，这种质证意见对于证据信息的使用是片面的、无力的。

例如，刑事诉讼中对证据的运用，笔者认为首先要从研究起诉书开始。起诉书是公诉机关向法院提出的对某人定罪量刑的请求，其中包含了被起诉人、定罪事实以及法律评价三个部分。之所以研究起诉书，就是要把起诉书中的三个部分逐一进行分解，从中寻找辩护点。

比如我们在前文中引用的于欢案件的起诉书，从辩护人的视角来看我们发现，其关键就在于对“定罪事实”的认定有欠缺，缺少了于欢的防卫情节。因此，辩护人面对这一事实的遗漏，便可以到案卷中“找证据”，从而运用证据证明于欢是在限制人身自由后又被殴打、警告他人之后仍面临现实的危险的情形下采取的防卫行为。

这就是逐一分解的技巧。当然，在这个时候，辩护人也完全可以“建构事实”，即除了控方的指控事实，辩护人还可以建构于欢构成防卫过当的事实。

此外，证据运用的技巧一定要辅以举证责任承担、证明责任归属来进行。如此，方能巧妙运用证据，为法院提供明晰可辨的证据错误，避免冤假错案的发生。仍以于欢案为例，《刑事诉讼法》要求侦查、起诉的证明标准都要达到“事实清楚、证据确实充分”，而全面、及时收集证据也是法定要求。由此对比，我们发现，于欢案件的起诉书与对事实的遗漏之间的矛盾，在现有证据的基础上，无法达到唯一的结论，不能排除于欢防卫的事实。因此，这也成为于欢上诉的理由之一：一审认定事实不全面。

同时，还要研究法院对待起诉书的态度，即是否支持公诉的标准是什么。判决书会从事实认定以及法律评价两个部分进行。其中，最主要的就是事实认定，这一部分是对起诉书所陈述的事实进行审查，如果事实能够认定，那么法律评价便会与之对应。否则，犯罪事实不予以认定或证据存疑，起诉便不会得到支持。

于欢案件由一审认定事实缺漏到二审改判，说明了律师辩护应着眼于控方提出的主张，在其所依据的事实上是否能够成立。

由此可见，律师辩护的起点就是起诉书，重点就是事实认定。而事实是依靠证据的，公诉机关提供的证据就是卷宗，研究卷宗是辩护的根本。对于民事案件来说，也同样如此。民事案件“谁主张，谁举证”，对于主张的成立要有事实、证据。

原告起诉或控方指控可以称为“请求事实”①。实际上，正是这样的“事实”，容易引发“先入为主”效应。原告或控方认为A真，案件符合法律规范，被告或辩方认为A假与法律规范分离，在真与假之间的关系逆转上，关键取决于谁的证据能论证A为假。证据的根本属性，是作为认定事实的根据。而运用证据证明A假就是论证手段。若剖析证据，充分提取证据信息，论证了A假，那么，这个“请求事实”就被否定，事实的模型成为“分离型”，它就不能成为定案事实，被告或辩方的意见将得到法庭的采纳。

认定案件事实必须以证据为基础，证据是认定案件事实的物质基础。不仅如此，它还是整个诉讼活动中审理与质证的内容，是法庭调查的对象。从律师的实务角度看，证据又是律师寻找答辩与辩护点的基础。那么，从哪些角度才能深度地认知与剖析证据，从而使律师对证据的解析意见，在庭审过后被法官和法院采纳？

对被称为“诉讼之王”、诉讼物质基础的证据进行解析、推理、论证、逻辑整合，是律师实务、技能的充分展现。

随着西法东渐，我国民事与刑事证据法的理念都有所改变，如《刑事诉讼法》对证据的法律定义：“可以用于证明案件事实的材料，都是证据。”由此

① 指提出诉讼请求的事实。

可知，证据是“材料”，是用来证明案件事实的材料，具体包括八种证据形式。除了形式的列举，诉讼程序法还引入了“定案根据”的概念。不要小看这一概念的引入，这四个字，给了律师很好的业务指引。

证据法理论界对证据的学术定义是：“用来证明特定案件事实的载体。”[①]载体涵盖了“材料”。两字之别，充分显现了理论研究的深度。当然，这是律师认识证据的理论知识，不充分展开。

律师关注的重点不是所有的证据，而是控方用来支撑其请求事实的证据；律师审查证据的重点也是这些证据是否能转化为“定案根据”。因此，这就需要运用证据规则来辨别证据有无证据资格和证明力。

换句话说，律师对于证据的视角有三个：一是控方（或民事的对方）的证据；二是自己一方的证据；三是法官认证的态度，也就是法官适用证据规则对证据的态度。这正是律师全面、系统思维的要求，偏废任意一点，便极有可能使案件陷入被动，相反，若一览众山，则显游刃有余。笔者将此称为“三角度”。

以上法律与理论上的定义均揭示了证据的本质：证明案件事实。那么，从律师的实务上来说，如何理解证据、如何证明案件事实？

这就要求律师要从自身的实务出发，具有区别于法官、检察官职业特征的审查证据的方法。笔者认为，律师职业一定要找到自身研究证据的方向从而找到律师实务中运用证据的规律。否则，法律方法论，大多讲述的是法官的裁判思维与逻辑方法，而律师执业要有更符合其职业特征的执业方法。因为，律师不是法官，律师只是依据证据来说服法官的法律职业者，具有观点的单方性，承担的是有理有据的说服责任。

顺着以上的理念，紧跟司法改革的要求，执业律师应该能找到自我的感觉。比如，“证据裁判”就体现了证据的核心作用：“没有证据不能认定案件事实。”这句话的深意，其实非常明晰：以证据来认定案件事实，证据还要根据诉讼法的规定，与定案事实对应，达到确实充分排除合理怀疑的程度。而从法官的裁判思维和判决“生产”规律来看，认定事实的前提，必须先要对证

① 陈瑞华：《刑事证据法学》，北京大学出版社 2014 年版，第 72 页。

据进行认证。所以，从这个角度来说，认定事实与认定证据，基本是可以画等号的。当然，证据不足的情况除外。认定了证据，基本上也就认定了事实；认定了事实，那肯定是有以证据为要素的“定案根据”。这就是律师运用证据的思维脉络。

因此，律师从事辩护或代理的重点工作，毫无疑问，就是对“诉讼之王”进行认真细致的剖析、质辩、提炼、总结。同时，根据证据的不同表现形式（其实是证据种类）和其自身的属性、特点，去适用法律规定的证据规则，创造性地提出证据（举证、质证、论证）意见，使法官信服。

那么，律师如何研究证据呢？笔者以《刑事诉讼法》的“证据”规定为例。

《刑事诉讼法》第50条规定了证据的定义以及证据的种类。证据必须经过查证属实，才能作为定案的根据。这是庭审实质化改革的依据，证据必须在法庭出示，经过当庭质证，查证属实。同时，也说明了另一个问题，即普通的证据在没有查证之前，只能称为证据材料尚不能称为证据，只有成为定案根据，才能写入判决书，成为认定事实的根据。那么，辩护律师自然知道，审查证据不能泛泛而谈，要从宏观的视野看哪些证据是应该排除的、哪些证据是能转化为定案根据的。

所以，《刑事诉讼法》第55条第1款规定：“对一切案件的判处都要重证据，重调查研究，不轻信口供。只有被告人供述，没有其他证据的，不能认定被告人有罪和处以刑罚；没有被告人供述，证据确实、充分的，可以认定被告人有罪和处以刑罚。”对证明质量的要求更加明晰：“证据确实、充分，应当符合以下条件：（一）定罪量刑的事实都有证据证明；（二）据以定案的证据均经法定程序查证属实；（三）综合全案证据，对所认定事实已排除合理怀疑。”

这就是刑事案件的证明标准和证据要求区别于民事案件的立法分野。民事案件有高度盖然之说，可以容许一定的合理怀疑存在，而且还有民事法官的“证明责任”裁判法，举证不能者承担不利诉讼之后果。但刑事案件必须排除合理怀疑。

法律依据是律师质证的支撑。因此，要正确处理没有证据、证据不足和定案根据之间的关系。

“没有证据既包括没有任何证据，也包括证据不充分的各种情形，没有证据固然不能认定案件事实，即使有一部分证据，或者有证据但达不到法定程度，亦不能对证据进行认定。”[①] 最高人民法院副院长江必新认为，“疑罪从无原则也是证据裁判原则内在要求的体现”。

在此，笔者引申出另外一个问题：证据不足的案件，是否能成为发回重审的理由？证据不足的案件是否只能有一个诉讼结果：依照《刑事诉讼法》第200条的规定，直接宣告无罪？

司法实践中，二审法院往往会认定“原判决认定事实不清、证据不足，撤销一审判决，发回重新审判”。鉴于事实和证据之间的关系，在此，笔者认为，证据不足的案件，从诉讼程序上不应发回重新审理，而应直接改判无罪，即只有一个裁判结果。否则，便有违疑罪从无原则。具体理由如下：

《刑事诉讼法》将因事实不清或者证据不足需要发回重审的次数限制在一次，从实践来看节约了司法资源，避免了循环审判。但发回重审制度与疑罪从无原则产生了碰撞。

首先，事实不清与证据不足的性质不同，在诉讼中对应的处理也应不同。所以，应严格区分案件是事实不清还是证据不足。事实不清，是指具体的事实没有查清，导致某些细节没有查明，不能够准确地定罪量刑。如笔者对建构事实的论述中所言，事实应具有确定性，只有确定了事实，才能得到对应的结论。如果事实因证据不足无法确定，那么很显然，从本质上来说，这不是证据不足的问题，而是事实不能认定的问题，达不到证据对事实证明的质量要求。也就是说，对需要运用证据证明的事实，由于缺乏充分的证据予以证明，达不到法定的证明标准，自然不能认定事实，这是诉讼法的要求。根据前述没有证据或证据不足不能认定事实的通说以及江院长的论点，证据不足的案件应直接改判无罪，而不能发回重审。

对于“证据不足”应作无罪处理的法律依据体现在《刑事诉讼法》第200条“证据不足，不能认定被告人有罪的，应当作出证据不足、指控的犯罪不能成立的无罪判决”。本条的规定非常明确、简单、直接、无疑。这符合事实

---

① 樊崇义、王国忠：《刑事被告质证权简要探析》，载《河南财经政法大学学报》2006年第5期，第49页。

确定性的要求。因此，不能笼统地适用“事实不清、证据不足”作为发回重审的理由，否则，发回重审制度与疑罪从无就产生了冲突。

具体地说，证据不足，应严格区别于事实不清。事实不清，应是指公诉机关对被告人的指控有证据证明构成犯罪，但具体案情没有查清，从而可能影响到正确量刑。典型的就是于欢案，于欢捅刺他人的事实是清楚的、是确定的，但是，就于欢所主张的防卫情节而言，一审没有查清，属于“事实不清”。也就是说，事实不清，不影响定罪问题，只是为了客观全面地查清事实，需要发回重审或者查清之后改判，从而准确定罪量刑。于欢案的处理也正体现了这一点。《刑事诉讼法》第236条规定：原判决事实不清或者证据不足的，可以在查清事实后改判；也可以裁定撤销原判，发回原审人民法院重新审判。但认真地考量两个法条之间的关系，实际上是存在冲突的。

对于证据不足，笔者认为，是公诉机关指控被告人构成犯罪的证据不足，即定罪的证据不足，根据全案现有的证据质量，不能认定被告人有罪。所以《刑事诉讼法》第200条才明确规定“证据不足，不能认定被告人有罪的，应当作出证据不足、指控的犯罪不能成立的无罪判决”。不能认定被告人有罪，当然对应的就是无罪判决，在此情况下不能发回重审。

其次，不解决两个法条之间的冲突，会影响到司法效率与公正。司法改革最终在核心的问题上仍没有落实：错案难追责。这种矛盾的直接受害者是被告人，所以，发回重审多数导致诉讼时限延长，不利于效率与公平的实现。而被告人将为制度的缺陷承受超期羁押。而间接的受害者是谁？代理或辩护案件的律师：律师维权难以起到及时影响案件判决的效果，路漫漫兮。尽管如此，我们仍要把这种矛盾指出来，在实践中向法官提出事实不清与证据不足各有内涵，以此来促进司法效率的提升、促进司法公正。

最后，在“证据不足”情况下发回重审，一审法院会继续面临各方面的压力。以陈满案、呼格吉勒图案为代表，近年平反的冤案证明了一个问题，利用发回重审制度并不一定能实现“公正裁判”。侦控机关希望所侦办控诉的案件最终能获得法院的支持，作出有罪判决，否则将涉及错案追究及国家赔偿问题。有些时候，却沦为了二审法院不直接改判而是推脱责任的理由。此类案件共同证明着一个问题：（无罪）事实清楚，证据不足，本应依“证据不足”

判决指控的犯罪不能成立，但却10余年甚至20余年才得到平反。

正因如此，两高三部将《关于推进以审判为中心的刑事诉讼制度改革的意见》（法发〔2016〕18号）作为贯彻证据裁判要求的最新司法文件，再次成为"证据不足应作无罪判决"的法律依据，同时，也是对笔者观点的证明，即没有证据不能认定事实，作出有罪判决，应当综合全案证据排除合理怀疑，对于量刑证据存疑的，应当作出有利于被告人的认定：证据不足，不能认定被告人有罪的，应当按照疑罪从无的原则依法作出无罪判决。

笔者提出对"证据不足"进行研究的目的，就是律师在从事辩护业务中，要充分地研究控方的证据对于证明事实的质量，经过辛苦的工作之后，如果确信的确属于证据不足的案件，就可以据此要求法院给予对应的无罪判决。这不仅有法律依据，而且也是最新的司法改革要求。所以，对于证据不足的案件发回重审，律师完全可以提出有根据的异议。或许，这一观点可以被归入"程序辩护"一类。

根据以上的分析，根据"疑罪从无""无罪推定"的刑事司法原则和有关法律规定，如果二审认为指控犯罪的证据不足的，应直接改判无罪，不应发回重审，并且，两高三部出台的规定也明确了证据裁判的具体要求，故应取消"证据不足"这一发回重审的理由。笔者对于"事实不清、证据不足"的这一分析，旨在提示律师在实务中要善于运用证据规则对裁判的制约和影响，紧紧围绕定案事实能否成立这一裁判要求，提出自己的举证、质证意见，探寻或形成具有理论高度的证据运用技巧。

运用证据要遵从法定的证据规则。田文昌先生说："一个证据要具有证据能力，必须符合取证主体合法、取证手段合法和法庭调查方式合法这三个要件。任何一个方面出现问题，律师在证据辩护的时候都可以挑战控方证据的合法性，进而否定该证据的证明能力，将其排除于法庭之外。"①

田先生就律师对证据自身的审视提出了取证主体、取证手段、法庭调查方式"三合法"的审查判断方法。前面笔者已经提出了"三角度"的观点。"三合法"与"三角度"可以证明，不同的律师对于证据的审视是有自己的见解的，

① 田文昌、陈瑞华：《刑事辩护的中国经验》，北京大学出版社2013年版，第35页。

可以说，对于同一案件的证据，完全可以“横看成岭侧成峰，远近高低各不同”。

但是无论如何，律师始终不应偏离证据最本质的功能。证据在律师手上就是为了证明自己一方所主张的定案的事实、就是能够成为自己论证说服的论据。至少这两点，是我们研究证据与事实之间以及与论证之间关系的出发点。

田先生讲的是律师在刑事辩护实务中对证据质辩的技巧。实务的技巧来源于不断地对裁判规律进行总结与提炼。这就要求律师要选准筛选、质辩证据的角度。从律师实务的角度考察，自然也要从书本走到法庭现场去考察。

从法官的角度看证据，其对证据的审查判断具有综合性与全面性。这也是诉讼法规定的审查证据客观、全面的要求。同时，证据法也对法官审查运用证据给出了种种的规制，无论如何，控辩双方所提交的任何证据都会汇聚到法官那里进行最后的加工，最终由法官认证。当然，律师不能认为把证据往法庭一交就算完成了举证，相反，如果没有律师对证据的充分解读、让证据信息尽可能多地释放，那么法官也有可能遗漏某一重要信息，致使败诉结果出现。特别是证据繁多的重大疑难案件，律师一定要制作举证或质证笔录，提取出证据信息以备法官定案时参考，不然，在庭后合议时就无法唤醒法官对证据的记忆。

对此，田文昌先生与陈瑞华教授说得很清楚：“说实话，法官面临的案件压力很大，很难像律师那样仔细地阅卷，有时候难免会出现遗漏。如果律师把所有关键问题都提炼出来，有关出处的页码都标记清楚……就能帮助法官节省大量的阅卷时间……这种做法对法庭采纳辩护观点是非常有利的。”①

因此，从法官的角度看证据，我们要明确三点：法官必须依据的认证规则、律师是否给法官提供了明晰的证据图谱、律师是否有论证（对证据的论述）的意见。

关于证据，除了《刑事诉讼法》，《刑事诉讼法解释》第四章用了九节进行了详细规定，而关于法官的认证规则，则专以第九节详细规定。研究这一节“证据的综合审查和运用”，也就为律师质证、论证提供了依据。

对证据的真实性，不应孤立地就证据论证据，而应当综合全案证据进行

---

① 田文昌、陈瑞华：《刑事辩护的中国经验》，北京大学出版社 2013 年版，第 78 页。

审查。

对证据的证明力，应当根据具体情况，从证据与待证事实的关联程度、证据之间的联系等方面进行审查判断。这要求证据要与事实之间关联、证据之间不排斥，当证据之间具有内在联系，共同指向同一待证事实，不存在无法排除的矛盾和无法解释的疑问时，才能作为定案的根据。

以上就是法官审查和运用证据的原则性规定，同时，也成为律师运用证据的法律规则。对于这一规则的运用，可以说有无限的空间可以研究。

在这个原则的指导下，律师要把全案的证据整理成一个“证据地图”，形式可以多种多样，但最直接的目的就是要有一份法官能够将观点与证据相对应的文件，这也就是前面我们所说的“图谱”。

最后，帮助法官看证据，还要有律师对证据的论证意见，这不是平时我们说的论证，而是对证据的论证。也就是说，律师对于证据信息的提取、诉讼观点的提炼、证据与事实间、证据与证据间的关系等观点都要简洁地表述，以使法官获得律师对于证据的核心意见。

从动态的角度看证据，是为了理解证据不仅证明案件事实，而且还是启动诉讼程序的关键。从案件的立案开始，就要始终为了“事实清楚，证据确实、充分”这一证明标准，并且，除非判决生效，证据的数量、种类、证明度等始终都处在变化之中，律师要有动态的把握，以便随时调整自己的策略，做出相应的准备。

从静态的角度看证据，是指证据在达到了一定量之后，很难再有突破，从而，相对数量与质量的证据，以其证明力将事实固定到一个相对静止的状态。打破这个状态的，是法官：以此认定事实，或以此否定事实。总之，证据一旦达到静态标准，往往就意味着诉讼程序的相对静止。如果事实清楚、证据确实充分，那么法官可以据此定案；如果出现了事实真伪不明的状态，此时，论证便应及时登场，论证说服的威力应该发挥，并起到说服法官的功效。

从控方或原告的角度看证据，它构成提起诉讼一方为证明自己主张的法定基础，没有证据或证据不足以证明自己主张的，应承担不利的诉讼后果，这一原则不仅适用于民事案件，同样也适用于刑事案件。

从辩方或被告的角度看证据，它是驳论的论据或反证的载体。

总之，任何一方若要证明自己的主张成立，无不依赖证据来搭建通往胜诉判决的桥梁。

从法官、公诉人（或原告）、辩护人（或被告）的角度，即控、辩、审的角度看证据，则构成了有趣的等腰三角形：诉讼权利平等也对等，法官在三角形的顶端，只要他公正、不偏不倚，这个三角形就是稳定的，裁判结果也是可信服的。而控辩双方则均会依各自的逻辑，沿着自己通往法官的那条线，传达自己一方对于证据的意见。

通过上面的分析，尽管证据作为控、辩、审三方在诉讼中共同运用的基础，但由于各自职责、角度不同，各有各的证据运用规律；而运用证据离不开说理论证，于是，回到律师实务的角度总结：证据是原材料，说理论证是精雕细琢的工艺，只有站在不同角度解读证据并在思维深处对证据精细加工，说服法官采纳自己的辩护或代理意见，才有必然性。

我们再回到《刑事诉讼法解释》第四章，关于证据，不仅有对证据资格的规定，也有对证明力的要求，当然，还有对证据的综合审查与运用的规则。这些规则，成为约束法官采信证据的法律规范，成为公诉人始终想翻越“证据不足”从而达到证据确实充分的一道高墙；成为辩护人常常用来制衡控方的法律依据。研究这些规则以及规则背后的立法原意，对于律师实务技巧的形成无疑是积极的。

例如，《刑事诉讼法解释》第 104 条规定：“对证据的真实性，应当综合全案证据进行审查。对证据的证明力，应当根据具体情况，从证据与待证事实的关联程度、证据之间的联系等方面进行审查判断。证据之间具有内在联系，共同指向同一待证事实，不存在无法排除的矛盾和无法解释的疑问的，才能作为定案的根据。”

证据真实，才能取得入门资格，否则，虚假诉讼、伪证等法律责任虚席以待。如何审查证据的真实性？“综合全案证据进行审查。”这充分证明，律师审查证据要具有宏观的视野，绝对不要被单一证据或该证据的证明力所迷惑，而是要将其放大到整个案件事实的发生、发展、冲突的过程中去考察衡量。

证据有了证据能力，取得了证据资格，那就要考察它能否证明案件事实。关联性其实是证明度的问题。这里又必须提到“证据相互印证”理论。

相互印证理论得到有效运用，有两个前提，即一要有丰富的证据知识，二要有发散性的思维。

为何世界上只能有一个夏洛克·福尔摩斯？因为他独特的大脑是无法复制的。这也就是为什么同一个案件，在不同的警探那里会有不同结果的根本原因。

同样，运用证据理论展开独特的律师思考，对于辩护与代理取得成功是至关重要的。思路决定出路。

比如，运用证据相互印证的理论，就是证据辩护的利器。

中国没有统一的证据法典，各诉讼法对于证据的取舍、认定都分别规定。以《刑事诉讼法》规定的证明标准“事实清楚，证据确实、充分”为例，若要得到法院的认定，必然要符合两个条文的规定:《刑事诉讼法》第55条、《刑事诉讼法解释》第104条。

笔者列举了《刑事诉讼法》第55条规定的三项标准，在此又特别指出《刑事诉讼法解释》第104条。这两条从律师的角度看，是对法官定案的约束。在法官最终合议案件、对证据认证的时候，从诉讼的距离上看，已经远离了法庭调查、法庭辩论的那个“现场”。所以，经验告诉我们，辩护不仅要驳倒对方，还要为法官在庭后对证据的审查认定留下深刻的“印象”，要让自己的质证意见，以体系化的、绕梁三日的效果，影响着法官对“定案根据”的慎重决策。除了精彩的庭审发言，还要有简洁的书面文件。否则，声音随风飘散，不能责怪法官健忘，而是我们有没有让法官记住的能力。如果没有，那就为法官提供唤醒他记忆的文本。

《刑事诉讼法解释》第104条，显然是“具体适用法律过程中”对于法官在证据的证明力和全案证据之间的关系进行综合认证、最终寻找并确定“定案根据”的规则。没有证据不能认定案件事实，证据不足要依法作出无罪判决，那么，基于证据辩护的重点自然就突出了。

理论的运用，离不开对概念的深入理解。在这里，江必新副院长和陈瑞华教授都对本条提出了证据的“证据能力和证明力”两个概念。所以，证据能力和证明力这两个概念，应当成为律师在诉讼中通用的审查运用证据的标准。

证据能力，当然是法律规定的某种载体或材料成为证据的法律资格，有了这个资格才能成为证据。笔者在此特别注明，此时的证据具有单数性，不是复数的证据，简称为单项证据。也就是说，尽管这些“证据”未必能成为“定案根据”，但它被准许进入诉讼程序的“考场”，接受庭审调查。

笔者在江副院长和陈教授的理论基础上认为，证据的证明力，是以证据自身的真实性和关联性对案件事实的证明具有“度值”，以及律师运用该证据对于主张进行论证所能达到的强度。这个“度值”有两个方面的体现：第一，关联度。如果单项证据本身无法证明案件事实，但因间接证据理论，印证了其他证据的真实性，也具有证明力。比如，来源于案发现场的一杯水本身无法完整地证明案件事实，但是，杯上的口红却证明被害人到过被告人的家里，这杯水是被害人喝过的。第二，证明值。证据链或证明体系的概念告诉我们，证据的证明力取决于案件所有证据的关联程度和共同作用，达到的对事实的证明峰值。或者说，它在律师的论证体系中具有不可拆解的紧密性。由此，我们可以深刻地理解“确实充分”四个字的法定要求就是对“证明力”的要求。

所以，《刑事诉讼法解释》第 104 条对证据的认定规则注定成为律师证据辩护或运用证据的利器。解读可见：1. 要综合全案证据审查证据的真实性。非法证据、伪证等要排除在法庭审理之外，这就是对证据资格的要求。2. 证明力的审查与认定，不仅要根据个案情况、证据的特点，还要从证据与证明对象之间的关联程度，证据和证据之间的内在联系等方面审查判断。若证据是孤立的，虽然有证据资格，但却与案件无关联或与其他证据不能成为有机的联系体，当然也不具有证明力。3. 法定的证明标准或对证据的证明力要求是 a. 证据之间具有内在联系；b. 共同指向同一待证事实；c. 不存在无法解释的矛盾；d. 排除无法解释的疑问。这四个方面同时具备，才能成为定案的根据。一旦成为“定案根据”，这些来源于“证据”群中的证据，就完成了它们对定案事实的证明使命。

律师职业一定要找到自身研究证据的方向，从而找到律师实务中运用证据的规律，不断地在实践中总结出质证的角度与技巧，而不能犯简单的教条主义和本本主义的毛病。因为，实务中个别带病起诉的案件以及近年来被平反的案件均证明，尽管有法定的证明标准要求、尽管有明确的审查认定证据的标准，但真正执行起来还是有可能会打折的。打铁还需自身硬。律师应当成为审查运用证据的专家，把证据剖析得“体无完肤”，没有了“余地”，才能使“证据确实、充分”，从而使法律共同体“共同维护法律的正确实施”有了技术上的支持。

第三节　让证据意见成为法官写入判决的理由

前两节，笔者分析了律师区别于法官、检察官的职业特性，提出了律师要有自己独特技能的主张。这一论点不仅得到了同人们的认可，也符合律师是“工匠”的职业特点。

当然，著名律师和学者们对此也多有论及，如田文昌先生，他谈到证据运用时说得非常清楚。

“在很多案件中，控方证据体系漏洞非常之多，这就涉及律师阅卷的重要性和阅卷方法的问题。”这句话可以分解成两个部分：欲知证据体系之漏洞，必先要有扎实的证据知识功底，这成为运用证据的知识基础；阅卷的方法对于漏洞的寻找是实践与理论的结合，是技能与技术的要求。①

运用证据，其实是要打破狭隘观念，运用证据是对证据体系的把握和认识，是要找到证据与案件事实之间、具有生命力联系的“度值”的一项工作，是作为法律工匠的律师对证据和案件事实以及律师观点的整合。

所以我们可以看到，运用证据，就是以证据为核心，将证据知识、证据观点、证据推理、证据论证、证据与程序等与诉讼行为紧密结合的律师实务工作。

如果说诉讼程序是环环相扣的步骤，那每一个结点都应该呈现证据的信息。无论是庭审调查还是辩论，证据信息充斥在整个的事实形成过程中，因为没有证据就不能认定案件事实。这就是“诉讼之王”的美誉由来。

比如说，立案、侦查、审查起诉、提起公诉、审判这些环节，均要求“有

① 对此，笔者有专文《刑事辩护的律师思维与证据运用》论及，在此不再赘述。

证据证明有犯罪事实”“证据确实、充分”。不仅如此，现在的证据裁判原则更加明确地提出了“没有证据不能认定案件事实”。所以，证据就是律师工作的对象，技巧就是运用证据的娴熟技能。

律师的思维是加工厂，律师的观点是法律产品，而这个产品的生产过程全在大脑里完成。唯一可见的工作，就是阅卷笔录、某些文稿等。

“律师只要下功夫，认真阅卷，就能够在字里行间找出很多问题来。”[①]这是为与不为的区别。一定不要忘记，律师不能只有技巧，而没有成果，一定要让法官记得、找到律师的质证观点，便于引用。

人间正道是沧桑，任何事业都没有捷径可走。田文昌先生的经验和传授就告诉我们这个道理。

《刑事诉讼法》关于证据的规则包括两个部分。一个是证据能力的规则，即对于证据本身成为证据的条件以法律规范的形式表述出来，同时，也是一条法律规则。

《刑事诉讼法》第62条规定：“凡是知道案件情况的人，都有作证的义务。生理上、精神上有缺陷或者年幼，不能辨别是非、不能正确表达的人，不能作证人。”这条即为证人证言的证据规则，它从正面规定了证人是知道案件情况的人，从反面排除了生理上、精神上有缺陷或年幼而不辨是非、不能正确表达的人不能成为证人，同时，《刑事诉讼法》还规定了证人不能旁听法庭审理，一旦旁听审理，便会面临丧失作证资格的法律后果。

另一个是司法证明规则，简单地说就是承担证明责任的一方，运用证据对案件事实证明的规则。包括举证、接受质证、非法证据排除等。

研究司法证明规则对律师有何启示？

简单地说，若公诉人指控某人犯有强奸罪，不仅要有被告人强奸被害人的证据，而且还要“证明”。由此可见，控辩双方都面临着“用证据证明”这一本质的技能和任务。

但是，有证据就一定能证明案件事实吗？从司法审判的规律来看，所有的案件其实都是事实问题，而不是法律适用的问题；当且仅当事实已经确定，

---

① 田文昌、陈瑞华：《刑事辩护的中国经验》，北京大学出版社2013年版，第78页。

才会涉及法律适用问题以及适用何种法律。这一观点我们在前文中已经讨论过了。

那么，笔者关于证据、证据规则和证据裁判的系列思考，似乎到了柳暗花明之际，也就是应该具体分析：从证据到事实再到判决，律师工作的关键点在哪里？

先简单地罗列几个概念：证据、定案根据、定案事实、判决依据、判决理由、规则约束、客观事实与法律事实……

这些律师常熟视无睹的概念，每一个解读起来都内容丰富，这些概念联系起来，令人惊讶地发现，一旦运用逻辑把它们联系起来，犹如春笋破土，正是这些联系揭示了律师工作的根本规律：律师的差异化思维决定着办案的质量。

或许上面的表述很抽象。其实，很具体，无非是有人从哲学的角度、理论的深度去发掘它而已。

因为，法官针对任何案件，首先要确定的是事实，事实才是判决结论的沃土，事实不成立或事实不清的判决，是法定的改判或发回重审的理由。事实必须依赖能成为定案根据的证据（见第一部分论述），此时，定案根据的证据通过内在的逻辑联系，便共同组成了定案事实。

请注意这个细节："证据通过内在的逻辑联系，便共同组成了定案事实。"也就是说，法官在写判决书的时候，要有对证据的分析意见，对是否采信相关证据，法官要进行说理论证，而此时，律师对证据的论证意见，无疑会影响到法官。

定案事实，犹如建房之基，是法官阐述判决理由、给出判决结论的前提。而判决理由（笔者暂不考量法官主观的内心世界）的得出，事实上在听审过程中，控辩双方、原被告双方对定案证据的意见都会对法官产生影响。

一句话，若要得到理由被支持的判决，证据意见转化为判决理由至关重要。这也是律师运用证据的终极目标。而证据意见的形成，恰恰是将证据向定案证据转化、将单一的证据和事实与法律整合，运用逻辑思维形成代理意见、辩护意见的结果。

写好对证据的论证意见，往往会收到意想不到的效果。

第四节　研究“证明标准”是扩展辩护思路的坦途

随着以审判为中心、证据裁判原则的确立，疑罪从无理念的广泛认同，刑事案件的证明标准便成为案件质量的“标尺”。对于刑事辩护业务来说，研究证明标准，对于依法维护当事人合法权益，正确履行律师职责、共同维护法律的正确实施至关重要。甚至可以说，是刑事辩护实务中迅速找到辩点的指引。

什么是“证明标准”？《布莱克法律词典》认为，证明标准是指履行证明责任如何使证据确信而必须达到的状态。简言之，就是对案件事实证明的程度。

笔者认为，从律师实务角度看刑事证明标准，是基于对被告人定罪量刑而对证据提出的质、量要求。可从如下几个方面去理解：

它是法定的与统一的标准。它不仅是法定的标准，而且，还是刑事诉讼统一的标准。法定的证明标准，不仅规定在《刑事诉讼法》中，《关于推进以审判为中心的刑事诉讼制度改革的意见》第 2 条也再次明确：“侦查机关侦查终结，人民检察院提起公诉，人民法院作出有罪判决，都应当做到犯罪事实清楚，证据确实、充分。”“都应当”表明证明标准不仅是法定的，而且是统一的。侦查、公诉、审判机关的证明标准“都应当”做到“事实清楚，证据确实、充分”。

它是对证据提出的标准。证明标准是法律对证据成为定案根据的质量要求，是法律对证据的要求。《刑事诉讼法》第 55 条第 2 款规定：“证据确实、充分，应当符合以下条件：（一）定罪量刑的事实都有证据证明；（二）据以定案的证据均经法定程序查证属实；（三）综合全案证据，对所认定事实已排除合理怀疑。”这是程序法明确规定的证明尺度，即法定的标准；同时，是证据应当符合的条件。

它是对证据提出的质量要求，是定案证据要达到的质量标准。“定案”的证据，笔者理解为是价值评价的范畴，是在“定罪事实”或“无罪事实”经证据证明之后，审判人员据以作出裁判的依据，是写进判决书中作为论理的基础。

它是证明要达到的标准。“履行证明责任”“使证据确信而达到的状态”表明运用证据证明事实，是控方的举证责任，不仅如此，还要运用证据达到使法官确信事实这一状态，这是运用证据进行证明所要达到的确信标准。证据要经法定程序审查认定，所有证据，都要经过法庭程序的检验，才能作为定案的根据。《最高人民法院关于全面推进以审判为中心的刑事诉讼制度改革的实施意见》对定案根据提出了进一步的要求：“坚持非法证据排除原则，不得强迫任何人证实自己有罪。经审查认定的非法证据，应当依法予以排除，不得作为定案的根据。”

通俗地说，到了定案的程序，就是要把证据写进判决书，这种“据以定案的证据”不仅对定罪量刑的事实充分地证明，而且还要在程序上合法，经过法庭审理查证属实，才能从“据以定案的证据”成为“作为定案证据”。事实上，这体现了审判中心主义对证据的认证。价值上，是对事实评价之后，依据证据进行的价值评价：依据证据确定案件性质。

综合全案证据，对所认定事实已排除合理怀疑。《刑事诉讼法》为何吸收了“排疑”这一只能由法官主观确定的标准呢？显然，证据确实充分的内在要求是不能存在疑点，否则就不是确实充分。

从最高院的有关注释中可以理解，对于“证明标准”的法定化，坚持了客观标准与主观标准的统一。樊崇义把它归纳为“实体真实的相对性”[①]。

排疑标准也是英美法的证明标准，其要求“达到接近对有罪推定确定无疑的主观状态”。《美国陪审团指示样本》曾有解释：“排除合理怀疑的证明能使人坚定地确信被告人有罪，我们只能对这个世界上的少数事情得到绝对的确信，并且，在刑事案件中，法律并不要求证明能够排除任何可能的怀疑。如果针对特定的犯罪或被提起指控的犯罪，基于对证据的理解，你能够坚信被告人有罪，那么，就应当认定被告有罪……如果你认为存在着被告人事实上无罪的现实可能性的话，你应当因为存在上述怀疑而认定被告人无罪。”

---

① 樊崇义：《实体真实的相对性——修改后刑诉法第五十三条证明标准的理解和适用》，载《人民检察》2013年第7期，第8页。

最高人民法院、最高人民检察院、公安部、国家安全部、司法部发布的《关于推进以审判为中心的刑事诉讼制度改革的意见》更是具体到了“犯罪构成要件事实”中的排疑：“人民法院作出有罪判决，对于证明犯罪构成要件的事实，应当综合全案证据排除合理怀疑，对于量刑证据存疑的，应当作出有利于被告人的认定。”

用排除合理怀疑的主观标准与证据确实充分的客观标准共同构成了统一的刑事“证明标准”，更加强调了反面证伪的重要性，从证明标准来看，这是近年来司法改革对证明标准的深化、细化、具体化。

综合起来看，《刑事诉讼法》第55条第2款这三点证明标准的内涵丰富，在司法实务中具体的操作不仅涉及理论上的深层认知，而且还存在着对具体证据甄别、质辩等。深研证明标准以及以上四个概念可见，具体个案的辩护其实就是要研究有没有犯罪事实，能否定罪（定罪事实）；若能定罪，如何量刑，有无减刑、从轻处罚情节（量刑事实）；若定罪或量刑，是否都有证据，证据是否符合《刑事诉讼法》第55条第2款的标准？认真阅卷，认真对比，辩护观点自然也就清晰浮现了。

证明标准变化对疑罪从无原则确立的意义以及刑事辩护业务有何影响呢？

2012年前“排疑标准”实质上并没有得到肯定和充分重视，所以，近些年来，一些历史上因刑讯等非法取证和证明标准问题而导致的冤假错案浮出水面，每一个冤假错案对司法公信力的伤害都是巨大的。

在此前提下，最近几年，从中央政法委到最高司法机关，不得不对“疑罪从无”重新审视。最高人民法院、最高人民检察院、公安部、国家安全部、司法部发布的《关于推进以审判为中心的刑事诉讼制度改革的意见》第15条规定：“严格依法裁判。人民法院经审理，对案件事实清楚，证据确实、充分，依据法律认定被告人有罪的，应当作出有罪判决。依据法律规定认定被告人无罪的，应当作出无罪判决。证据不足，不能认定被告人有罪的，应当按照疑罪从无原则，依法作出无罪判决。”所以，疑罪从无作为一项原则，被写进了司法改革的“小宪章”里。

同时，随着检察院职能与监察委职能的调整，未来《刑事诉讼法》修改会对此有更加完善和成熟的内容。简言之，经过法定程序侦查、起诉、审判后，仍然存疑，那应当疑罪从无，这不仅是法治的应有之义，对于人权更是法律的具体保障措施。所以，从司法改革文件来看，这种处理方式已经不是“可以”，而是“应当”疑罪从无。否则，疑罪从有、从轻实则是对刑事审判权威性的亵渎。而律师要深入理解“应当”二字的深层含义，对自己的辩护意见作有法律依据的设计。

所以，最高人民法院发布的《关于全面推进以审判为中心的刑事诉讼制度改革的实施意见》对此又作出具体规定：“30. 人民法院作出有罪判决，对于定罪事实应当综合全案证据排除合理怀疑。定罪证据不足的案件，不能认定被告人有罪，应当作出证据不足、指控的犯罪不能成立的无罪判决。定罪证据确实、充分，量刑证据存疑的，应当作出有利于被告人的认定。”

这里又分了三个层次。一是有罪判决，要审视全案证据，是否达到了排疑标准，即在客观的基础上，叩问内心，主观上是否确信无疑。二是定罪证据不足（不是合理怀疑），达不到法定证明标准的“量”，此时，毫无疑问，是应当做出指控不能成立的无罪判决。[①] 对比改革意见的用语“证据不足，不能认定被告人有罪的，应当按照疑罪从无原则，依法作出无罪判决”，同时还要结合“对于证明犯罪构成要件的事实”来理解“证据不足”“疑罪从无”，即指控的犯罪在犯罪构成要件上欠缺证据证明，证据链是割裂的。比如“念斌投毒案”，尽管有犯罪事实、有危害后果，相关物证也均查证属实，但在具体的构成要件上，在排除了非法证据后，却没有证据证明是念斌实施的。所以，其反复的申诉也多次用到“证据不足”这一概念。三是构成要件事实清楚、证据充分，但具体到量刑证据存疑的（如自首、立功或是否属于从犯此类证据），要求做出对被告人有利的认定，这其实是授权法官做有利于被告人的推定。

而结合前面对证明标准的解读、以往疑罪从有案件的教训可见，证明标准是检验刑事案件质量是否达标的标尺。从这个意义上来说，律师深入研究刑事证明标准，对维护委托人合法权益、确保案件质量、共同维护法律的正确实施意义重大，正是当前审判中心、证据裁判原则的应有之义。

---

① 参见笔者关于“证据不足”不能发回重审的论述。

陈瑞华教授曾言：从律师实务看，如果空有证据这一物质基础，但不能有效运用证据，正如空守一堆建筑材料，而无法垒起高楼大厦一样。所以，对证据的运用，必然要先有律师自己的审查判断，然后，考虑从证据到案件事实的证明之联系，运用设计举证或质证顺序、证明要点归纳、证据信息挖掘以及法律论证等技术实务。

而深入研究"证明标准"，就抓住了证据运用的纲，纲举目张。对证明标准进行深入研究，辩护的思路会越来越宽。

第五节　证据是律师论辩的论据

从方法论的角度看，律师的核心技能是论证。就证据运用的目的而言，律师和法官是不同的。法官是要让证据成为"定案根据"，而律师承担说理责任，所以律师运用证据的目的是作为辩护或代理观点成立的论据。从事实、法律到论证的桥梁是论证，而论证的前提，就是确立有效的、具有充分说服力的论据。

张建伟教授曾说："证明责任承担者的说服责任，就是通过法庭举证、辩论给法官的感官和理智施加影响，使之形成有利于己方的判断。"可见，教授所说的"说服责任"，是和举证、辩论密切联系的。而法官要通过律师的说服，使其在律师的说理基础上，对有关证据"达到确信"或予以排除。定案根据和定案事实得以确立，才是其作出判决的基础。这就是律师和法官对证据在认识论上的差异点。从律师的说服任务上来说，就取决于证据能否转化为被法官认可的论据。比如，在法庭中直接确认证据的证明力。

证据及其相关性、证据力或证明力，与论证具有密切的关系。如果论据的体系散了，那么论证也就失去了基础。

"诉讼活动的主要构成部分是认识活动。"从诉讼程序上看，法庭调查和法庭辩论，这两个程序之所以有其独立性又具有着紧密的关联，就是因为，法庭调查是对事实的查明。法庭辩论，除对事实争议之辩外，还承担着法律适用之辩，前者主要的功能在于解决事实争议，后者的功能在于控辩双方各说其词，最终完成说服责任。

既然法庭调查的功能如此明晰，那么律师运用证据的时间和空间当然要锁定在法庭调查阶段。使“证据充分展示在法庭、论证在法庭、采信在法庭”，这正是当前司法改革，要求证据裁判原则的应有之义。

“诉讼最终要将特定的法律规范适用于一定的案件事实，在适用法律之前，必须查明案件事实，诉讼证据的功能在于使案件事实或当事人的主张得到确认。”从这个意义上说，不仅要让证据说话，而且还要让证据说足、说透，成为无可驳辩的论据，是法庭调查阶段律师工作的核心内容。

法庭调查体现着对抗性，举证方用证据陈述己方观点，质证方对证据质辩以驳斥对方观点。对立之间，需要法官的统一，符合辩证法。而法官究竟采信哪方的观点，取决于证据的证明力、证明度、证明值是否达到了“定案根据”的标准。

如此分析，就能使律师认识到法庭调查中工作的重点：解剖证据，别遗漏任何一个可以证明问题的细节。

运用证据需要综合的法律知识和深厚的知识储备。所有证据立法以及审判中实际起作用的“规则”，都来源于实践。尽管立法不断地调整对证据的表述、扩充证据的种类，但律师运用证据的技巧却可以以不变应万变。这就是实践与立法的区别。

以《最高人民法院关于适用〈中华人民共和国民事诉讼法〉的解释》（以下简称《民事诉讼法解释》）所规定的证据要求为例，若欲在法庭上对证据运用自如，必须有扎实的证据法知识和独到的实务技巧，否则证据就是死的，不能成为一方主张观点的论据。

收集证据要全面、提供证据要及时、形成证据要规范。接受委托明确法律诉求后，便应全面收集证据。笔者认为至少要包括如下几个方面：有哪些证据、证据存放的处所、存在形式、是否需要采取保全措施、是否需申请勘验、鉴定、是否有证人或聘请专家证人、是否需要当事人亲自到庭陈述、是否需要准备反证等，均要在庭前综合考虑、逐一落实。

之所以要有以上全方位的证据意识，是因为《民事诉讼法解释》均有对应的要求。

收集要全面、手段要合法、提供要及时。能够反映案件真实情况、与待证事实相关联、来源和形式符合法律规定的证据，都能作为认定案件事实的根据，所以收集证据要全面。

对以严重侵害他人合法权益、违反法律禁止性规定或者严重违背公序良俗的方法形成或者获取的证据，不得作为认定案件事实的根据。绝对禁止伪造证据或诱导证人作伪证，因为这不仅是律师职业道德所不允，而且证据要在诉讼程序这个“熔炉”里千锤百炼，要经得起考验，侥幸心理害人害己。

因故意或者重大过失逾期提供的证据，法院不予采纳。非因故意或者重大过失逾期提供的证据，人民法院应当采纳，但对当事人会训诫。逾期提供证据致使对方增加必要费用的，还要承担赔偿责任。所以，提供证据不仅要全面，还要及时。

高度重视“当事人陈述”，以免陷入无法反悔的“自认”。当事人陈述，是法定证据之一。《民事诉讼法解释》规定，法院认为有必要时会让当事人本人到庭，就案件有关事实接受询问。负有举证证明责任的当事人拒绝到庭、拒绝接受询问或者拒绝签署保证书，待证事实又欠缺其他证据证明的，对其主张的事实不予认定。因此，律师在庭上要对当事人所陈述的内容结合其他证据进行询问，以随时准备当事人接受庭询、做到有备无患。

之所以提出重视当事人陈述，是为了确保“人证配合”。因为，律师是以其专业知识为委托人提供服务的，对同一事实，律师的陈述与当事人的陈述专业性不同，所起的证明效果也不同。所以，律师不是“教”当事人如何陈述，而是让当事人明白该如何陈述，对有关事实谨慎确认，以免成为法律自认。在法庭审理中，或者在起诉状、答辩状、代理词等书面材料中，对对自己不利的事实明确表示承认的，另一方当事人无需举证证明。由此可见，除法院查明的事实明显与自认的事实不符外，自认的后果是直接导致对方免除举证责任。例外是对于涉及身份关系、国家利益、社会公共利益等应当由法院依职权调查的事实，不适用自认规定。

提前注意“反证”。反证的作用在解释中规定为两种，即“反驳”与“推翻”。有些案件事实，因其客观存在的长期性、公认性、公开性，法律免予当事人举证证明。比如，众所周知的事实；根据法律规定推定的事实；根据已知的事实和日常生活经验法则推定出的另一事实。对于前述事实，法律允许当事人提出反证予以反驳。若反驳成立，则负有举证责任的一方不免除证明责任。当反驳达到使法官认为待证事实真伪不明之时，法官“应当”认定该事实不存在，所以，反驳证据也是推翻对方主张的有力武器。

免证的事实还包括：国家机关或者其他依法具有社会管理职能的组织，在其职权范围内制作的文书所记载的事项推定为真实；已为人民法院发生法律效力的裁判所确认的事实；已为仲裁机构生效裁决所确认的事实；已为有效公证文书所证明的事实。前述的相关证据或事实，需要用反证来推翻，否则该证据或事实便有当然的证明力。由此可见，反驳达到真伪不明状态时，即起到了作用；而运用反证予以推翻的要求明显要高于反驳。所以，对反证的证明力要慎重甄别，以免适得其反。

由此可见，反证的存在，不仅能增加对方的举证负担、强化己方的证明观点，还有推翻既定事实、扭转乾坤的作用。事实上，笔者代理的很多案件均得益于“反证”的出现。

新形式证据与复制证据的挖掘。随着科技应用，《民事诉讼法》规定的新形式证据包括视听资料和电子数据。视听资料包括录音资料和影像资料，这些由于其体积或存在形态易于识别，也便于保存。但对于通过电子邮件、电子数据交换、网上聊天记录、博客、微博客、手机短信、电子签名、域名等形成或者存储在电子介质中的信息，当事人往往欠缺证据意识，这就要求律师要“挖掘”甚至请网络专家恢复有关电子数据。

当然，一定要突破证据只在当事人手中的狭隘观念。事实上，律师脱离当事人的线索也可以查找到与案件有关的证据。比如，笔者即从网络收集过当事人所不知道的，但却决定案件胜败的关键网络证据。

《民事诉讼法解释》明确规定，取得书证原件困难，可以使用复制件。法院结合其他证据和案件具体情况，审查判断书证复制品等能否作为认定案件事实的根据。最佳证据规则与补强证据规则并用，证据链意识同样可以把证据的视线放在书证复制件上。就诉讼代理实务而言，摒弃传统证据观念，兼顾新、旧形式的证据，围绕证据的“三性”要求将有关信息与介质纳入证据链条，然后加以取舍，这是取证的必然要求。

让证人（包括专家证人）无忧无虑地作证。证人证言是法定证据之一，其证据效力相比于其他证据独具优势。首先，它依赖证人的感知记忆并能生动描述客观事实的发生与结局；其次，它接受当事人及法官询问，在冲突的质证中案件事实“水落石出”。因此，如果案件有证人，律师一定要极端重视证人作证的效果，以免尽管证人出庭，却适得其反，沦为败笔。

证人作证既可依当事人申请也可由法院依职权通知证人出庭作证。未经人民法院通知，证人不得出庭作证，但双方当事人同意并经人民法院准许的除外。

律师对证人出庭的安排有四点需要注意。第一，申请证人出庭的时间是举证期满前。第二，当事人要准备预交证人作证的费用。第三，要告诉证人作证有相应的合法补贴（绝非贿买）。第四，最重要的是告知其如实作证的义务以及作伪证的法律后果，告诉证人出庭作证不能旁听审理，证人拒绝签署保证书的，不能作证，并自行承担相关费用。

笔者在案件出庭前会以最简单的方式再一次询问证人，即“五 W”——何时、何地、何人、何因、何果——让证人自然、完整地陈述，从中发现遗漏或对证言进行补强。告诉证人拒绝对方当事人或代理人让其作出推断性的结论，与案件无关的问题可以拒答。总之，证人作证需要下功夫。

因为“具有专门知识的人在法庭上就专业问题提出的意见，视为当事人的陈述”，所以对于专家证人而言，一定要帮助当事人审查确定是否确有必要申请专家证人出庭，包括专家的品行、知识以及其出庭陈述与案件证据体系之间是否会形成冲突。

还有一类证据即“单位”出具的证明材料，不能仅仅认为取得证明材料即万事大吉，还要兼顾事后法院的核实。比如，单位向法院提出的证明材料，应当由单位负责人及制作证明材料的人员签名或者盖章，并加盖单位印章。这里要求比较严格，要求三个主体完成证明：单位负责人、材料制作者、单位（盖章）。法院就单位出具的证明材料，可以向单位及材料制作者进行调查核实。必要时，可以要求材料制作者出庭作证。单位及材料制作者拒绝人民法院调查核实，或者材料制作者无正当理由拒绝出庭作证的，该证明材料不得作为认定案件事实的根据。

所以，不是拿到了单位的证明材料就万事大吉，《民事诉讼法解释》对律师取证、对当事人取证都提出了更高的要求。

明确己方举证责任与证明责任及证明责任承担的原则。《民事诉讼法解释》要求当事人对自己提出的诉讼请求所依据的事实或者反驳对方诉讼请求所依据的事实，应当提供证据加以证明。这在传统的证据学角度称为“举证责任”。在作出判决前，当事人未能提供证据或者证据不足以证明其事实主张的，由负有举证证明责任的当事人承担不利的后果，这是实质意义上的“证明责任”。

明确举证责任与证明责任，是律师在证据体系中排除证据之间的矛盾，集中优势兵力、对核心证据进行定位的关键。证据之间有机统一、各自辅佐印证、共同证明主张的事实、完成实质的证明责任，这是证据应用的理想状态。

当然，不同的阶段、不同的主张也会有不同的举证要求。主张法律关系存在的当事人，应当对产生该法律关系的基本事实承担举证证明责任；主张法律关系变更、消灭或者权利受到妨害的当事人，应当对该法律关系变更、消灭或者权利受到妨害的基本事实承担举证证明责任。所以，熟悉程序法的规定，就在于依赖程序上的正义来争取实体上的正义，而这些程序性的规定或技巧，当事人当然要依赖专业的律师才能实现。

最后，形成证据要规范。条理清晰的证据目录、简洁明了的证明目的、编排科学的证据顺序、规范整洁的书面装订等，均是律师辛苦工作的产品，有必要把它们整理得赏心悦目。实务中，一旦某一案件形成了确定的证据目录，则表明律师对证据基本完成了取舍与对案件趋势的预测。除非出现异常情况，一般情况下案件的进展不会超越预期。

最关键的一点，律师只留存证据复制件，原件要留存在当事人手中，开庭时接受质证。这一点，非常“实用”。

《民事诉讼法解释》要求律师要具有全新的证据意识，不仅是完成代理工作，同时也是顺利完成案件审理的必需。当然，如果可能，还可以在代理工作中润物无声地培养当事人的证据意识，对于法治的进步有所裨益。

光是以上列举的《民事诉讼法解释》对证据的规定，就对律师的实务提出了如此严格的要求，这充分证明，证据是“武器”，要让它具有“杀伤力”，就必须对它综合运用。

下面的案例，一审时由银行的工作人员代理，但其没有注意到证据规则的变化，同时，一审法院也没有严格依照证据规则处理证人出庭的问题，笔者就证人出庭程序在上诉状中论述如下：

“二、本案程序违法：

（一）证人李某无证人资格，且其出庭违反一审法院自己指定的举证时限。

上诉人举出〔2015〕175号文件，证明证人李某被上诉人给予开除处分并解除其劳动合同，以此证明，其与上诉人存有利害关系，且该文所述其行为事实足以证明，其证言无法做到客观公正，加之一审的程序错误，导致证人李某的证言不能成为认定案件事实的证据，不应采信。

2015年10月16日第一次庭审时（p4），被上诉人药业公司与樊某在回答审判人员是否有证据时称：‘没有证据，申请法庭调取家具公司在原告处2013年6月14日之前的贷款情况以及2013年6月14日之后在原告处的资金使用情况……’这限定了两点：1. 被上诉人没有证据再向法庭提交；2. 申请法院调查证据的范围。当日，一审法院给各方确定的举证时限是2015年10月19日前提交法庭（p5），逾期视为举证不能。当日法庭辩论终结。

2015年11月24日第二次开庭，是对一审法院调取的家具公司账户流水及相关支付材料质证，此时，并没有涉及证人出庭问题（p3）。庭审过程中，审判人员问：‘双方是否还有证据提交？’足见被上诉人没有在第一次庭审指定的举证时限内向法庭提交证据。具体地说是证人李某的书面证言及作证申请均没有在前述指定的期限提交。但一审法院却径自允许被上诉人提交证人李某书面证词及允许证人李某出庭作证，显然违背自己指定的举证时限、违反《民事诉讼法解释》第99、100、101、102条的规定。

（二）出庭程序违反《民事诉讼法解释》第117、119条的规定。

1.《民事诉讼法解释》第117条规定了证人出庭的规则：①举证期届满前申请。第一次庭审时，被上诉人明确说明没有证据（笔录p4），在审判长告知举证期限后（p5），及在二次开庭时，均没有出示其提出证人出庭的申请。②证人要得到法庭的出庭通知，非经法院通知，证人不得出庭。但第二次开庭，审判长只是问是否还有证据提交，但没有宣读证人出庭申请和法院通知，便允许被上诉人宣读书面证言和证人出庭，显然违反上述规定，程序违法。

2.《民事诉讼法解释》第 119 条规定，人民法院在证人作证前应当告知其如实作证的义务以及作伪证的法律后果，并责令签署保证书。但第二次庭审证人李某出庭时，一审法院均未依法完成以上事项，径自允许其出庭，并没有签署如实作证保证书。因此，上诉人所称的与其有利害关系，不应采信。”

一审法院收到上诉状后，显然是认识到了程序上的问题，被上诉人主动找银行愿意承担部分责任。这足以说明，只有具有科学的证据意识，熟悉证据规则，方能谈得上运用证据的技巧。

而运用证据的技巧，就是如何使证据中的信息与自己的观点紧密地联结成锁扣，使辩护观点、代理意见是以证据为支撑的论辩而得到采纳。

第六节　律师要构建自己的证据体系

律师办理任何一个案件，都要有自己的证据体系，就像一位将军总要有自己的部队一样。

《刑事诉讼法》第 51 条规定：“公诉案件中被告人有罪的举证责任由人民检察院承担……”律师担任辩护人的职责是“根据事实和法律，提出证明犯罪嫌疑人、被告人无罪、罪轻或者减轻、免除其刑事责任的材料和意见，维护犯罪嫌疑人、被告人的合法权益”。

由此可见，控辩的职能完全不同，但又统一于“法律的正确实施”；同时，其不同的职能共同建立在“举证”上。因此，在分析控方证据体系的基础上，辩护人根据自身辩护工作的特点，构建自己的证据体系，开展质证、辩论是具有符合自身职业属性、进行有效辩护的前提。

长期地养成对每一个案件梳理控辩双方的证据体系的习惯，从证据理论、证明责任、论证方法上去研究证据，必然会使律师运用证据的技能得到提高。

控方的证据体系，是为证明指控的犯罪事实，将证据根据证明作用的大小和证明对象的特征进行合理有效配置，构建出的主次分明、井然有序的有机整体。随着审判中心原则的确立，控方证据，从诉讼程序上来说，在未定案之前，尚处于“提起公诉”的证据，但根据上一节我们分析的证明标准，我们重点研究的是，这些提起公诉的证据是什么体系，从宏观上看，它对事实的证明作用、对构成要件证明的要求是“符合”还是“分离”，从而做出自己的辩护方案。

在司法实践中，构建证据体系，必须掌握一定的策略和技巧。

刑事诉讼的事实认定是凭证据重构事实真相，从而达到“定案事实”的证明，简言之，如摔碎的花瓶，要靠每一个碎片再行拼凑。这个碎片就是证据，而拼凑的过程，就是庭审中的举证、质证，最后经过法官的认证，如此才能将“提起公诉”的证据转化为“定案证据”。

卞建林教授在《证据法学》一书中写道：“一个证据能够发挥证明与案件有关事实的作用，原因在于它含有的信息来源于客观外在的事实，这些信息是对客观事实的反映。也就是说，正是由于证据具有客观性，才具有证明的实际能力，如果没有客观性，则证据本身的存在尚存疑问，当然无法发挥证明与案件有关事实的作用。”

“没有客观存在为依据的任何一种陈述，都是理所当然的谎言，不能作为定案的证据使用，从这种意义上讲，客观性就是审查判断证据的一条基本标准。”

众所周知，公诉人有自己的证据体系，辩护人的辩护意见也要从公诉人的证据体系中脱胎而出，这是控辩双方工作的物质基础。那么，有效辩护的方法是什么？

那就是从宏观上对公诉人的证据体系有整体的把握，从庞大的体系中，用自己理论化的证据法知识化繁为简，以点击面。然后，从中识别出辩点。如果说是什么策略的话，叫各个击破。

公诉人会根据证据的证明作用将证据划分为基准证据、优质证据、冗余证据等类型，有自己独特的证据分类或构建自己的证据体系，并不拘泥于证据的理论分类，一切都是为了实务需要。同理，辩护律师当然也可以构建自己的证据体系，精心组织自己的证据语言、质证语言和辩护意见。

比如，集资诈骗案件，人多面广，卷宗几十本，令人望而却步。但研究一下卷宗目录，用“证人证言”“书证”等分类就可以化繁为简，找到证据中的共性，便可了然于胸。然后，再进行实务中的分类，进一步融入辩护意见，就可以成为操作层面的技能。

而对于言词证据的分析和研究，就成为拆解控方体系的重要起始点。在第一节，笔者已经简单介绍了言词证据。在后面，我们还要研究“询问笔录”这种“证据”形式。也就是说，言词证据因其掺入了陈述者的主观性以及田文昌先生所说的“三合法”对证据的影响，律师要努力在证据体系中对这些证据进行重点剖析。

辩护人在尊重事实的前提下，为了案件的质量、为了不枉不纵，必须寻找案件的薄弱点，在其证据体系中，找到引起法官重视、不可随意下判的细节，从而使法律的正确实施得以实现。其实，这不仅是通常意义上的维护被告人合法权益，而且是辩护制度的价值真正体现。

看同一证据材料，要有一分为二的观点，即辩证思维。辩证法的观点就是用联系的、变化的、运动的、发展的、全面的观点去看问题，所以，这就是宏观与微观的对立和统一。

有必要提一下毛泽东的《矛盾论》。“辩证法的宇宙观主张从事物的内部、从一事物对他事物的关系去研究事物的发展，即把事物的发展看作事物内部的必然的自己的运动，而每一事物的运动都和它的周围其他事物互相联系着和互相影响着。事物发展的根本原因，不是在事物的外部而是在事物的内部，在于事物内部的矛盾性。”

研究控方证据体系内部的矛盾性，正是找到破解控方证据体系的辩证法。

如果说，公诉人与辩护人面对的是同一证据，那么，从辩护人的角度来看，质证与辩论的出发点，当然就是找到“矛盾”：证据体系自身的矛盾、证据与证据之间的矛盾、证据与待证事实之间的矛盾等。只有找到了“事物内部的矛盾性”，才能找到独树一帜的辩论观点。

严格地说，本书研究证据的意义是立足于无罪辩护的。因为，尊重事实、尊重法律是律师的职业操守，对于证据确实充分、能认定为有罪的案件，需要作的是罪轻辩护。而疑罪从无已经成为最高司法机关明确认可的司法原则，所以，为了防止疑罪案件成为冤假错案，有必要在证据体系内，深挖案件的疑点，与法官一道，正确认定案件事实，正确适用法律。

反向性证据犹如多米诺骨牌，一旦触及一点，其余皆轰然倒塌。因此，站在控方证据体系的基础上，找到那张牌，就是破解疑罪的关键。证据体系要充分且符合事物内在的规律及相互之间的逻辑关系才能成为定案根据，这一要求是律师构建自己证据体系的要求。

总之，要在控方的证明体系中找到能让法官认可的疑点，而这个疑点足以让法官确信：不能轻易定罪。否则，就有违罪刑法定原则。

如果拆解控诉证据体系是“破”，那么构建自己的证据体系则是“立”。任何一场辩护无不是“破立并举”。因此，律师也应构建自己的证据体系。

律师自己证据体系的形成基本上可以遵循如此思路：控方证据体系中哪些证据释放了无罪罪轻的信息；哪些证据在理论上不能成立；哪些证据属于孤证……把这些证据的种类、名称、理论上的分类罗列出来，加上自己的“论证”意见，法官便可以从中清楚明了地看到律师在证据上的观点。

第七节　刑事辩护的律师思维与证据运用

这一节，我们将把律师思维与证据运用结合起来考察。本节的主要内容为笔者此前发表在正义网法律博客的一篇短文，并被北京尚权律师事务所以及广大的同人们所采用。因此，直接引用至此，以刑事案件的实务来说明思维、事实、证据、论证之间的关系。同时，也是对我们以前篇章的一个系统回顾。

一、刑事辩护的有罪判决率与必然嬗变

在中国法院网上，网友给大法官如此留言：“当前中国的刑事案件提起公诉后有罪判决率高达99.8%，几乎到了公诉必有罪的地步，这明显是不正常的。这和当前中国司法制度严重不健全有关，可以说法院的一审和二审意义已经不大，只要检察机关提起公诉，99.8%都会入罪，检察机关提起公诉几乎等同于二审有罪判决，如此一来法院审判还有多大意义？”

事实如此。只要公诉就等于有罪，这几乎成为铁律。近年来鲜见的几个无罪判决的案件，也是由于真凶现身，确实并非“铁案”才得以平反。随着这些冤案的相继平反，人们对律师也有了颠覆性的认识：律师不只是为“坏人”说话，还在为公平和正义谏言，甚至，律师的功德就是拯救那些绞刑架上的被告人。为此，有些律师还付出了沉痛的代价。

正因如此，2015 年 1 月 22 日，中央政法委要求“今年全面清理各类执法司法考核指标，坚决取消刑事拘留数、批捕率、起诉率、有罪判决率、结案率等不合理的考核项目”。而这些“数”“率”，其实就是扼杀公正的“潜规则”。案件提起公诉后，法院很容易发现其是不是错案，但由于种种原因，99.8%的“有罪判决率”成就了那些冤案。

正如中国政法大学教授洪道德所言：“一些冤假错案的出现，可以说应该是和这些不合理考核项目有一定关系的。说简单一些，明明没有这么多，却一定要达到这么多，那么必然要硬拽一些来凑数。有些冤假错案就是这样产生的。”所以，政法委取消有罪率的决策可谓及时而又深得人心，这也为今后法官敢于真正地独立审判，提供了权威的支撑。

然而，笔者在某市中院辩护，当公诉人发问、笔者交叉询问后，案情明显对公诉方不利，而审判员却对被告人提出了有倾向性的问题。这在当时就令笔者产生了对公正的质疑：我有理由怀疑该审判员与公诉人的私交在影响着案件的公正审理。笔者争取补充发问，并说“刑罚是对公民最严厉的制裁，科以刑罚应秉承公正，保持最冷静的理性与客观，而非主观上的猜疑”。此言一出，公诉人与审判长短暂相视，沉默不语。

所以，政法委的决策出台后，从理论上说，无罪判决或者说防止冤假错案的空间便相应增加了。但这并不等于说，所有司法人员都能“秉承公正，保持最冷静的理性与客观”。事实上，达到理想的辩护效果，道阻且长，任重道远。

司法部又提出了刑事辩护全覆盖的观点，同时，田文昌先生透露刑事辩护委员会也将改制为刑事辩护协会，这都说明刑事辩护业务将迎来一个全新的发展时期，对于刑事辩护技能的要求越来越高。

二、律师刑事辩护的思维：胜在思维

辩护人只有从研究证据出发，深度挖掘证据，提出无可辩驳并能被接受的辩护观点，才能获得理想的辩护结果。而这种结果的前因，必然是在运用证据的基础上，进行法律论证。

（一）要明确证据的范围、熟知证据的特性。实际上，刑事诉讼的证据就是“卷宗”。由于控、辩的对抗性以及控辩双方的身份所决定，律师取证在实践中还被严格地限制，即使律师依法取证，证据也会被当成眼中钉、肉中刺。

所以，律师只能在卷宗的基础上寻找辩护的突破口。也就是说，中国式庭审，实际上就是卷宗审、卷中的言词证据审，所谓的以庭审为中心，不如说成是以“卷宗”为中心。而卷宗自然是由侦查机关最初制作完成的。所以，阅卷，是辩护律师获得辩护资源、案件信息的主要途径。

卷宗目录记录了证据的种类。阅卷，要在熟知各类证据的特点上，针对每一份证据精心阅读，对照法律对证据的各项要求，发现存在的问题。事实上，律师阅卷的过程，就是充分展示特有的律师思维的过程。律师思维有其规律性，是一种专业的知识运用更是一种长期形成的思维习惯，它的科学性在于，律师总有独特的视角（很多被平反的冤案均证实了律师的独特视角）。

在此基础上，运用证据达到的目的有：明确案情，搜寻细节；非法证据排除；制订发问提纲，引导被告人证人在法庭上再现有利的客观事实；明确交叉询问的要点，推翻证人不实的证言。

（二）胜在思维，赢在证据。刑事辩护的思维，包括认识裁判规律、熟知影响裁判的因素、精心构筑辩护策略。

裁判结果的形成有其规律性，几乎都是“三段论”。有法律规定的大前提（如故意伤害要负刑事责任），小前提（某人实施了故意伤害），结论（是否对某人科以刑罚）。经验丰富的律师并不宥于此，而是预测判决另外的三个层次：价值取向、处理结果、法律适用。而法院或法官的价值取向往往决定了法律适用，即案件处理的结果。

刑事案件的发生，总是具有社会的危害性。如何适用刑罚来惩治犯罪、如何体现罪刑均衡，这是法官首先要考虑的。

例如，南京李征琴伤害养子案[①]的价值取向就是“家教殴打孩子非家务事”“国家是未成年人的最高监护人”。这种价值取向从主审法官的回应中可以读道：“未成年人的父母或其他监护人依法对其有抚养教育的权利和义务，但该项权利的行使不得超越法律边界，应受到国家法律的监督。未成年人并非父母或其他监护人的私有财产，其生命健康权不应以任何理由受侵害，物质生活的优越性不应亦无法替代对未成年人生命健康及人格尊严的权利保障。国家作为未成年人的最终监护人，有权力亦有责任对侵害未成年人合法权利的行为进行监督、干预，此系国家公权力的合法行使，符合未成年人利益最大化原则的要求。”

本案的特殊性与典型意义便在于：这是养母对养子不当管教引发社会关注的案例。殴打的事实存在，不容否认，从过错的角度看，无论伤情鉴定到何种程度，被告人若能及时醒悟认错，以未成年人的权益为中心，这将逆转社会对被告人的不利看法；若被告人以自己的权益为中心，忽视案件的特点，认为打孩子属于正常家教的话，那恰恰是与法官和公众的价值取向相背离的。这种严重的价值冲突，怎么能让法院作出对被告人最轻的处罚？据南京市中级人民法院披露，李征琴二审虔诚认错，若是在一审时就如此认错呢？

由此可见，先根据案件的社会影响、案件的特点来预测法官的价值取向，再据此制订切合实际的辩护策略、方案，对辩护成功意义重大。

（三）从阅卷时起便要形成贯穿庭审始终的论证思维。简单地说，这种论证思维可以有形化为：控方证据体系一览表、举证质证提纲、发问提纲、案件冲突焦点归纳、最佳的说服方案（论证）。以上的每一个内容因人而异，各有侧重。但任何一件刑事辩护案件，在庭前均要有假想的对手。简言之，假设公诉人就坐在你的对面，而不是简单地认为，只有庭审时公诉人才会出现。

具体地说，辩护人的思维根据不同的案件有如下几种简捷模式。若是无罪辩护，指出“三无”：证据无（如无证据证明主观故意），时间空间无（没有

---

① 顾敏：《南京养母虐待养子案一审宣判　李征琴犯故意伤害罪获刑 6 月》，来源网址：http://js.xhby.net/system/2015/10/01/026498649.shtml，最后访问日期：2019 年 7 月 18 日。

作案时间，不在作案现场），犯罪结果无（犯罪结果不是被告人造成的）。若是疑罪辩护，则仍应指出疑与无之间的关系，重点突出地揭露案件的疑点。若是减轻、从轻辩护，则任何一个法定或酌定的影响量刑的情节、案件细节均要展示给法庭，否则就是失职。

关于律师的刑辩思维，前公诉人江左说："固然有自身经验累积的作用，但思维方式的培养才是保证经验积累有效性的基础。"北京大学教授陈瑞华先生在《刑事辩护操作指引》序言中说："中国目前的教科书主要集中于法律规范的解读，对于法律规范外的律师从业的技能技巧的相关内容匮乏。"这些都说明，刑事辩护，不是熟悉法律条文那么简单，只有成熟的刑辩思维，才是刑事辩护成功的关键。是故，"胜在思维，赢在证据"。

三、阅卷是为了运用证据，运用证据要有明确的效果预期

（一）阅卷是为了宏观地掌握案件事实。掌握的程度要具体到关键的细节。案件总有时间、空间和人员这些要素，阅卷就是要通过材料掌握案件事实。律师阅卷投入到了一定的程度，仿佛是以一位旁观者的身份置身于"3D"的思维导图中，审视案件发生的整个过程，这是最佳的状态。掌握案件事实，是辩护的基础，因为庭审调查的就是案件事实、被告人的行为。

如果通过阅卷仍不能排除疑问，便要及时会见被告人，向被告人详细地了解案发情况。如果侦查机关没有全面客观地收集相应的证据，要及时向侦查机关要求调取证据或合法取证。总之，阅卷的第一步就是要对案件事实了然于心，形成以时间或空间为主线、以人物为中心的事实脉络。所谓的环环相扣，就是将整个的案情，分散到相对独立的时空，不仅记得牢，而且庭审时对事实的把握也更精准。

（二）发现并启动非法证据的排除。卷宗，是侦查机关形成的证据。对于核心证据，每一页、每一行、每一字均不可遗漏。甚至，要及时向司法机关核对原件。比如某一案件，将复印的证言笔录对着灯光看，发现居然有涂改的清淡痕迹，于是要求核对原件。原件显示，该处明显为涂改，没有证人的签名备注。该证据便难以成为呈堂证供。

排除非法证据，关键在发现，启动要及时。要充分利用《刑事诉讼法》赋予的律师排非启动权。当然，《刑事诉讼法》仅规定了排除程序，但并未规定“生产非法证据的法律后果”，所以，既然没有法律后果，非法证据的产生和排除便具有了有趣的两个走向：一是仍然会有非法证据产生，二是即使被证明为属非法证据，法院也不会予以排除，因为这并不会给有关司法人员带来相应的法律责任，充其量为证据不被采信。但对于辩护人来说，启动排非程序一定要有充分的研判，否则不要轻易启动。

（三）拟订发问提纲。我国奉行的是言词审理原则，所有的证据都要在庭审中举证并接受质证。因此，对于犯罪嫌疑人或被告人的供述和辩解、证人证言、鉴定意见等言词证据，一定要从中找到疑点，并就这些疑点通过庭审向相关人员发问，呈现有利于辩方的事实真相。因为，控方往往在取证时并没有严格按照全面及时的原则收集被告人有罪和无罪、罪轻的证据，控方往往仅收集被告人有罪和罪重的证据，这是由其控诉职能所决定的。

笔者认为，庭审从某种程度上说主要是言词证据审。这是由“重口供”的历史惯性所决定的。因此，深掘言词证据，是快捷寻找辩点的不二法门。

而制作一份涵盖全面事实又简明扼要的发问提纲，对于提高庭审效率，为法官梳理清晰的事实原貌，可谓意义重大。以刑事上诉审为例，当法官宣读完一审判决书、被告人陈述上诉意见后，辩护人便要对被告人进行发问。如果发问提纲没有精心准备，显然，二审效果便会大打折扣，也就失去了二审律师辩护的中心目标。此时的发问，显然不能随机进行，一定要精心准备。只有精心准备，才能发挥上诉审的实际作用。

（四）预演交叉询问。美国证据法学家威格莫尔曾言：“交叉询问是人类为探明事实真相的最伟大的发明，是发现事实真相的最有效的法律装置。”这是从积极方面而言的，同时他也指出了滥用交叉询问的负面效果：“在制造假象方面，也几乎是威力相当。”

对待交叉询问要有理性淡定的心态。询问的目的是揭示事实真相，以此来与假象形成案情冲突，并进而通过逻辑论证说服法官采信辩方观点，以此解决冲突，在这个过程中，使案件的事实真相从被告人或证人口中得到展示。因此，辩护人一定要避免刻意交叉询问、令法官难以接受的询问方式。不仅要问得有技巧，最重要的是还要问得有效果。

笔者认为，庭审发问起到预期效果的关键有两个：一是问题设计得精妙简洁；二是庭上发问思维应对冷静清晰。好的问题是设计出来的，而这些问题的产生，从阅卷时便应有朦胧的感觉，待确定出庭前，要结合案件事实，针对不同的被问人，精巧地设计发问的问题。总之，设计问题，要有预估，要言之有据，以避免“答非所问”，那样便适得其反。庭上发问，要用语简洁，将问题作适当的拆分，让听者听得清，在缓慢的语速中，给被问者以思考的空间，若是面对作虚假陈述的证人，则可以加快语速，步步紧逼，使其思维无法转换，收到出其不意的效果。

著名的辛普森之问，之所以名震江湖，其实就是十二字：熟悉案情，精心设计，思维敏捷。总之，外行看是一问一答，而律师要为此一问一答付出多少心血，实不为外人道哉。只有主审法官，才深深地理解这一问一答中，蕴藏着辩护人多少庭外的劳动与智慧。

（五）找寻法律事实与客观事实的差距，用事实和逻辑推理画出一条吸引法官注意的“线段”。通常，法律事实是指证据证明的案件事实，即卷宗事实，而客观事实即案件的自然而实然的状态。笔者主张，如果民事案件可以按“谁主张，谁举证”，举证不能承担败诉责任的理念，依据法律事实定案的话，那么刑罚的科处，一定要尽力还原案件的原貌，否则极易出现冤案。《刑事诉讼法》对于侦查机关取证的要求是全面、客观、及时，这是对通过收集证据复原案件事实的要求。即使是在二审审理时，也区别于民事诉讼，刑事诉讼的二审“全面审查”原则，也是为了不遗漏某个细节，避免错案。

为此，辩护人在阅卷后，掌握卷宗呈现的法律事实之后，还要力求弥补侦查机关因取证不足而导致的法律事实与客观事实的差距。法官追求法律事实的过程，实质上是还原客观事实的过程。法律事实与客观事实相一致不是一种空谈，只要正确认识法律事实与客观事实的性质，运用正确的方法，法律事实与客观事实就能够最大限度地相一致。

所以，律师要帮助司法人员还原客观事实。比如，发现有价值的证据线索，要求司法机关调取，对有关证据进行鉴定、对现场重新勘验等，同时，还要设法及早向法官灌输“谨慎适用推定”的理念，以免客观归罪。

案件事实由法律真实达到客观真实，其唯一的途径便是借助证据。所以，运用卷宗证据的任务即为两点：一是从卷宗本身提取更丰富的案件信息，以免控方“有选择性举证”而遗漏了对被告人有利的事实；二是借此寻找卷宗之外有价值的证据线索或证据。

通常，刑事案件经过侦查、审查起诉，到了审判阶段后，案件事实基本上就已经固定。但通过梳理，若能把整体事实划分成相对独立的区间，在某个区间上找寻突破点，不失为“化整为零”“各个击破”的良方。

（六）始终将对证据的理性认识，置于庭审状态下，与庭审的规律契合。庭审的本质是追求事实真相，因此一旦庭审结束，辩护人难有当庭质辩的机会。所以，庭审是辩护人说服法官与听众（陪审团）的最佳机会。庭审是集中的言词对话和对抗，不仅有公诉方和法官的讯问、辩护人的询问，还有被告人以及证人的陈述。正是这些变动着的丰富的言词呈现构成了庭审的核心。熟知庭审的规律，充分利用宝贵的庭审时间，将辩护人要释放的信息发挥到极致，的确是一件难事。何况，有时还要遭到法官打断。如何能吸引法官，引导法官按辩护人精彩的发言主持庭审？这就要求律师掌握庭审的规律。

《刑事诉讼法》修改后，律师辩护的时间提前、空间拓展，笔者认为，传统的刑事庭审仍集中在四个阶段：开始、冲突、论辩与结束。每个阶段都充满着对事实的追问与抗辩。所以，庭前准备就是要完成对辩方观点的法律论证：建立在证据基础上的逆向论证。特别是在无罪辩护中，逆向论证的冲突更加明显。而在法庭陈述逆向论证的时间却极为有限，从这个意义上来说，辩护是一个系统的长期的过程。律师的劳动，其实很多是在庭外的。

（七）根据案件特点，预判法官的价值取向。中国法院网载诸葛明文，称：“法官必须尊重既定的法律文化传统和价值观念，顾及有关的习俗、伦理规范来确定并实现个案中的正义；裁判结果不得与一般的法律心理相悖离。司法很大程度上受到以顺应现实为基本价值取向的‘合理主义’的影响，民意则是基于合理动机的非合理性提出各种议论与批评，而且这种民意可以很方便地动员正式的制度。”

可见，法官判案的价值取向，的确存在并影响着案件的判决结果。该文更细致地说：“法官处理案件时，会预先设想自己的每个判断对于各方情绪、心理的影响，必要时他会据此作出策略上的调整。显然，按照马克斯·韦伯对于形式以及职业化的理解，这种感觉不是经过专业训练得来的，是非理性化的以及不可计算的。然而传统法官的这一思维方式与中国传统社会秩序有契合之处。”

英国著名大法官丹宁勋爵在《法律的训诫》中写道：“制定法和法律文件的语言永远不可能是绝对明确的，因此解释它们的时候就有两种可供选择的道路，我总是倾向于能够实现正义的解释。”因此，法官在案件审理中的价值取向必然会对整个社会秩序的维护起到非常重要的导向作用。

比如前文提到的李征琴案件，法官的价值取向就是通过该案向社会传递以下价值理念：“殴打孩子不是家庭事务”“国家是未成年人的最高监护人”。该案因舆论关注，引发社会影响，如果能预判法官必须采取如此价值取向，那么李征琴案或许是另外一个裁判结果。

又如笔者办理的一起诈骗案件，一员工为老板从事放贷业务，因员工被他人所骗，巨额资金难以收回。该员工在知道被骗后，主动筹款，偿还老板，以避免损失。但老板却控告员工诈骗，一审法院把员工的还款行为认定为“继续诈骗的手段”。上诉后，尽管不能预测法官是不是有“正义”的价值取向，但却可以施以正义的影响：若按一审判决的观点，普天之下，多少借贷还款的劳动者，都会成为诈骗犯？

以上两例充分说明：关于法官的价值取向来自两个层面，一是其内心产生的价值取向；二是来自外界对其施加的影响，改变了法官对固有价值理念的认识。

但无论如何，“能够实现正义”始终是法律人不变的追求。

从哲学的角度看，证据是客观存在的，法律依据无法更改。无论是律师还是法官，对于客观事物的认识必然会有着主观的因素。这也是“主观归罪”“有罪推定”等现象发生的根本原因。如何使主观的认识与客观的存在达到一致？如何使律师的意见被法官所采纳？那就是：论证说理。

论证说理，必然要求律师付出艰辛劳动，在大脑车间里经过反复思考才能得出谨慎结论。所以，律师的工作看似无形，实则时刻难休，每一个案件的辩护思路和辩护意见的形成，无不在折磨着律师的大脑。律师职业，既劳心，又费力，所谓“律师只是在法庭上说一句话”的观点，充满着无知。

论证说理，有着思维的差异性。

这也难怪，有些委托人对自己的事情极不负责，对律师又缺乏了解，甚至将自己性命攸关的大事随便找个地摊“律师”处理，殊不知，对方有可能是一位业务精湛、功力深厚的敬业律师，这些委托人直到败诉才幡然醒悟，但为时已晚。

笔者为何主张论证说理是律师最核心的工作？因为，判决结论的背后，隐藏着正当化依据和定案理由，对排除非正常因素而言，一个始终难以被推翻的判决之所以能“生效”，就是因为这个判决的理由在案件事实之上枝繁叶茂——它是有生命力的。然而，散乱的证据和凌乱的事实，如果没有律师进行逻辑的串联，审务繁忙的法官会替律师去整理证据和事实吗？显然不会，同时，法官也不会喜欢这样的律师。

所谓论证，就是在证实与证伪之间的思维博弈。所谓说理，就是要把定案根据、定案事实、定案理由紧密地论述成具有生命力的整体。有些时候，业务精湛的律师会让法官的思维闭合，堵住漏洞。任何一份判决的产生，都有它的规律。

理由不是法律，但理由又离不开证据和法律。从法官作出判决的规律来看，理由，是比法官适用法律依据还要更加宽泛的逻辑陈述。事实→判决依据→判决理由→结论。这是判决的一种公式。所以，律师提升业务能力的根本，其实并不在于能背下多少法条，而在于能否见点成面，把理由说短、说深、说透、说全，这才是律师终身的修为。

法律思维具有保守性和主观性。律师在承办具体案件时与法官的思维根本区别点在于：律师需要提出证明自己观点的理由；法官要找到适用于判决结论的理由。

律师与法官的思维都具有主观性，在哪里能统一成为判决的理由呢？

认识客观事物的规律告诉我们，只有感性认识极其丰富，才能谈到理性认识并使理性认识达到深刻。

律师获得理性认识的途径，就是劳动的过程。从律师实务看，就是反复阅卷、审查证据、与委托人洽谈，在证据、事实以及法律之间思维回环，这些劳动客观存在，但却难为人所见，这也是有些人认为律师的工作很轻松并羡慕的原因。

但是，律师的工作，就是从案件事实到律师意见的提炼。这个提炼从接触委托人时就开始了。

每一个案件，因其法律争议的性质不同，证据也不同，所有的时空条件、物质条件形色各异。这就需要律师的整理和整合。比如代理原告，如何起草起诉状，就必须融入律师对案件事实的定位，否则，差之毫厘，谬以千里。案件事实的必备要素要在诉状里充分体现，既要讲究技巧（隐藏某些观点），又要涵盖法院受理案件的具体内容，还要有与之对应的证据安排。

事实细节的条理化、具体情节的内容充实度、其中的逻辑联系等，都在检验着律师的专业水平。

易言之，要把证据运用到各个律师承办事务的各个方面。包括起诉状中的事实与理由陈述、举证意见和质证意见的形成、代理或辩护意见的最终确定等。

以律师最基本的业务起诉状的起草来说，往往有人认为，不就是写一份起诉状吗？但诉状犹如开弓箭，一旦提交法庭就不可能再回头。因为在民事诉讼中有自认制度，所以本人一般不轻易听当事人简单地说些案情，就为当事人哪怕是非常好的朋友代写法律文书，这好比一位医生随意就给人开了处方一样草率。

为什么呢？因为证据运用是一件极其严谨和严肃的事情。从起诉状的起草就开始了证据的运用，而且要求还相当严格。

在前面我们说过，律师的核心工作是通过证据来说理论证、提出能被法官接受为判决理由的专业意见。所以，一份合格的起诉状，必然要求具有规范性和说理性。不仅要适用实体法来析明委托人有哪些权利，还要依据程序法阐明他起诉的正当性。而对案件事实叙述、证据材料分析引用、理由阐述、结论引导都需要极为缜密的思考和论证，既要提前预测庭审中可能产生分歧的焦点问题，又要有应对的方案，这是一种专业人士的思维成果，不是通常所说的“不就是写一份诉状”那么简单。

所以，对于有些不了解律师业务的委托人，律师应该果断地拒绝代写文书：他可以草率，但律师绝不能因他的草率而有辱斯文。

匠心独具和对牛弹琴，只在于是否有知音。

总而言之，“陈述判决的理由是公平的精髓”。裁判书除了解决个案纠纷之外，还兼负说服社会的责任：以公众看得见的方式呈现公正。法官让一方胜诉，经过了法律、证据、事实的推理与论证，在胜败之间取舍的过程中，经过了法官公正的权衡，甚至是痛苦的抉择。如迈克尔·D. 贝勒斯所言：“即使判决并没有准确地判定过去发生的事实真相，争端各方只要确信他们受到了公正的对待，他们也会自愿接受法院的裁判结果。”

当前的司法改革也正极力推进判决说理这一实质化的审判公开，将法官对判决结论形成的心证过程通过说理向外界展示，而这对于律师来说，恰恰有两点提示：第一，研究法官的心证，找到他提炼判决理由的思路；第二，不断提升运用证据的技能，久而久之，证据和意见犹如骨肉、灵魂相伴相随，每一场庭审都将会精彩无比。

只有研究并在此基础上预判法官可能会采纳的理由，才能使辩护或代理的有效性得到体现，即将律师单方追求的判决结果与法官居中裁判能够定案的结论统一起来。也就是说，在事实清楚的前提下，使法官的心证认可律师陈述的案件理由。

律师的意见成为法官采纳的判决理由，这就是排除各自主观性的统一。

已经发生的案件事实，是过去时，除了遗留一些碎片化的证据之外，统统地流入了时光的大海。事实的重现，必须依赖这些碎片化的证据。运用证据，犹如律师在拼图，将那些碎片的证据拼成一个能在人的大脑里映射为具体形象的图景。然而，仅有拼图，还是物理性的劳动，只有思维严谨、逻辑严密的充分论证，才能体现律师的智力。要让每个碎片之间的关联论之有据、言之成理，使法官相信并且排除其他可能性（在证据规则上叫排除合理怀疑）。

证明责任可分为举证责任和说服责任，说理论证就是在完成“说服责任”。从诉讼程序上看，形成判决理由的说服责任，是依赖证据又摆脱了证据束缚的辩论过程。举证责任是当事人的义务，他们要提供“碎片”，即复原案件事实的“材料”。这一义务从原告起诉或被告接到应诉通知书时便已经确立。而说服责任，是诉讼代理人（或当事人）在拼凑碎片之后，以雄辩的言词，用无缝的逻辑将花瓶复原，使法官信服的责任。由此可见，举证在于质量，证明在于专业与技巧。这正是当前诉讼日渐高端的写照。

升华证据，因人而异，每位律师都各有千秋。它是以艺术的手法再造一个花瓶。即使是破碎之后的拼接，若逻辑应用无可挑剔、无懈可击，材足艺巧，无形的案件事实得以复原，花瓶再现，案件胜诉便得一大半。因为，除了举证、质证之外，还有法官的“认证”，即法官对证据的采信。诉讼规律证明，凡胜诉案件，多是法官采信了该方当事人的证据，认为建立在证据之上的诉讼主张，能够证明案件事实，符合法定的要求。故说服责任的要义即在于此：说服法官采信证据。

总之，运用证据来说理论证是律师业务的核心技能要求。

论证说服，笔者将会单独用一章来讲述。但从证据运用的角度来看，要做好提前准备：

从证据中锁定“要件事实”并为论证建构事实，塑造法官定案的小前提，这是论证和说服的任务。

法谚云：“你给我事实，我给你法律。”这尽管说的是法官的职能，其实也是律师的实务。

当事人陈述一件事实后，如何从事实的陈述中，判断出法律关系，预测法律后果（或判决结果），这便是律师的日常工作。当争议发生，如何从事实中确定取证方向、如何从现有证据中择取法律关系构成的要件事实、从要件事实与证据的关系中锁定定案根据，这需要严格的锻炼才能达成。

这就是说服。

而说服要有物质基础，还要有逻辑表达。所以，有必要运用证据法知识和需要的证据语言、逻辑工具把观点表达出来。

律师的证据语言是区别于公诉人的控诉发言，角度不同，功能不同，职责也不同。所以，要对证据进行符合律师职业的分类，才能具有辩护所需要的“证据语言”。

传闻证据或原始证据等理论上的划分并非绝对。只有根据证据与待证事实之间的关系，才能将证据划归为具体的类别。然而，在实践中特别是具体到法庭审理中，传闻证据也有可能成为原始证明甚至是直接证据。比如，某位证人对案件事实做了道听途说的虚假陈述，相对于案件事实来说，是传闻证据，但相对于证人作虚假证言来说，则是原始证据、直接证据。辩护人应借此攻击证人，使其失去证人资格，达到推翻控方证据体系的作用。“一旦证人被揭露在其他情形中总是说谎，对当前情形来说，那就有一个作出推论的移转效应。”证人证言的可信度将被降低。

从这个意义上来说，严格的证据理论分类其实没有真正意义。这足以证明，律师对任何一份证据所体现的信息，都要恰到好处地运用，运用到足以证明自己一方的观点成立。

《法律论证与证据》中有言：“假设一个陈述在法庭上被用来证明它是诽谤性的出版物的证据。查尔斯·麦考密克认为，这种证据不能被认为是传闻证据，因为其目的不是要证明事实如其陈述断言的那样。”查尔斯关于传闻证据的理论，即证据与事实之间的证明关系。

对于任何证人证言的审查运用，不妨遵循这样的思路：

假定证人证言为真，但同时存在另一个“真”，与其存在根本性的矛盾。由此，运用推理，如果证人证言为真，那么，另一个真即为假，但另一个真是不容否定的，因此证人证言必假。

对证人进行交叉询问的技巧是，使用一连串的问题，将其引入“佳境”，在渐入佳境中，使证人暴露其证言的虚假或矛盾所在。但这个问题的设计的确需要对案情进行反复研究才能得来。被告人不认罪时询问笔录上的控方证人应出庭作证，[①] 这一观点得到了《人民法院办理刑事案件第一审普通程序法庭调查规程》的间接认可，即证人应当向法庭作证，以体现“以审判为中心”的庭审实质化要求。

“询问笔录”，是指侦查人员、公诉人就其询问证人的过程和结果所作的书面记录。《刑事诉讼法》明确规定的证据种类只有八种，询问笔录并不在其中。因此，询问笔录仅是实践中采用的一种言词文件，往往被当作证人证言，但从证据法定主义的角度来看，其不属于严格意义上的“证人证言”。

---

① 吴世柱：《被告人不认罪时，询问笔录上的证人应出庭作证》，来源网址：http://www.360doc.com/content/17/0502/22/22551567_650445508.shtml，最后访问日期：2019 年 7 月 18 日。

笔者认为，这种将询问笔录当作证人证言使用的做法，其实是有违程序公正的，“名不正言不顺”，同时，也有违当前的“以审判为中心”的要求。

证人证言应是证人在法庭上自愿、自由而客观地就案件事实作出的自然、平和的陈述，是在没有压力的情况下，接受控辩双方的询问，使法官通过交叉询问的过程得到心证的证明过程和证明结果的有机统一。

询问记录，不是证人亲自向法庭所作的口头陈述。也就是说，它不是在法庭上产生的，而是向公安、检察机关所作的陈述，是产生在庭审之外的“笔录”。在英美证据法中，这种将证人在法庭外所作的证言加以书面记载所形成的证言笔录，被称为“传闻证据”。在“传闻证据规则”下，这些传闻证据原则上是上不了法庭的。

在我国刑事诉讼程序中，可以有条件地承认询问笔录的证据效力，即在被告人认罪的情况下，询问笔录如能与被告人供述一致，与其他证据关联，则可将其作为证人证言予以采信。

但是，若被告人否认犯罪，询问笔录则不能成为法定证据、作为认定被告人犯罪的证据，即需要证人出庭接受控辩双方的询问，在证人向法庭提供证言的过程中，供法官心证。只有这样，才能从程序上保障公平正义。

《刑事诉讼法》第192条第1款规定，公诉人、当事人或者辩护人、诉讼代理人对证人证言有异议，且该证人证言对案件定罪量刑有重大影响，人民法院认为证人有必要出庭作证的，证人应当出庭作证。

根据该条规定，被告人否认犯罪，询问笔录指控犯罪，当然符合证人出庭的前两项条件。但“法院认为有必要出庭”并不是证人出庭的一个条件，而仅是《刑事诉讼法》授予法院的一项权力。所以，证人出庭的条件是：以上人员对证人证言有异议，对定罪量刑有影响，这就足够了。若符合这两项条件法院仍然不让证人出庭作证，则询问笔录又怎能当然地转化为“定案根据”，当成证人证言使用呢？

询问笔录能在刑事诉讼中沿用至今，是由我国刑事诉讼的历史传统所决定的。在纠问式模式下，口供办案的影响还长期存在。易言之，询问笔录的本质，并非严格的证人证言，而是侦查机关在特定诉讼程序中所形成的案件部分事实。这并不是真正的、完整的证人证言。因为，在询问笔录生成之时，对证人进行询问的并不包括法官、辩护人或者其他在法庭上有权向证人询问的主体。这就导致，证人作证有片面性的缺陷。在刑事诉讼向现代文明、公正诉讼迈进的过程中，必须克服询问笔录等于证人证言的传统认识。

根据《刑事诉讼法》关于证据及对询问证人的相关规定，在对有关人员进行询问时，往往不能当然地确定证人的身份。这特别体现在群体犯罪中有些没有被追究责任的犯罪嫌疑人却被当成了证人，其本身也与案件有利害关系，很难保证证人证言的真实性、合法性。所以，询问笔录也就无从遵循《刑事诉讼法》关于询问证人的法定要求：侦查机关询问证人，可以在现场进行，也可以在证人所在单位、住处或证人提出的地点进行，在必要的时候才会通知证人到办案机关提供证言。而实践中，询问笔录的生成地点，不一而足。

作为一种通常的庭审方式，法庭对证人证言的调查都是通过公诉人节录宣读笔录的方式进行的。这种默认询问笔录法定的做法，是对证据法定主义的违反。这种传统的程序惯性，阻碍了我国刑事诉讼证人出庭制度的形成与推进。控方对其所掌握的证言笔录可以采取几乎不受节制的摘录式宣读，法庭对证言笔录的调查和辩论几乎流于形式，被告人及其辩护人对证言笔录的质证因只局限于笔录的内容而无法全面发问，质证也因受局限而失去实质意义。而质证，是法庭调查中查明案件事实最核心的部分，这对于被告人否认犯罪的相关案件，将产生导致“事实不清”的不利影响。

综上，在被告人否认犯罪的情况下，有罪指控的询问笔录上载明的证人，应当出庭作证，将证人所知、所感的内容，完整地在法庭呈现。

第八节　律师要做的证据分析和评估

随着认识的深入，笔者对于证据分析产生了浓厚的兴趣。因为，这是所有出庭律师都在自觉或不自觉地从事的工作。毫无疑问，诉讼的战略问题是全局性问题，战术问题则是具体的方案。所以，研究任何诉讼案件，都要有证据的宏观分析与微观分析，都要通过现有证据对事实证立的论证。律师庭前对证据进行有效的深度分析，对于提高庭审效率、帮助法官认定案件事实、实现公平正义无疑具有积极的意义。

最高院新出台的法庭调查规程明确，庭审以证据调查为核心。因为证据是认定事实的定案根据，而且证据调查就集中在法庭调查这一短暂的时间内，所以如何对证据进行深度的剖析，是驾驭庭审的关键。

识别证据的矛盾，是剖析证据的一种有效方式。在此笔者向诸位推荐龙宗智教授的《证据矛盾及矛盾分析法》一文，其中有精彩论述。

“矛盾无处不在”，证据的矛盾同样如此。

“出现矛盾或者过于一致没有矛盾都有助于我们发现疑点避免错案，而解决矛盾的过程就是证明的过程。”

龙教授总结，构成证据矛盾应当具备三个要素：一是指向的同一，即证明同一事实。笔者理解，这是指在同一个事实语境下的矛盾。否则，张三证明杀人的事实，李四证明强奸的事实，无论他们的证言存在多大的差异，也不构成证据矛盾。二是两个以上的信息表达不具有同一性。矛盾的前提是多方面的信息表达，如张三前后矛盾的一次供述。三是信息内容的不一致。

造成证据的矛盾，是证据所含信息的差异与冲突所导致的。而这种差异与冲突，正是律师从辩护人的角度识别矛盾、揭露矛盾的切入点。从证据的形式要件上说，进入法庭调查的证据，均是相对固定了的证据，形式固定，其信息也就依附于合法的形式，附着在该证据上。所以，质证的焦点，就是证据上附着的信息与其他证据之间，是否存有差异或冲突。

龙教授给出了证据矛盾的体系：

根据矛盾体各方的不同性质与形态，证据学中的矛盾可以分为三种类型，即证据的矛盾、证据与事实的矛盾以及证据与情理间的矛盾。

证据的矛盾包括证据的自相矛盾与相互矛盾；证据与事实的矛盾，也即通常所说的“与事实不符”；证据与情理相矛盾，也就是说不合常理，在证据法上，则称为与经验法则、常识、常情相悖。

事物具有多样性、复杂性。从宏观到微观，具体案件的证据也是繁杂的、多样的。这好比分子学说，尽管微观到分子，但运用一定的技术，仍可以再细分为原子、中子……而精细的证据分析，应有这种细分能力。

细分证据矛盾，不是人为刻意地去细分，而是围绕着一个核心：定案事实，围绕这个核心找出证据与事实之间的矛盾，从而使各方信服，并排除某一证据的疑点，通过质证，使事实更加明朗、确定、无疑。这就是证据分析所要达到的任务。

说到定案事实，笔者曾提出过双模型、双转化的观点。这种双模型与双转化的细节区分，对于证据分析具有重要的引领作用。

因为证据对于事实的证明，不仅有正作用，还有反作用。也就是说，同一案件的证据，有可能因其信息提起的量不同，导致待证事实转化成为另一个事实。“通过排除矛盾建构与确证事实”，在这种情况下，是通过对待证事实的证明，来确定定案事实；而“另一种情况是通过排除矛盾消解已建构或拟建构的事实”。也就是说，在案证据的矛盾排除后，待证事实没有得到有力的证明，相反“水落石出”，该证据却证明了另一个事实的成立。最具代表性的案件是聂树斌案件，真凶王书金的证言不仅是冲突性矛盾、根本性矛盾，还是解构公诉事实的矛盾，因为王书金自认犯罪，理应使聂树斌的指控无法成立。

证据的作用，是力的两面，而反作用力的大小，取决于能提取的矛盾有多少。而这些，考验着律师阅卷的细致和发现矛盾的视角是否独到。

具体到核心的证据调查环节，如何在宝贵而又短暂的法庭调查时间内，释放更有效的证据信息，从而提出法官能采信的证据主张，就需要一种研究证据的方法。识别矛盾、揭示矛盾是律师的任务，排除矛盾则是法庭的职责。“证据间的印证是相对的、有限的，而证据间的矛盾是绝对的、无限的，诉讼证明正是在矛盾与印证的并行与交互作用中实现其功能的。”

证据之间既然存在矛盾，那么关于矛盾的哲学分析法就有必要适用。必须从事物的内在决定性来揭示其矛盾的成因，从而通过矛盾成因，来对照证据规则，以适用非法证据排除。例如，一份笔录与同步录音录像不符，造成这种矛盾的根本原因是剪辑，所以，不能作合理解释的，该笔录应予以排除。

对于哲学方法的适用，“根据证据矛盾的性质可以将其分为冲突性矛盾与差异性矛盾”。冲突性矛盾，是指矛盾的各方处于一种十分对立的关系中，互不相容，非此即彼，只能择其一而定。但可以有反向印证，即用另一个真，印证另一个假，反之亦然。

差异性矛盾，是指不同证据所含信息具有一定的一致性，同时又有某些不一致性，形成同中之异。此种差异性矛盾，是指证据对于事实的证明，均有相应的信息，但属于同中有异、“大同小异”。

根据证据矛盾的意义可以将其分为根本性矛盾与非根本性矛盾。前者是指影响基本事实认定的重大矛盾；后者是指不影响或基本不影响基本事实认定的非重大矛盾。所谓基本事实，即构成要件事实。笔者认为，构成要件事实，就是定案事实，或者是定案事实的组成部分。因为根本性矛盾的存在，是决定“事实不清”这一证明标准无法达到的矛盾，只有排除这种根本性矛盾，才能定案，是谓“根本性矛盾”。龙教授认为：“根本性矛盾不仅是针对基本事实即要件事实，而且其构成的矛盾必须是冲突性矛盾，即信息的基本内容相冲突。”笔者认为，如果说冲突性矛盾是存在证据间的冲突的话，那么根本性矛盾的参照物，则直接是定案事实。

非根本性矛盾，是指不影响基本事实的矛盾以及虽然针对基本事实，但其不同证据载体所携信息之间只有某些差异，并无根本冲突，如二被告均承认作案，但各自叙述的具体时间与某些情节有差异。

矛盾的细分很多，如“根据证据矛盾的来源可以将其分为自相矛盾与相互矛盾。自相矛盾，是指单一证据来源或证据载体提供出相互矛盾的不同信息。狭义的自相矛盾是单一证据载体内部出现的矛盾，如单一口供、证词、鉴定结论的内部矛盾。广义的自相矛盾是指证据来源同一，但证据载体不同形成的矛盾，如被告两次口供不一致。不同证据来源及不同证据载体之间的矛盾，是证据间的相互矛盾。通过发现与分析证据的自相矛盾，可以为我们判断该证据是否虚假提供依据；而通过证据间相互矛盾的分析，则可能发现其中某一证据的虚假性。根据证据矛盾的内部构成数量，可以将证据矛盾分为二元矛盾和多元矛盾。二元矛盾是矛盾的基本形态，即矛盾由相互对立的两个方面构成；多元矛盾，指矛盾构成不限于两个方面，而由多个方面构成”。

任何个案中的证据均不可能方向一致地发挥着证明力，相反，事物的矛盾性决定着证据的矛盾无处不在。识别证据矛盾，是律师的技能之一，而这种技能的运用，有力地促进了法院正确认定案件事实、准确适用法律。比如佘祥林案件、聂树斌案件等，在这些冤案的庭审中，辩护人均提出了证据的矛盾，尽管没有被采纳，但最后的翻案还是证明，证据间的矛盾不排除，定案事实就是不确定的。

笔者主张的证据分析的基本方法如下：以指控罪名所涉及的具体法律规范为基点，以该罪名的构成要件要素为目标，先宏观审视控方的证据体系，分解出程序性证据、实体法证据，然后，进行先程序后实体的综合审查。

程序审查解决的是证据的资格问题，包括证据是否合法取得、是否需要提出排非申请等，解决证据的入门关。根据新的庭前会议规程，一般进入法庭调查，再提出排非申请就非常困难。所以，庭前会议，是对证据进入庭审的“安检”。

实质审查则是证明力的问题。

综合审查之后，就是具体分析。也就是说，律师要运用证据、深度剖析证据，就控方指控的事实或自己一方建构的事实进行细致的信息提取、信息联系、事实与证据对照、存疑审查、证明方向纠正等具体工作。而这些工作，其实就是委托人聘请律师的最有价值的体现。因为，委托人很容易从刑法典上查到一个法条，但很难有律师的思维来处理证据的证明问题。

比如，将指控罪名的构成要件要素划分为具体的子项，然后，看每一个子项是否均有证据证明。

这一方法，其实也是《刑事诉讼法解释》第 64 条明确要求的方法。该条列举了 10 项必须有证据证明的事实，同时也分为程序事实与实体事实。

刑事证明的核心，其实解决的是人是行为实施者这一前提问题。至于后果，则涉及当罚性及刑罚裁量的问题。也就是说，定罪的前提，必须有证据证明，行为人实施了刑法所禁止的行为。

犯罪是一种应受刑罚处罚的行为。行为，包括积极的作为，以及有法定义务的消极的不作为。可以说，任何针对自然人犯罪的指控，司法证明都聚焦在“行为”上，笔者将其称为律师辩护的对象：“刑事行为”。那如何考察刑事行为，从而确定辩护方案呢？

一、刑事行为的适法性：受刑法调整，具有刑法意义。

二、刑事行为的可罚性：情节轻微的，不认为是犯罪的不具可罚性。

三、刑事行为的危害性：行为尽管适法，但不具有危害性，因此也具有不当罚的理由。在此，法官依大前提、小前提以及对行为事实的价值判断，确定裁判结论，如玉米案的王力军，一审中其行为尽管具有适法性、可罚性，但因不具有社会危害性，所以，从广大农村的现状来看，法官应对其收售玉米的这一行为，从价值判断上，给予无罪的判决。当然，这其实是在行为得到证明之后的价值判断问题，笔者将另文再述。

四、行为出自主观恶性：在犯罪预备、未遂等案件中，尽管未产生社会危害性或社会危害性较小，但仍要考察其刑事行为的动机，是否出自主观之恶。若有证据证明，其行为意图追究严重的社会危害后果，只是由于意志以外的原因而未得逞，则仍要定罪处罚。此类典型犯罪如强奸、抢劫、故意杀人、放火、爆炸等严重危害社会的犯罪。

五、刑事行为的非自主性：如受到胁迫等。

六、刑事行为的法冲突性：从旧兼从轻是刑法适用原则，若被指控的“刑事行为”不能适用新法，则不应受到处罚或应适用对其有利的法律规定。

七、刑事行为的自赎性：包括犯罪中止、自首、立功等，是从轻、减轻辩护的理由。犯罪是一种行为，无论是作为还是不作为，先要解决被控犯罪的人有没有实施这个行为，然后才能根据法律评价，判断这个行为在刑法上是否具有当罚性，怎么罚……所以，所有的刑事证明，其实都可以归纳为要证明“人与行为的同一”，或者说“被告有行为”。

由以上浅显的分析可见，仅仅是“行为”一项，就能分解出众多的证明对象。若再加上《刑事诉讼法解释》第 64 条所规定的“十项事实”，毫无疑问，律师应建构自己的证据体系，并在其上认真细致地分析论证。

对事实证明的证据，要有思维的广度，必须放在时间与空间两个维度去考量，即所有的证据均是在某个空间的历史留痕。而这个留痕有可能表现形式各异，但不可否认的是，行为发生后的所有证据，就失散在了历史当中。比如，犯罪现场遭到了嫌疑人自身的破坏，或者天长日久被大自然所掩盖等。只有复原这些证据，当初的事实才可能得到确信，达到“用历史的碎片拼凑事实”。这就是证据与事实的关系。

“十项事实”“行为”若都有证据证明，还应当强调证明强度和证明稳定性：定案的证据，不仅是对各要件事实能够予以证明，使法官确信人与行为的同一、事实的存在，而且还要达到充分的强度，即各证据间即使不存在印证，也都要以自身的信息证明事实的存在。证明强度越大，证据信息就越稳定，定案事实和结论就越可靠；证明强度越小，则说明证据信息尚不稳定，某些方面要么需要补强证据，要么存在合理的怀疑，定案事实的确信就容易产生变化，这就是证明标准所提到的“充分”的真正含义。

关于排除合理怀疑的标准，笔者此前已有论及，诸君可查阅。

证据分析所要达到的目的，就是为律师自己建构的事实提供论据。笔者在此提出“证据信息联系说”：任何证据对于事实的证明，均来自其自身所能提取到的信息。事实，也总要有各种证据来证明。所以，从个体证据与全案证据对于事实证明的角度考察，证据之间建立的是证据信息间的联系，而这种联系的靶向点，就是事实；或者说，是待证事实的证立需要，才引发了对证据信息的需求，同时，也是待证事实这一概念，指引了司法查证的方向和目标。所以，笔者认为，只有证据之间有这种共同对事实的证明信息，才会产生综合证明力、达到法官的心理确信。就具体案件而言，要在纷繁庞杂的证据之间，以其自身的信息与待证事实之符合，建立起逻辑联系，按照诸多证据之间的内在关联将所有的证据予以科学整合。

定案事实与心证事实的辩证统一。以证据为纽带、以证据为证明手段，法官通过查证而确信事实存在的证明状态，就是可以定案的事实。这两者是统一的。

由此可知，证据分析是一项技能。证据分析的意义在于，看现有证据能否在法官那里形成心理确信。而这种证据分析之后的结论，指引着庭审举证、质辩、论证的方法和方向。

龙宗智教授在《刑事印证证明初探》一文前言中提到，刑事印证证明是利用不同证据内含信息的同一性来证明待证事实，印证证明既适用于个别证据的判断，也适用于证据的综合判断，还适用于对证据三性的判断。实践中对印证证明的误用表现为：违法取证，强求印证；只看印证事实，忽略对案件的“综观式验证”；违背证明规律，忽略心证功能等。而刑辩律师在实务中，往往就是要揭露证据矛盾、疑问，来帮助法官更准确可靠地认定事实。以下是笔者对该文的理解与吸收。

证明标准的内心确信：

案件事实清楚，证据确实、充分的证明标准与“排除合理怀疑”的证明标准已经成为新的证明标准。也就是说，此前只是“事实清楚，证据确实、充分”的标准，但2012年修改后的《刑事诉讼法》以及一系列的司法解释文件，均强化了“排除合理怀疑”的标准，所以，从这一点上看，排除合理怀疑的标准，就是法官在内心消除自身疑问的心证标准。龙教授也认为，形成内心确信的心证标准就是“排除合理怀疑”的标准，“证据确实、充分”与“排除合理怀疑”是有所区别的，因为排除合理怀疑，就是法官消除内心的合理怀疑，公诉人消除疑问以及律师消除疑问均没有定案的意义，排除疑问的主体，只能是定案的法官。

法官的内心确信形成的背景或者条件是什么？一定是一个事先给他提供的信息，这个信息已经在其脑海中形成了一个深刻的印象。而庭审调查，绝不可否认“先入为主”的存在，同时，也不应否认，法官是在慎重求证自己的内心确信。如果有足够推翻他事先确信的证据存在，那么庭审的价值就得到了体现，否则庭审其实就是一场法官必须完成的求证过程而已。也就是说，真正的内心确信形成，实际是一种验证的过程。特别是新的庭审调查规则出台之后，法官庭前阅卷的要求，更能深刻地说明这一问题：庭前阅卷的任务之一，就是找出疑点，在庭审中求证。

所以，从证明的方法与证明的时间上来说，律师为了使法官形成客观的内心确信，有必要增加信息量，而这陷于程序的限制，但又是极其困难的。如此看来，在法庭调查的准备过程中，如何更加充分地提取证据信息，就显得分外重要，因为，这决定着庭审证据调查的质量。

在《如何排除合理怀疑？》一文中，笔者提出了合理怀疑的形成标准。当然，对于事实的区分，也是运用证据证明的靶向要求，如证明范围包括实体法事实、程序法事实及证据事实，每一项事实，都需要有相应的证据证明。

对证据的审查方法：

认定事实以证据为根据，证据是物质基础，而运用证据证明的方法是否科学有效，也影响或制约着事实认定的准确性、可靠性。运用证据对事实进行证明受证据规则、证据信息释放、诉讼程序、逻辑推理，甚至是语言表述等各方面条件的制约。个别证据的证据能力和证明力审查、整体证据与事实之间吻合关系的审查，是律师庭前准备审查证据的方法。

龙宗智教授曾以“原子模式”和“整体模式”来介绍这种审查方法：对一个“证据群”的证明力进行评估时，原子模式是将其分解成单独的“项”，赋予每一项一个独立的证明价值，通过证据的链接、补强、聚合，建构“推论链条”，并结合概率进行判断，即在一系列“离散式推论”的基础上，将各个证据项的证明力以某种方式叠加，以实现事实认定。

“将证据群作为一个整体、一个完成形态或布局来加以考察，并用一种与分析方法背道而驰的方式来对其整体证明力或可信性加以评估。”

分析和评估，其实就是审查证据要完成的规定动作。证据分析不是盲目的，而是有具体的针对性和目的性的，分析过后，对其证据能力、证明力、建构的事实、诉讼主张以及相互之间的关系进行评估，是综合运用证据的前提。

在证据之间、证据与定案事实之间均要求印证，“印证”为“相互证明”，所以，这是一种证据与事实符合还是分离的判断。在分析和评估证据的时候，律师其实是付出了大量的心血精力来寻找和排除证据的疑点的，从这个意义上来说，律师庭前的所有准备工作，都是在帮助法官认定案件事实。证据中哪怕有一个矛盾点，我们都可以主张其是排斥的、不能相互证明的。因为，矛盾不排除，就必然因存在矛盾而引起证据间的冲突，从而使法官因证据矛盾而存在疑问。

指出矛盾、提出疑问，然后解决之，这是诉讼之道。

证据的品质、数量、清晰度：

在证据群内，证据的品质如何，决定着其证明力和证明标准所达到的程度。一般来说，最佳证据规则是定案证据的理想追求，然而，现实却并不乐观，很多的案件并不是都有着这样的最佳证据，恰恰相反，更多的证据是需要印证的传来证据。

龙宗智教授认为：“影响印证证明效力最重要的因素，是参与印证的证据的品质，其中的关键是印证证据来源的自然性，即非扭曲性。一旦证据信息在其源头被扭曲、被污染，证据并非基于案件事实的自然因果关系而形成，印证就丧失了意义，而且会导致误判。”

张燕生律师在《反贪中的几个危险倾向》中提到：证人也是人，想让证人开口证实一个子虚乌有的事实，然后将自己的熟人或朋友送进监狱并不是一件容易事。但是，当证人的短处或弱点被侦查人员抓住，“两害相权取其轻”，牺牲他人保全自己就成为可能。特别是当证人被他人牵连，不断地被反贪局传唤，自己和家人受到株连，甚至可能因此被拘留乃至逮捕，情况就完全不同了。有一个证人对我说：“我知道他确实挺冤的，但我不敢给你们作证，因为我有短在他们手里。”

越是经过人为加工的证据，越是容易失真的证据。例如，之前采笔录主义的被告人供述、证人证言，陈述的完全是被告人、证人接受侦查人员的信息后被动陈述的相关事实，所以，这种笔录制作方式，本身就是一种“取舍”，证据来源的自然性打了折扣。所以《刑事诉讼法》就有明文规定，仅有被告人供述，没有其他证据的，不能认定被告人有罪。

随着审判中心改革，被告人的庭审供述受到了重视、证人在法庭上接受交叉询问也予以明确，甚至被告人之间的对质权、证人之间的对质权的引入，都是在改变传统的笔录主义。简言之，证据的品质必须如天然璞玉一般，控辩双方均可以向法官陈述它最有价值的一面，但最后的精雕细琢交由法官完成。

从这个意义上来说，证据的证明力又依赖于对其陈述的精准程度，当然，这就是律师的内功。

结论：

定案事实是通过有效证据使法官确信为真的证明状态。要勇于并善于发现证据中存在的问题，不要被庞大的“事实清楚，证据确实、充分”所遮蔽。表面上的事实清楚，证据确实充分，只是形式，但深入事物内部去探求其本质的时候，却发现这些“确实、充分”的证据一个也不敢说话了。比如，最高人民检察院督办的姜某受贿案件，表面上被告人供述、证人证言均共同指向其受贿事实，但当有证据证明以上证据的取得不合法、言词证据失实的时候，无罪的事实就取代了指控的犯罪事实。

其实，在此意义上，法律真实、客观事实均没有实际意义。因为，《刑事诉讼法》已经清楚地表明，没有证据不能认定事实，证据必须查证属实，才能成为定案根据。所以，以证据为纽带、以证据为证明手段，法官通过查证而确信事实存在的证明状态，就是可以定案的事实，这种定义的意义在于：对每一个个案来说，定案事实只能在法官那里达到确信的状态才能写出判决，从而，使法律得以适用。龙宗智教授认为“证明过程是一种主观思维过程，以心证的确立为实现证明要求的标志”。心证的确立，就是达到了法定的证明标准，达到了定案的证明状态。

当前，新的庭审调查规程已经出台，利用经验法则以及已有事实进行推论和心证分析，将成为一种有效的证据分析方法。可以预见，未来“对主观确信予以论证并将其作为判断事实认定合理有据的一种重要方法”“心证公开”必将成为常态，而分析、评估证据，精心准备对证据的意见等律师的工作将会是大量的、繁杂的而又是细致的。

第五章

律师的技能

第一节　导论

论证，作为一种逻辑证明，从律师实务的角度来说，就是律师借助于一定的前提，以证明或确定某个主张或结论真实或正当的思维表现。

笔者将其称为思维表现，与无形的“思维运作”相区别。思维运作是大脑运行的思考活动，无法呈现这个思考过程；论证虽然也是思维活动，但必须以书面或口头的形式将这个思维过程表达出来，以达到说服他人的目的。因此，笔者称之为说服他人的“思维表现”。

它应具有如下特征：

论证作为一种“说理性证明”区别于单纯地用证据证明。如果说举证是为了用证据来证明某一对应的事实，是范围较小的论证，那么此处的论证必须借助于一定的前提，包括已经确立的事实、已经成立的理由、已经被认证的证据等，由此论证结论的成立。也就是说，逻辑证明是从已知前提来证明未知前提的证明。而证据的作用往往是证实，如购物小票能直接证明某人在商场购物。但这种证实[①]缺少了“借用前提证明”的逻辑架构，因此区别于此处的广义论证。而论证的典型式为：比如，想论证袁世凯一定会死，必须先借助公诉的前提“所有的人都会死”，然后，袁世凯也是人，所以，袁世凯会死。这种借助前提的说理性证明，是此处讨论的论证。

---

① 笔者把此种由证据对事实的直接证明称为“证实”，以区别于需要借助前提和法律推理而进行的“论证”。

论证以推理为桥梁，并且，推理的品质直接决定着说服力和结论的可接受性。借用的前提与需要论证的结论之间，以推理关系达成论证的逻辑联系，两者联系的契合度与紧密性，决定着推理的有效性、合理性。袁世凯也是人，就与所有人都会死具有无法拆解的逻辑联系，因为袁世凯这一个体概念无法脱离“人”这一集合概念，所以，他一定会死。

律师论证的物质要素或者前提就是“事实和法律”。也就是说，律师论证所借助的前提就是事实和法律。从而，我们便又回到了对案件事实进行要素分析的重要性上，因为，分析事实的要素，就是为了论证而确定论据。

律师论证的表现形式有两种：立论和驳论。驳论是律师重点的修为方法。因为立论是从接触案件开始便会反复思考的论题，但驳论对象的不确定性决定了律师要未雨绸缪，提前预测可能会出现的反面观点，以防患于未然。这又体现了律师职业思维的重要性。

一个完整的论证包括三个部分。

律师的主张或向法庭提出的诉讼请求，这属于“论题”。我们重点研究一下论据的选择。前述，论证之所以区别于“证实”，在于论证需要借助“前提”，此处的前提就是论据。

我们再回顾一下“内部证成”“外部证成”。为什么笔者强调律师实务要特别重视外部证成？因为，论证需要前提，而外部证成是“对法律决定所依赖的前提的证成”。也就是说，律师侧重外部证成的任务，就是为了给主题论证找到论据——前提。一旦这个前提确立，论证也就相对容易或顺理成章。

通常的论据包括：

律师通过外部证成已经法庭认可的事实或证据，可以直接成为论据；虽未经法庭认可为案件事实，但通过感官、常识无法否认的客观事实也可以成为论据。例如，被害人身中30刀的事实，无论是否由被告人实施，但被害人受到伤害这一事实本身无可争议。

法律规定的免予证实的论据。例如，《最高人民法院关于行政诉讼证据若干问题的规定》（2002年）（以下简称《行政诉讼证据规定》）第68条规定，下列事实法庭可以直接认定：（一）众所周知的事实；（二）自然规律及定理；（三）按照法律规定推定的事实；（四）已经依法证明的事实；（五）根据日常生活经验法则推定的事实。前款（一）、（三）、（四）、（五）项，当事人有相反证据足以推翻的除外。第70条规定，生效的人民法院裁判文书或者仲裁机构裁决文书确认的事实，可以作为定案依据。但是如果发现裁判文书或者裁决文书认定的事实有重大问题的，应当中止诉讼，通过法定程序予以纠正后恢复诉讼。第65条规定，在庭审中一方当事人或者其代理人在代理权限范围内对另一方当事人陈述的案件事实明确表示认可的，人民法院可以对该事实予以认定。但有相反证据足以推翻的除外。

最高人民检察院《人民检察院刑事诉讼规则（试行）》（以下简称《刑事诉讼规则》）第437条规定："在法庭审理中，下列事实不必提出证据进行证明：（一）为一般人共同知晓的常识性事实；（二）人民法院生效裁判所确认的并且未依审判监督程序重新审理的事实；（三）法律、法规的内容以及适用等属于审判人员履行职务所应当知晓的事实；（四）在法庭审理中不存在异议的程序事实；（五）法律规定的推定事实；（六）自然规律或者定律。"

最后，法律规范、合同及其条款和司法解释等官方文件。这些论据都可以直接援引作为论据，并且，此类证据与案件事实越是相符合，论证的强度越大，说服力越强。所以，关键在于找到事实与规范的对接点，充分说明两者的"符合"，用论证的方法来制造证明"锁扣"。

笔者的观点是，论证的成败其实不在于论证形式的有效性，而在于前提的确定性、无可非议性。因为，结论的有效性取决于前提的有效性、真实性。正如斯大林所言："事物的逻辑胜过其他任何逻辑。"从律师实务的角度来说，完成外部证成、对论证前提的证立就足够了。一方面，一旦前提确立，论证便有浑然天成之美；另一方面，法官内心已经形成确信，他们已经开始思考"涵摄"的问题了。

笔者没有否定逻辑形式在论证中的重要作用。只是从律师实务的角度，个人认为，要求律师严格按形式逻辑的"规则"来论证，实际上是不可能的。人们的实际思维活动本来就具有非形式的、灵活多样的特点，往往只有认真地分析才能从中抽取出逻辑规则。正如博登海默所言："不存在使结论具有必然性的无可辩驳的'基本原则'，所以，通常我们所能做的就只是通过提出似乎有道理的、有说服力的、合理的论据去探索真理。”①

所以，事实、理由、主张、论证密不可分。

建构事实的目标既然是为法官定案确定小前提，就需要从事实素材中提炼出要件事实，以要件事实与规范的符合共同形成说服力。这需要结构安排、修辞艺术、语言表达等策略的运用。

建构事实的元素应当是精要的。比如，任何一个定义或概念，都有内外两个品质。内，一定要揭示事物的本质，即内涵；外，就是事物外延要精确，同时，还要以尽可能简短的句式来作为事物本质的表达形式。律师论证的句式应当避免歧义，这也是表达的品质要求。

实务中，对于某些法律概念，律师会有自己的见解（甚至被曲解），当律师提出自己的见解时，一定要选择特定的语境，指出自己的见解，就是适用于该事实，符合法律规范的目的。

比如，被告人被指控为他人非法吸收公众存款提供帮助，那么，律师对于“帮助”便有自己的解释，一定是以明知他人有非法吸收资金的行为为前提的。否则，就不能构成共同犯罪。

语句表达要清楚、明确、精准、简洁。而且，要避免使用需要过多解释的概念，否则概念越多，句子越长，被攻击的漏洞也就越多。

“法律中精确的定义之所以罕见，不仅是因为无法做到，也是因为这并不受欢迎。”其进一步解释说，法律上很少有精确定义的原因，对于法律语言中所使用的概念，通常无法非常精确地下定义。人们往往想要保留一些决定空间，以求保留法律适用的弹性。

这足以说明，对于法律概念提出律师的见解，正是律师论辩的空间。法律上的漏洞，正是律师论证的广阔舞台，同时，也是律师引导法官弥补这一漏洞的巨大空间。

而律师论证的魅力，就是把自己的见解，用论证形成说服。论证，就是我们要展开讨论的内容。

---

① ［美］博登海默：《法理学：法哲学及其方法》，邓正来、姬敬武译，华夏出版社 1987 年版，第 479 页。

第二节 论证是律师的核心技能

英格博格·普珀是波恩大学法学院一线教席。他在《法律人的六堂思维训练课》原著前言开篇就说："法律人的技艺，就是论证。越是能够驾驭得好这项技艺，就越能成为一名成功的律师，越能成为一位受尊敬的法官。"

可谓一语中的！

律师论证的难点是什么？难就难在观点的确立。因为，观点需要有证据和法律作为支撑。同时，观点需要鲜明，需要最能揭示案件的性质。

李安教授在《裁判形成的思维过程》中的观点，印证了笔者的观点。

"法律裁判并非仅仅通过推理即可形成。法律推理其实是为判决结论提供正当理由的过程，可是推理本身是无法为自身的'前提'提供出处的。这就需要将裁判思维的视野扩大到推理'前提'的获得以及获得之前的心理活动上。如果将前提的获得称为发现，将结论是否合理的证明过程称为证成，那么裁判思维就可以被分成'发现'与'证成'两个脉络。""完成裁判活动的整个过程用裁判思维来表示会更加合适。"

所以，律师是认知与实践、知识和技能合一的职业，思考解决的是观点确立的问题，而论证，则是考验律师技能的问题。有人问，律师新陈代谢最快的是什么？笔者回答是"脑细胞"。因为他每天都在思考，而这种思考，时刻都伴随着论证。有人问，律师为什么这么忙？因为空闲的时候要补充新的知识，忙的时候要看卷、要开庭，闲不下来。

所以，我们除了要关注自己的知识更新，还要提升自己的技能。当前，在律师行业已经兴起了一场技能培训风暴，如出庭技能、质证技能等，这些行业里自发的培训，对于促进律师间的交流、对于律师技能的提升无疑起到了积极的作用。

律师的核心技能是什么？笔者认为，律师职业的核心技能就是论证。

如果说思维是武器，那么论证则是实实在在的火力。只有论证达到说服的程度，律师的思维才能形成难以抵挡的火力、战斗力。

当律师在忙着跑案源，却忽视了自身核心技能的时候，笔者认为，这种职业生涯不是“可持续发展”的，尽管会因办理案件的数量增长而使经验得到累积，但是，仍然是不得要领，总会面临一个发展的“瓶颈”。

笔者从来不赞同“大律师”与“小律师”的分级。笔者认为，在律师独特思维的指导下，精细化研究、充分论证每一个案件的律师才是最值得当事人信赖和委托的，才是我们律师行业集体荣誉的基石。笔者也不认同过于狭义的“专业化分工”，认为律师只做某一个子类的业务就能成为专家。当然，这对于个体来说，如果有足够多的此类案源，完全可以。但是对于广大的难以得到同类案源的律师来说，如此细分，则有画地为牢之嫌。笔者认为的“专业”律师，是指有深厚的研究、分析案件的功底，能够以自己的经验、知识、技能处理不同类型案件的律师。比如，我们在某些案件中遇到需要鉴定的事项的时候，不能强求我们每位律师都能成为鉴定专家，相反，这些特别专业的事项，不会阻挡律师对整个案件的分析和判断。同样，掌握了案件分析方法、有独特思维的专业律师，也可以通过查找相关案例、搜索相关知识、借助专家辅助人来弥补某些不足、完成说服法官的任务。

所以，本书的结构就重在研究律师思维、律师对事实的研究与分析和律师的论证技能。将律师脑海里的方案，用论证的方式说服他人，的确是一种律师必备而且随时就会用到的技能。如英格博格所言，“然而，现代的法学教育并没有提供法律初学者很多学习、练习这种技能的机会”[①]。他认为，法学教育有些呆板：“教科学的作者通常都自限于用简短的话语介绍不同意见，也就是所谓的争议立场，并且接着用一个标准的论点赞同所谓的通说……从教科书到教科书、一代一代地继续传承下去，并且大多都已经有了令人敬畏的年纪。”

这道出了律师职业教育的困境。相对于律师职业的特点来说，目前，律师们都在与其他法律职业者们一起学习法律，但却缺少量身定制的“职业教育”，特别是职业思维的指导与核心技能的训练。

最为明显的是，如果一个案件被告人众多，在开庭的时候，你会看到，“只缘身在此山中，远近高低各不同”。有让“法官欣赏的优秀律师”，也有还停

---

① ［德］英格博格·普珀：《法学思维小学堂：法律人的六堂思维训练课》，蔡圣伟译，北京大学出版社 2011 年版，原著前言。

留在上有八旬老母的“令人敬畏的年纪”的辩护。造成这种境况的原因，显然就是没有规范的律师思维与技能的职业训练。

精细化地对律师技能进行分类，然后有针对性地研究，让律师知道应该具备哪些技能以及这些技能应达到何种要求，从而，使其灵活运用到实务中去，这就是律师职业教育的任务。

论证之所以是律师的核心技能，就是因为论证的最终目的是说服。论证不仅是一种证明的方式，有时还成为一种间接证据。[①] 只有说服，才会使法官接受你的观点，支持你的主张。

律师论证，大致是这种路径：知识的厚度与广度决定了思维的质量，思维提供了方案，为方案找到理由，为理由找到证据。至此，我们看到了笔者开篇中提到的主张：“明确我们修行的方向和目标：以理性辅佐证据的方式去思考和论证。”这也是我对年轻律师们提出的两个要求：学会律师思维，精于律师论证。

第三节　论证的目的是说服

法国著名哲学家利科深刻地指出：“诉讼的原始功能是把冲突从暴力的水平转移到语言和话语的水平。”这是对诉讼的“言词原则”的经典概括。摒弃同态复仇，将矛盾转化到法庭解决以求得新的平衡，这是法治的应有之义，更是世界倡导的法治文明的要求。

“语言和话语的水平”怎么样，决定着论证的效果。

律师提出法律主张，法官并不是当然接受的，只有律师对该主张进行了充分的论证，说服了法官，该法律主张才会被接受和认可，并写进判决书。“论

① ［德］英格博格·普珀：《法学思维小学堂：法律人的六堂思维训练课》，蔡圣伟译，北京大学出版社2011年版，第100页。

证的技艺"是法律人的"看家本领"。[①]

律师接受委托，通过加工与检测为委托人提出的"诉讼请求""事实和理由"，就必须运用逻辑论证工具，使诉讼主张得以成立。而主张得以成立，就需要运用论证来说服法官接受或认可自己的主张。

律师替法官思考，具有裁判思维，引导法官接受律师的论证，就必须多思考一些案件的走向、法官的价值取向等问题，为案件的解决提供法官能接受又支持自己主张的最佳解决方案。法律论证，就是为了达到这个效果而进行的说服。

在这个意义上，说理就是论证。因为，理由对于律师来说，是从事实提出主张通达结论的桥梁。正如法官的判决一样，"本院认为"部分的理由应当服众，才能使结论被接受。

律师的语言表达能力如何、论证逻辑如何、事实与理由是否符合，这些因素共同决定"说服"成败的关键。所以，作为律师的核心技能，论证是其他各项技能的集中体现，因为它承担着最为重要的使命：说服。对于诉讼案件，论证贯穿始终。从这个意义上来说，论证技能其实就是出庭技能。

法律论证是有法律根据的论证，又是站在事实土壤上的论证。它通过一定的根据和理由来证明主张或诉求的正确性与正当性。一个法律论证总是以逻辑论证为基础的，这是区别于其他职业的根本特征。

法律论证是批判性的、全面的、辩证的思维方法。法律论证既是律师的思维成果又是律师的说理技能，是可以将逻辑外化为说服力的内功。强有力的说服来自事实的证立与理由的正确；而理由的正确与可接受是法官采信证据、同意主张、认可诉求的前提条件。从内容和形式两个方面说，理由是包含事实的论证内容，逻辑是形式，两者结合方可达到充分的说理。

在英美法系国家，有的学者将推理也视为一种证据。因而无论是逻辑论证还是法律论证都须遵守逻辑法则，逻辑是论证的工具。运用正确的论证方式来为其论题提供强有力的支持，但是法律论证又与逻辑论证有差别。如果说逻辑论证更关注论证中所使用的推理方式正确与否，那么法律论证更需要

① 李勇：《法律人的技艺在于论证》，载《人民检察》2013年第11期，第58页。

对其理由的真实性和支持力度以及结论的正当性作出说明。笔者认为，这是强调论证的说服强度。

论证思维的要义在于，在做出决定或判断时，须给出理由。

理由是什么？理由（Argument; Excuse）“是指事情的道理、缘由、依据。理由是原因和事实促成的”[①]。由此可见，理由包括道理、缘由、依据。

理由包括证据但又不限于证据，还包括律师观点。笔者认为，通常律师总结的理由，是由其专业属性所决定的，这种由律师总结出的“道理”，是有高附加值的工作成果，似为推理，又不简单地认定为推理。它承载着律师对于个案事实的价值判断，类似于法官在裁判中的理由。也就是说，律师发表的相应观点，也是一种理由。

由此可见，律师“摆事实、讲道理”并不是一件简单的事情，这是在完成诉讼中的论证与说服，而提炼出的“道理”是否具有正义的品格、艺术的感染力，决定了它能否成为判词的基因。

理由既然是一种道理，当律师把这种道理上升到哲学的高度，那么这个理由便具有了哲理。哲理从字面上可解释为哲学的智慧，表述成“智慧之智慧”，哲学本身就是智慧，这种智慧是研究问题的智慧，在研究中归纳的结论。“它的功能是让人了解宇宙人生的根本原理和道理，对人们的生活起到指引作用，马克思主义哲学后哲学开始化思辨为实践，人生哲理为最简单明了的智慧箴言式。”[②]道理用哲理来说服，就变得容易。比如，“每个人都没有绝对的道德底线，只是诱惑不够”。

这是说，律师说服论证的功力，要有这种高标准，只有标准和要求定位高了，自己的能力才能不断提升，说服也才会更有可能。

修辞学强调的是说服，说服的强度，也依赖于修辞，这就是一鸣惊人和平淡无奇的原因。这种区别，在于平时的积累和训练。积累词汇，学习修辞，

---

① 理由（词语）_百度百科：来源网址：https://baike.baidu.com/item/%E7%90%86%E7%94%B1/83638?fr=aladdin，最后访问日期：2019 年 7 月 18 日。

② 哲理_百度汉语：来源网址：https://hanyu.baidu.com/zici/s?wd=%E5%93%B2%E7%90%86&query=%E5%93%B2%E7%90%86%E8%AF%8D%E8%AF%AD%E6%84%8F%E6%80%9D%E6%98%AF%E4%BB%80%E4%B9%88&srcid=28204，最后访问日期：2019 年 7 月 19 日。

经常写作，长此以往，必然会得益于此。有哲理的观点，当然也会时常闪现。要把道理说出来，不仅要说出来，最关键的是要有理由地产生说服力。这一点在律师界已经成为共识。

从某种意义上来说，法官作出支持律师意见的裁判，在很大程度上是对律师总结出的理由的认可，或者说，是对律师提炼的道理的认可。它符合本案的事实，还能够彰显法律的价值。

法学思维遵循着“理由先于结论”的规则。说服的功能在于指出“好的正当理由”。好的、正当的理由，化身为可接受的“道理”。

说服法官，往往就在于理由的成立，甚至在于理由的完美。那么，站在事实的土壤上、踩着法律规范的阶梯，该如何提炼“理由”呢?

笔者认为，这个理由一定是对于个案量身定制的概括，是对正义、公平、价值、秩序、法律原则等质的认识以及精准提炼，它升华为能被广泛接受的道理。律师就是要论述这样的道理。

“法律是善良与公平的艺术。”好的理由应该源自事实的土壤并与法的价值相匹配。简言之，它是律师从事实中提取出的，符合法律正义的价值。比如，哪怕被告人真的构成犯罪，辩护人仍然可以从其社会危害性轻重的角度、从被告人悔罪的角度，去作罪轻辩护。又如，诉讼程序中对非法证据的排除，禁止刑讯逼供是法律对人权的保护，当然体现了法的价值。否则，任何被刑讯的证据都能畅通无阻，那么被告人作为被追诉者的人权，将毫无保障。这个理由或者是彰显了法的善良，或者是给法官提供了公平的方案。总之，不得违背法的价值，同时，还要有律师对道德、正义的理念在个案中的提升，这种情感或正义的提升，往往不经意间就会成为哲理。

审视“理由”是否合格的质检标准，笔者认为应当包括如下几个方面。

首先，这个理由与个案事实以及委托人提出的诉求，不会出现矛盾。

比如笔者遇到的一则民事案例，被告是担保人，其在一审中提出没有在担保文书上签名，主张不承担担保责任，申请鉴定后，又放弃鉴定，一审判决其败诉。二审上诉后，其上诉请求是“一审判决利息过高，请求二审法院核减利息”。其理由是：一审判决没有安排鉴定，导致案件事实不清；借贷合同约定利息无效，一审判决支持利息过高。

显然，既然主张合同无效，就应当请求改判，但其请求的是核减利息，提出的请求和依据的理由明显矛盾。二审开庭，其上诉被当庭驳回。

其次，理由应简洁，达到“说清楚即可”，言多必失。法律职业是理性和严肃的工作，任何一句不经意的话，都可能成为对方抓住的把柄，从而使自己陷入被动。比如，原告是工程的实际施工人，其为了获取工程款将总包人和分包人一并起诉。笔者代理总包人，为第一被告。原告代理人在陈述理由时，无意间回应我方质疑的证据是由第二被告（未出庭）的老婆给他的。就这一句话，笔者向法庭主张，原告与第二被告串通，损害第一被告利益，该证据不应采信，得到法院支持。

再次，不应存有难以自圆其说的漏洞。

最后，在论述的结构上要分先后，遵循个案的发展脉络或认知规律。

总之，事实、理由、证据构成律师走上法庭的条件，它们犹如整装待发的将士，论证让它们在法庭上各司其职共同发挥作用，以实现对法官的说服。

第四节　为说服做好充分准备

律师如何能充满自信地走上法庭，条理清晰、口若悬河地驳倒对手？冰冻三尺，非一日之寒；庭上一分钟，庭下十分功。律师如果要说服法官支持己方观点，准备应该从接受案件开始，在独特的律师思维下，以自己的论证说理去引导法官接受自己的论证。其实，最好的说服，是自己的规范符合性与主张可接受性无懈可击。

除了说服与接受，还要避免自己的观点存在易被攻击的漏洞。因此，必须在审视论证的基础上做好充分的准备。

我们要假设法官在开庭前都不曾阅卷，他们都是靠庭审去听，对听到的重要信息凭记忆去记，从而形成对案件的大致了解和判断。只有这样，我们才能在开庭时把自己的观点说得全面、到位。

法官总结“案件焦点”，焦点所附的“核心事实”是什么？在这个事实上有哪些争议？如果律师提前通过案件事实分析法[①]，预测到了庭审的焦点，那必然是对核心事实有了深刻的认识。而法官，自然喜欢这样简洁的律师。哪些争议事实能够认定以及认定事实是否有法律依据，这些内容就是法官为了书写判决在庭审中需要收集的“素材”。这要求律师不必研究每个法官的思路，那样工作量太大，但一定要了解判决书的结构：事实须经审理查明、采信证据的理由、本院认为。而审理查明的部分，如果和律师建构事实相吻合，那么，本院认为部分就极有可能与律师的理由相吻合。

律师应当从法官的立场及关注点去分析、研究案件，收集、组织相关证据，使用有效的说服策略。说服一定要有策略，要有先有后，要先说没有争议的事实或占领共识制高点，或运用说服的黄金规则，以取得信任或唤醒法官的情感认可。这就是我们前面说过的“融入裁判思维”。

律师无论是作为代理人还是辩护人，一旦接受委托，便陷入了诉讼时限的“圈套”：必须在法定期限内完成对应的工作。否则，开庭如大考，是否及格，就是检验律师在法定期限内是否完成了相应的准备工作，不仅检验工作数量，更检验质量。

要有苏格拉底式的思考。当委托人向你陈述案情，在还没有掌握证据的情况下，律师回答咨询是穷尽所学的过程。法律关系、行为性质、犯罪构成、此罪彼罪、程序正义、对方辩点……所有思考，皆为聚焦案件争点。律师为何专业？因其长期受苏格拉底式的“折磨”，已经形成对一般案件瞬间预判和锁定焦点的能力。而这种能力，可以减轻律师接下来的工作负担。

要有全面的证据意识。证据是案件事实的载体，从这个意义上说，谁收集证据更全面、谁掌握了合法有效的证据、谁使证据更有说服力，谁就掌握了庭审的主动权。

更确切地说，证据虽然以各自的形式记载案件事实，但将证据所载的信息发挥到极致、达到复原案件事实程度的，只能是诉讼高手。易言之，证据和诉讼高手共同为案件事实代言。若要证据被法官采信，还需要解决举证期

---

① 见“案件事实分析篇”。

限、证据形式、证人资格等问题。忽视任何一个环节，都可能失去证据资格和效力。比如，江苏省高院和南京鼓楼区法院分别针对虚假陈述和逾期举证对当事人予以罚款。

还要穷尽时间和智慧。律师为什么会很忙？因为他长时间思考、伏在案前写作、进行收集调查证据……他要在开庭前甄别证据、编制目录、撰写答辩意见、代理词、辩护词……而且，不仅是写这么简单。笔者的感受是，制作法律文书的过程，如按压一个难以按下的弹簧——将庞大的信息挤压得精致微小，可一览无余，便于法官“欣赏”。待庭审时，再解开弹簧的锁扣，自由发挥。相对于庭审的洋洋洒洒而言，制作法律文书的过程是一种难以名状的煎熬。

制作法律文书，需要知识、技能、耐心、专注和时间。在法官案头案卷堆积的今天，没有哪位法官会静心阅读没有论辩焦点而又冗长的律师文书。专业、准确、精致，不仅是律师制作“弹簧”的要求，而且是对法官的尊重。律师同人们经常会有如此情况：为了制作一份完美的文书，会不断检查修改，包括标点符号都要准确到位。这就是敬业与责任。从这个意义上来说，律师充分而又专业的庭前准备，会大大减轻法官的工作负担。

律师的技能——制作文书与法庭陈词都是为了完成两种形式的论证。这就是律师提供服务生产的产品。毫无疑问，两大技能需要综合的知识储备。比如，逻辑知识、语言能力等。总之，从接受委托到庭审陈词，是对律师综合能力和职业素养的考验。

文书是写给法官看的，但并不等于一成不变。所以，法庭陈词与法庭辩论会根据动态的庭审，随时修正静态的内容。此时，庭前的所有准备，都为脱稿演说的成功打下基础。笔者深刻体会到：法官往往不太在意念稿的人，脱稿而又思维清晰、逻辑严密的辩者更能吸引他们倾听与思考。

律师的队伍已经有 30 余万人，而市场对律师服务的质量要求越来越高。互联网时代，竞争迫使律师必须提高自己的技能，端正自己的执业态度。律师服务精品化的时代已经到来。所以，笔者认为，律师应该成为一位沙画高手，不仅要有制作精美作品的技艺，还要能把创作过程展示给公众。律师服务，是法律应用的艺术，它应该如是。如此，不仅委托人知情，还能得到社会的理解与认同。

成功青睐有准备的人。

第五节　解读“伟大的判决”中的论证

乔丹案再审判决被法律界称为“伟大的判决”“一份判决书、半部商标法”。可见，最高人民法院对于乔丹案的再审不仅受到了广泛的关注，而且该判决结果也得到了广泛的认同。那么，该判决为何“伟大”？最高院的法官再审此案体现了哪些裁判思维？法官的裁判思维对于律师代理案件有哪些启示？判决中的说理论证有哪些看点？

解读这份伟大的判决书就会发现，判决书之所以伟大，就在于法官思维的缜密、论证逻辑的严谨、规则的创设。具体体现在：

一、归纳焦点问题，对于焦点问题所涉及的相关问题思维缜密，逻辑联系紧密

关于涉及中文“乔丹”商标的（2016）最高法行再15、26、27号三件案件，法官总结的争议焦点为：争议商标的注册是否损害了再审申请人就中文“乔丹”主张的姓名权，违反2001年修正的《商标法》第32条关于“申请商标注册不得损害他人现有的在先权利”的规定。

这一焦点问题的前提是，法官认定了涉及中文乔丹商标注册的事实。但这一事实，是否损害乔丹姓名权以及是否能将乔丹的姓名权认为“在先权利”？

在此基础上，法官将此焦点扩展为八个具体联系的小问题，充分显示了最高院法官超人的“法律思维”。

第一，保护姓名权的法律依据是什么？

第二，姓名权所保护的具体内容是什么？

第三，乔丹在我国具有何种程度和范围的知名度？

第四，再审申请人及其授权的耐克公司是否主动使用中文“乔丹”，其是否主动使用的事实对于再审申请人主张的姓名权有何影响？

第五，争议商标的具体情形是否会使相关公众误认为与再审申请人具有关联？

第六，乔丹公司对于争议商标的注册是否存在明显的主观恶意？

第七，乔丹公司的经营状况以及乔丹公司对其企业名称、有关商标的宣传、使用、获奖、被保护等情况，对三件案件具有何种影响？

第八，再审申请人是否具有怠于保护其主张的姓名权的情形，该情形对三件案件有何影响？

若法官当庭发问这八个问题，而代理律师没有事先的预案，庭审回答便缺乏针对性，所以，研究法官发问的思路，对于提升律师的执业能力，毫无疑问，是“有备无患”的应有之义。不仅如此，代理律师更要有“见点成面”的技能，像法官一样思考，把一个问题向多个方面扩散思维，全面思考，凭借这种超前思维的能力，就能提前预测到法官的问题，这便是“专业”。

二、法官释法清晰明确，事实、规范与理论并用，“涵摄”周正，使判决的公正性得到提升

关于保护姓名权的法律依据，法官认为:《商标法》第32条所称的“在先权利”是概括性规定，以符合经济社会不断发展和保护民事主体合法权益的需要。《商标法》是特别法，相较于《民法通则》《侵权责任法》等应优先适用。对于《商标法》已有特别规定的在先权利，应当根据《商标法》的特别规定予以保护。对于《商标法》虽无特别规定，但根据《民法通则》《侵权责任法》和其他法律的规定应予保护，并且在争议商标申请日之前已由民事主体依法享有的民事权利或者民事权益，应当根据该概括性规定给予保护。

乔丹主张的姓名权，根据《民法通则》可以构成《商标法》第32条规定的“在先权利”。争议商标的注册损害他人在先姓名权的，应当认定该争议商标的注册违反《商标法》第32条的规定。

分析至此，法院判决已经将含有“乔丹”商标注册的事实、乔丹享有姓

名权的法律依据、乔丹姓名权属于“在先权利”以及侵权商标损害了乔丹的在先权利密切地联系在一起。由事实到法律规范再到法律评价，逻辑相扣，论证充分。先行解决了“乔丹”是乔丹本人的姓名，是民法规定的姓名权，为创设注册商标与姓名权保护的规则，打下了基础。

三、对于重大疑难案件，结合社会发展趋势，分析法官的价值取向，是预测判决结果的重要因素。律师研究案件要充分考量法官的价值取向

该判决书还以发展的眼光、前瞻的思维妥善处理了知名人士的姓名权保护问题，充分体现了法官的价值取向。并且，该判决也为今后的姓名权保护提供了“范本”。

“姓名被用于指代、称呼、区分特定的自然人，姓名权是自然人对其姓名享有的重要人身权。”这注解了姓名和姓名权的关系。法院认为：“随着我国社会主义市场经济不断发展，具有一定知名度的自然人将其姓名进行商业化利用，通过合同等方式为特定商品、服务代言并获得经济利益的现象已经日益普遍。名人代言日益成为经营者提升品牌形象、推销商品或者服务、扩大知名度的一种重要的营销手段。”

以上的表述认可了：1. 具有一定知名度的自然人有权将其姓名商业化利用；2. 自然人姓名权使用合同受法律保护；3. 名人代言是普遍的商业行为，受法律保护；4. 市场经济不断发展，需要保护知名人士的姓名权，这是社会发展趋势；5. 自然人姓名权与人身密不可分，是受《商标法》保护的“在先权利”。

由此可见，在未来的社会生活中，名人代言的商业行为、名人姓名授权注册商标等，均可以通过合同约定。合同体现意思自治原则，无论是天价费用还是无偿赠与，只要有利于社会经济的发展，法律和司法便给予保护，这对于促进无形资产转化为商业价值无疑具有积极意义。

所以，法院的判决可以锁定过去的案件事实，但法官的思维与法官的目光，则要永远盯在未来。

四、法官为裁判该案，几乎穷尽了相关法律法规。律师要学习的也是根据案件事实，搜索并“穷尽规范”，以做到“涵摄”

本案是商标案件，但该判决书不仅用到商标法，对《民法通则》《侵权责任法》《反不正当竞争法》等均有涉及。举一例以证明：

本院认为，根据自然人姓名权保护的条件，再审申请人就中文“乔丹”享有姓名权。具体理由如下：

自然人依据《商标法》第32条的规定，就特定名称主张姓名权保护时，应当满足必要的条件。该特定名称应具有一定知名度、为相关公众所知悉，并用于指代该自然人。针对《反不正当竞争法》第6条第2项中规定的“姓名”，《最高人民法院关于审理不正当竞争民事案件应用法律若干问题的解释》（以下简称不正当竞争民事案件解释）第6条第2款规定：“具有一定的市场知名度、为相关公众所知悉的自然人的笔名、艺名等，可以认定为反不正当竞争法第五条第（三）项规定的‘姓名’。”虽然上述规定是针对“擅自使用他人的姓名，引人误认为是他人的商品”的不正当竞争行为的认定而作出的司法解释，但该不正当竞争行为本质上也是损害他人姓名权的侵权行为。

认定该行为时所涉及的“引人误认为是他人的商品”，与三件案件中认定争议商标的注册是否容易导致相关公众误认是密切相关的。因此，在三件案件中可参照适用上述司法解释的规定，确定自然人姓名权保护的条件。

可见，最高院的法官是把乔丹案的争议，放到了当时有效的法律、法规、司法解释等法律体系内予以考察的，搜索规范依据是下了相当大的功夫的，这说明“精通法律”是对所有法律人共同的要求。

五、通过在事实与规范之间的往返回顾，法官高超地利用个案创设了新的司法规则，不仅解决个案，而且通过解决个案提供了化解类似纠纷的参考或指导

任何一份判决书的形成，无不是先由法官对事实问题作出认定，然后，在认定事实的基础上作出价值评判。认定事实和适用法律是法官出具判决书

的前提。普通案件的判决书仅在原有规则的前提下解决个案争议，但对于乔丹案，由于是最高人民法院提审，其不仅将成为类似案件中司法审判实践的参考，当然地也会成为指导案例。

那么，本案判决创设了哪些规则呢？

就特定名称主张保护姓名权的条件。这是一条姓名权保护的判例规则。法院认为，自然人就特定名称主张姓名权保护的，应当符合三个条件（从行为看应理解为同时具备该三个条件），只有符合该三项条件，才能构成受商标法保护的“在先权利”：其一，该特定名称在我国具有一定的知名度、为相关公众所知悉；其二，相关公众使用该特定名称指代该自然人；其三，该特定名称已经与该自然人之间建立了稳定的对应关系。

判决书列举了我国报纸、电视、网站等使用“乔丹”的证据，证明乔丹的姓名符合以上三条标准，其姓名权应得到保护。由此可见，该判决书对乔丹姓名权的保护，是在没有先例也没有明文司法规范的前提下，法官通过说理论证创设了前面的规则，从而论证乔丹应适用该规则才作出的。这就是法官造法。

这一点，在律师看来应该大加赞赏。因为，社会生活是丰富多彩的，而法律的规定则是静止和相对滞后于社会现实的。如果法官裁判案件，不能适应社会发展的需要、瞄准未来的社会发展趋势、弘扬社会正气，而是僵硬地适用法律的话，那么判决结果有可能造成负面影响。比如扶老人的问题，适用“你没有撞为什么要扶”这样的推理，对于社会正气的打击是致命的。而本案的判决，通过创设这种规则，不仅乔丹可以适用，李丹、王丹同样可以适用。这就不仅解决了本案的矛盾，同时，也为今后类似的问题提供了蓝本，这或许就是该判决“伟大”的根本原因。

另外创设的一个规则是：严格要求注册商标在使用他人姓名权时，不得引人误认为存在他人的许可、授权或代言等行为。认定注册商标是否损害他人姓名权，在于区分姓名权与商标权具有不同的构成要件和认定标准。注册商标不得因含有他人的姓名而导致他人误认为存在授权、代言、许可等联系。

法院论证该规则：姓名权是自然人对其姓名享有的人身权。而商标的主要作用在于区分商品或者服务来源，属于财产权，与姓名权是性质不同的权利。如前所述，在认定争议商标的注册是否损害他人在先姓名权时，关键在于是否容易导致相关公众误认为标记有争议商标的商品或者服务与姓名权人之间存在代言、许可等特定联系，其构成要件与侵害商标权的认定不同。因此，即使乔丹公司经过多年的经营、宣传和使用，使得乔丹公司及其“乔丹”商标在特定商品类别上具有较高知名度，相关公众能够认识到标记有中文“乔丹”商标的商品来源于乔丹公司，也不足以据此认定相关公众不容易误认为标记有中文“乔丹”商标的商品与再审申请人之间存在代言、许可等特定联系。

第六节　律师可以为法官造法

既然论证是为了说服，那么，这种说服还要准备另外一种预测：当案件事实确定，但适用何种法律问题却成了“问题”时，该如何说服法官支持自己一方的诉求呢?

比如，被称为“伟大的判决”的乔丹商标权纠纷案。[①] 事实确定，但对于适用何种法律来保护外国人乔丹姓名权，是在没有先例也没有明文司法规范的前提下，法官通过说理论证创设了规则，从而论证乔丹应适用该规则而作出判决的。这种“造法”，律师完全可以在论证中借鉴。

我们先看法官创设的规则，后看判决中的理由。

法院的说理，可以简化表述为：乔丹姓名权应受保护；乔丹商标不得侵犯乔丹在先的姓名权；乔丹公司使用“乔丹”会造成公众误认，因此属于侵犯乔丹在先姓名权。

这就是典型的“理由先于结论”的判决。道理很简单：在国内享有盛誉的乔丹，其姓名权不得在没有代言、许可等情况下被他人用来申请商标，否则

---

① 吴世柱：《乔丹案判决为何被称为“伟大的判决”？》，来源网址：http://158618.fyfz.cn/b/907477，最后访问日期：2019 年 7 月 19 日。

会使公众误认为是乔丹对其授权许可，而事实并非如此。此案开启了名人姓名权的司法保护，意义深远。

前面是从正面来说的。但是，如何既发挥法官的主观能动性，又不因此而造成司法恣意，还能最大限度地促进社会正义，是每个法律人必须直面的深刻问题。这些问题，都依赖于立法对规则的科学设计。在证据规则、事实认定规则方面，应将司法能动性限制在理性的范围内，而一旦有超越规则的非理性能动，律师完全可以从程序正义或法价值的层面来进行法律论证，法官的结论是错误的。

因为，并不是每一份判决都能被称为“伟大的判决”。

问题思考技术或称为思维运作。律师思维其实是问题思考技能，是一种长期的职业习惯中养成的寻求解决问题方案的思考技术。《现代汉语词典》中对“问题”的解释之一是：须要研究讨论并加以解决的矛盾、疑难。所以，它寻求解决方案并实现之的目的，就决定了它与法官、检察官的思维差异。检察官是为了控诉某人以求法庭定罪；法官是为确认审理后的结论正确；律师是通过专业服务“维护委托人合法权益”。因此，研究律师思维与律师的技能便具有极其现实的职业属性和积极意义。“这门思考技术运用的思维就是情景思维，它提示人们在面临进退维谷的困局或难以消解的问题情景时，应如何应对而不至于陷入无以拯救的地步。”

理想主义认为，法律职业共同体在法律方法上应规范与统一。但事实上律师有自己独特的职业属性，决定了律师的思维与法官、检察官的思维从接触案件信息时就是不同的。因为，律师要维护委托人的合法权益，“受人之托，忠人之事”，为其依法提出诉求以及该诉求所依据的事实和理由，不同于法官或检察官基于职权所最终要的“结案”。所以，律师的工作难点就在于，委托人的诉求得到法官的认可，而这其实又可以分拆成委托人满意与法官对诉求的同意。

对律师来说，在对抗式诉讼中，谁论证得充分而有说服力，谁的观点当属正确结论。论证的功能和目的在于说服。而说服，是律师代理案件成功的决定性因素，所以，律师要永远把核心的技能锁定在用法律论证来完成无懈可击的说服（尽最大努力达到无懈可击）。

《辞海》中解释“说服”为“用理由充分的话使对方心服”。理由的建构必须符合法官的裁判思维，即笔者所说的符合性。这种理由的有效性的检验，最大的魅力在于面对律师陈述的理由，法官无法拒绝。

这种技能的养成，是律师们梦寐以求之事。

“说服力（Persuasion）”也即说话者运用各种可能的技巧去说服别人的能力。说服力，必须结合事实的可证明性以及证据的证明力。从某个角度说，律师的说服力，取决于对证据信息的完美释放，同时，这种完美使律师主张的事实和理由得以确立。林苏律师将此称为讲故事：依据现有证据，在认真细致地查看全部证据后，依靠具备真实性、合法性和关联性的这些证据，推定出案件的真实情况，一点点拼凑出一个真实、符合逻辑的“故事”，唯有这样的故事才能使得法官信服。

广义的法律论证包括对个案发现法律的正当性和案件事实的真实性及它们之间逻辑关系的说明。也就是说，要让事实、理由、主张串成一个紧密的论证链条，连接这个链条的就是“符合”：事实与规范相符合、事实与理由相符合、事实与诉求相符合、诉求与规范相符合。

德国法学家魏德士撰写的《法理学》教材中亦将法律适用的过程分为三段论式的四个步骤：（1）掌握待决的生活事件；（2）寻找对于评价事实具有决定性意义的法律规范；（3）检验得到认定的事实是否满足相关规范的事实构成；（4）宣布被规定的法律后果。

这其实也是律师的思维顺序。第一，事实停留在信息层面，在大脑对它进行加工时，律师假定它为真实的、可成立的。但一旦到了法庭，必须有足够有效的证据予以证立。认定事实我们已单独予以讨论。第二，法律规范是逻辑中的大前提，是说理论证的规范依据，把事实连接起来是具有结论适法性的法律基础。第三，通过“涵摄”对事实与规范进行反复对照，寻找事实与规范的符合性，即由大前提、小前提推导出结论的正当性。第四，是律师的法律论证。律师要在“涵摄”之后，提炼出说服法官的理由，并予以充分论证，对理由证立。

法律论证需要理性讨论律师的工作。律师的工作自始至终贯穿着理性，从接待当事人的那一刻就开始了，尽管这是司法礼仪范畴，但思维缜密的律师肯定能赢得委托人的好感。

从律师实务来说，重视“证据锁链”还不够，没有严密的逻辑把证据的证明力串起来，就形成不了论证锁链。法官在接受律师的说理时，极有可能不知所云。比如，当某一案件特别复杂、证据繁多的时候，即使形成了证据锁链，但没有清晰的逻辑联系，法官也很难拨云见日。但律师若庭前反复审视自己的论证体系、编排论证结构，为法官提供了一条清晰的“论证线条”，赢得的不仅是法官对律师的尊重，还有律师期待的认可。这就是用逻辑论证的魅力。

逻辑演绎的有效性是法律理性形成的基础。这说明，律师理性的外在表现形式之一，就是逻辑的有效性，或者说其思考和表达的逻辑性。

“谨守逻辑形式并避免谬误只是追求正义的工具，但它们的的确确是论证的关键工具。谨守逻辑形式并避免谬误可以说服别人，并给予司法判决正当性，将迷惑与含混不清的事物一扫而空。”①

逻辑把事实和证据联结起来，它的表现形式是论证，而论证的内容，则是理由的成立。

事实就像土壤，律师就要在这里深耕细作，让这片土地生长出主张、理由，最终结出结论的果实。

体系解释与目的解释相结合的方法，也是律师提炼案件意见的一种方法。比如，非法吸收公众存款案件为一个时期多发的案件，但公安机关却将单位犯罪转化为自然人犯罪，并将涉案单位的一般员工一并拘捕。这里就有必要研究立法目的并从法律体系来解释，寻求一般员工无罪的辩护理由。

任何命题都必须是证成的，必须经得起理性追问。阿列克西丰富或者是建立了较为完整的论证理论，并将之称为“通过法律进行论辩”。而就律师职业而言，正是用“理性辅佐证据的方式”思考与论证。阿列克西认为，法律论证所涉及的是法律判断的证成，这一证成又分为内部证成与外部证成。

内部证成，简单地说是法律判断必须从一个普遍性的规范连通其他命题逻辑地推导出来，内部证成解决的问题是从大小前提到结论的推理过程符合

---

① ［美］鲁格罗·亚狄瑟：《法律的逻辑》，唐欣伟译，台湾商周出版社 2005 年版，第 22 页。

逻辑。

外部证成是要证立得出结论的前提的正确性。它的侧重点是理由或前提本身的正确性和真实性。

尽管内部证成和外部证成都是法律论证。但从职业特点上来说，内部证成是法官的工作，而外部证成则是律师为获得法律主张得到支持必须完成的工作。

以西方的事实审和法律适用相分离的诉讼构造为例，在确定小前提的程序中，解决的是为下一程序确定法律适用前提的任务。这其实就是外部证成。

而在大陆法系国家，事实审和法律审不分，律师的工作就是通过论证，为法官完成内部证成提供可信服的“外部证成”。事实上，法官的确需要审查律师提出的主张是否有事实依据、理由是否充分、是否与法律规范符合。由此，我们看到，分析内部证成在法官适用法律环节具有鲜明的意义，而外部证成，从律师向法院提出主张时就开始了。

或者可以说，外部证成，是律师进行法律论证的具体工作。因为，律师提出法律主张，一定要有理由，用“理性辅佐证据的方式”来论证这个主张得以成立，并且，还要为法官创造适用法律的条件，要使法官在接受、认可你的观点之后，“复制”你的观点。

事实上，优秀的律师能够做到这一点。

正如德国学者阿列克西在《法律论证理论》一书中所说：“论述的任何分析必须首先考察其逻辑结构。只有这样做，才有可能系统地去揭示隐含着的前提，才能够搞清楚：在逻辑上不能进行有结论的过渡（推导）时如何插入有说服力的手段去跨越这个鸿沟。”

外部证成需要寻求法律规范外的道德、价值等的支持，运用修辞论证以使论证放射魅力。法律论证是创造性适用法律的方法。创造性应用法律，为法官支持自己的主张提供论证，律师的关键任务是外部证成。法律论证是解决法律“问题”的方法，是为获得解决方案而运用律师思维的思考方法。

在司法实践中，律师和法官一样，都会遇到复杂、疑难案件。比如，最高院的很多司法解释就是在法院缺少明确依据的情况下，应下级法院请示，专门做出的司法解释。近年来，有一种趋势难能可贵，即审案法官已经不再传统地报请司法解释，而是主动地“造法”，使疑难案件在法官能动性司法的努力下得到及时判决，不仅提高了司法效率，还起到了提高司法公信力的积极效果。

萨维尼曾说“法律自制定公布之日起，便与时代逐渐脱节”。大陆法系与英美法系的区别就在于法官造法以及对待判例的态度。英美法系国家强调司法者造法的机制，大陆法系国家则更强调立法者造法的功能，然而，由于两大法系间的相互借鉴，判例在大陆法系国家的司法实践中也越来越受到重视。我国属大陆法系国家，也应该关注法官造法的规范发展，在一定程度上承认法官造法的功能，充分发挥判例在司法中的指导作用。我国的司法实践证明，两大法系已经由界限分明走向相互借鉴与融合。

“法官造法”或称为法律续造是指：立法及司法实践表明法律是不完备、有缺陷或漏洞的，此时法官可以非正式地创造法律，以解决在个案中无法可依的情形。

那么，在律师遇到疑难案件无法报请司法解释的情况下，是否也能“法律续造”呢？笔者认为是完全可行的。因为，律师与法官都可以基于同一案件事实，提出法律续造的观点。甚至说，律师要早于法官造法，以自己的专业素质帮助法官找到处理复杂疑难案件的可用的规范依据。律师说理，是融入代理词或辩护词中的逻辑表达，如果律师说理充分，能为法官办理疑难案件提供有力的参考或依据，对于律师来说将是成功的代理或辩护。所以，律师在办理“法律是不完备、有缺陷或漏洞的”案件时，替法官造法，是何等重要。

王利明教授曾言“对民法方法论的提倡，不是简单讲裁判效果与事实效果相吻合的问题，而是要进行事实说理，是要强调大小前提相互的对应”。大前提即法律依据，小前提即案件事实。王教授主张，大小前提要很好地连接，即涵摄，就是将事实要件和规范要件进行相互对应，将事实要件归入法律规范的构成要件之下。涵摄之下，结论为佳。但事实上，律师和法官对大前提（法律规范）的适用往往会有不同的认识，这就引申出了律师办理案件的说理问题。

所以，从涵摄的角度来看，律师在面对复杂疑难案件时，并非束手无策。

至少可以从三个方面"造法","在任何一个问题上找到可能的说服方式",以供法官参考:

一、依"习惯"说理,将社会生活中形成的习惯与案件事实匹配,提出解决疑案的观点

例如,《瑞士民法典》规定"本法未规定者,官判官依习惯法,无习惯法者,依自居于立法者地位时,所应行制定之法规裁判之"。其意是若法无明文,则依习惯法;若社会生活中无对应案件事实之习惯,审判官则应置身于立法者地位,考虑就此案件事实该如何制定法律。该条规定最后显然是授权法官造法之职权。《日本法例》也规定,疑案无明确依据时,可依"不违反公序良俗之习惯"。我国依习惯判决的法律体现在《合同法》上。现实中的法官依习惯判案之例如某甲诉典当行,法官即认为处理案件依据是"典当行业也有自己的行业习惯……习惯应当作为处理典当纠纷的参照"。

律师就复杂疑难案件依相关习惯说理,是解决缺少明确法律依据的有效方法,并且,现实中已经有律师该意见被采纳的先例。

二、依法理来阐述,将疑案的事实与立法的背景、原则、趋势结合起来,以符合"公平正义"的司法理念说理

法理或称为法律的精神、法的原则。具体可分为平等原则、立法意旨、法理念以及事理。根据具体的案情,在缺乏明确的法律依据下,说服法官遵行法的理念、法的原则来对案件裁判。当然,此等说理功夫要立足于事实与法理的密切联系,以前瞻的视角提出独特的案件意见。事实上,有很多案件往往能取得非常好的社会效果。

比如,中国首例冷冻胚胎归属案,无锡市中级人民法院院长时永才亲自审理该案,他在解释裁判的思路时说:对冷冻胚胎的归属,包括胚胎是人还是物,法律上都没有明确界定,是本案引起争议的根本原因。难以界定胚胎是物还是人,也就难以确定其是否适用于继承条款。对胚胎的属性的确定,成

为基础性的问题，而现有法律中找不到具体的条款。“胚胎属性是个空白，怎么适用法律是个空白，但不能因为法律的空白，就不判决。怎么解决，应有担当。”

此时就出现了“法律空白”。时院长所说的不能因为法律空白就不判决，相当于律师即使面对疑难案件也绝不能束手无策。所以，时院长最终如此判决：“顺天意、存人伦、敬法律，综合考虑民意、伦理道德、人情、法理、法律精神，我们作出了判决。”本案即为典型的疑难案件通过法理予以判决的案例。

三、依据既往案例，借鉴生效判决，引导法官作出理想判决

西方的“判例”具有法源的地位，法官在审理案件时可以直接适用，我国称之为“指导性案例”。指导性案例对减少“同案不同判”的现象具有实际意义。特别是相关指导性案例发布后，会有法学专家、律师、学者就此专述。其中的理论观点也成为同案同判的参考。

最高院规定：“各级人民法院正在审理的案件，在基本案情和法律适用方面，与最高人民法院发布的指导性案例相类似的，应当参照相关指导性案例的裁判要点作出裁判。”“应当参照”是一种强制性用语。这种“相类似”案件“应当参照”实际上提示了律师检索指导性案例作为代理或辩护意见的重要性。

最后，要有“价值取向”分析，为法官适用法律提供律师的建议或意见。

例如，“泸州二奶案”：四川省泸州市某公司职工黄某和蒋某于1963年结婚，但是妻子蒋某一直没有生育，后来只得抱养了一个儿子。由此原因，家庭笼罩上了一层阴影。1994年，黄某认识了一个名叫张某的女子，并且在与张某认识后的第二年同居。黄某的妻子蒋某发现这一事实以后，进行劝告但是无效。1996年年底，黄某和张某租房公开同居，以“夫妻”名义生活，依靠黄某的工资（退休金）及奖金生活，并曾经共同经营。

2001年2月，黄某到医院检查，确认自己已是肝癌晚期。在黄某即将离

开人世的这段日子里，张某面对旁人的嘲讽，以妻子的身份守候在黄某的病床边。黄某在2001年4月18日立下遗嘱："我决定，将依法所得的住房补贴金、公积金、抚恤金和卖泸州市江阳区一套住房售价的一半（即4万元）以及手机一部遗留给我的朋友张某一人所有。我去世后骨灰盒由张某负责安葬。"4月20日，黄某的这份遗嘱在泸州市纳溪区公证处得到公证。

4月22日，黄某去世，张某根据遗嘱向蒋某索要财产和骨灰盒，但遭到蒋某的拒绝。张某遂向纳溪区人民法院起诉，请求依据《继承法》的有关规定，判令被告蒋某按遗嘱履行，同时对遗产申请诉前保全。从5月17日起，法院经过4次开庭之后（其间曾一度中止，2001年7月13日，纳溪区司法局对该公证遗嘱的"遗赠抚恤金"部分予以撤销，依然维持了住房补贴和公积金中属于黄某部分的公证。此后审理恢复），于10月11日纳溪区人民法院公开宣判，认为：尽管《继承法》中有明确的法律条文，而且本案中的遗赠也是真实的，但是黄某将遗产赠送给"第三者"的这种民事行为违反了《民法通则》第7条"民事活动应当尊重社会公德，不得损害社会公共利益，扰乱社会经济秩序"的规定，因此法院判决驳回原告张某的诉讼请求。

张某一审败诉后提起上诉。2001年12月28日上午，泸州市中院开庭审理了此案，并当庭驳回张某的上诉。泸州市中院认为，按有关政策规定，抚恤金是死者单位对死者直系亲属的抚慰，黄某死后的抚恤金不是他的个人财产，不属于遗赠财产的范围；黄某的住房补助金、公积金属夫妻共同财产，而黄某未经蒋某同意，单独对夫妻共同财产进行处理，侵犯了蒋某的合法权益。故法院依法驳回张某的上诉，维持原判。

若按《继承法》的规定，那么，《继承法》第16条第3款"公民可以立遗嘱将个人财产赠给国家、集体或者法定继承人以外的人"这一规范，完全可以适用于本案事实：黄某依据继承法将财产赠给法定继承人以外的张某。张某有权接受黄某的合法遗赠，按《继承法》第5条"继承开始后，按照法定继承办理；有遗嘱的，按照遗嘱继承或者遗赠办理；有遗赠扶养协议的，按照协议办理"的规定，其享有实体权利。

本案法官面临的难题是：本案事实是清楚的，黄某的遗嘱合法有效。那么，适用继承法判决张某胜诉，会导致这么一个后果：张某作为第三者的实际地位得到了法律的承认，即认可以这种婚外同居行为为基础发生的财产关系合法有效。那么，这就会导致婚外同居这一社会不良现象有蔓延之势。而法官又不能拒绝判决。

这实际上是价值与秩序的冲突，法官必须在此做出选择。

于是，我们看到，法官的高明之处就在于对本案的价值分析和取舍：《继承法》《婚姻法》都不能离开《民法通则》的指导思想或立法原则。审判机关不能机械地引用法律，而应在充分领会立法本意的前提下适用法律。判决本案时，直接引用《民法通则》的基本原则，避免机械司法是合法、合理的。相反，如果按《继承法》的规定支持了张某的诉讼请求，那么就滋长了婚外同居、“包二奶”等不良社会风气，违背了法律的价值、秩序。

关于“泸州二奶案”的法律价值问题，E. 博登海默《法理学——法律哲学与法律方法》中有过精彩论述：“然而，亚里士多德认识到了这样一个事实，即在司法时，可能会出现这样的情形，即法律规则的一般性和刚性可能会使法官无法将该规则适用于个别案件的解决。亚里士多德提出用衡平的方法来解决这样的困难。他将衡平原则定义为‘当法律因其太原则而不能解决具体问题时对法律进行的一种矫正’……当这样一种案件出现时，法官就可以背离法律的字面含义，并像立法者可能会对该问题作出的处理——如果该立法者已预见到可能发生这种独特情况的话——那样审理该案件。”①

本案，实际上就是以“价值取向”分析判决成果的典型案例。

第七节　出庭前的论证评估

出庭律师的内功，在于独特的律师思维；外功，则在于其有效的意见表达。法庭论辩技能、技术、技巧一定会成为一门新兴学科，因为，这不仅是天天

① ［美］博登海默：《法理学——法律哲学与法律方法》，邓正来译，中国政法大学出版社2004年版，第14页。

都在发生的，而且随着法治进步，它变得越来越重要。所以，未来的法庭辩论，将以新的法庭辩论学科培养的新辩论技术为主导。

英格博格说过，法律人的技艺在于论证。如何干净利索地论证，即在你论证时，能使法官全神贯注地倾听你的论词并陶醉其中，这需要论证评估、需要深厚的功力。笔者此前写过证据矛盾及矛盾分析、证据分析等相关的短文，实际上是为法庭论辩而展开的、以证据为基础的论证评估，就是立足于以证据分析为前提的论证分析。

简单地说，面对一本案卷，能提取出几个事实版本？能定案的事实究竟是哪一个？证据间的信息能否建立一种稳定的联系？在整个的证据体系中，哪些可以置之不理，哪些必须字斟句酌？等等。

在《证据分析方法》中，笔者强调了证据的合法性在庭前会议已经解决，因此庭审调查时的重点，就是证据的关联性、证明力以及笔者提出的综合全案证据对定案事实的证明强度。

立足于相关性和证明力、证明强度这组要求上，论辩的主题自然是充分阐述现有证据是否有相关性、证明力以及是否达到定案需要的证明强度，即在案证据，能否铺就一条法官通达事实的桥梁。

而这种论辩就需要逻辑、语言、修辞等的综合运用。

论证图解是论证评估的有效方式，相当于当前流行的“可视化”。“可视化”的最大特点就是运用工具并以精准的表达方式提取证据信息。比如，以时间为线索或以空间为中心，向法庭展示现有证据证明的事实图景，实质上就是对证据信息的精准和有效提取、固定和释放。其本质，就在于提前做好了论证评估，是思维成果的展现。

论证的目的在于说服，而说服的有效性取决于对证据信息的精准提取、本质认识——此种生成于大脑内部的理性思维成果。而论辩的有效性又决定着这种成果是否能取得成绩。即使是精准地把握了证据的本质信息，但能否有效地表达这样的信息并避免因为逻辑的干扰而使真理成为谬误，的确影响着论辩的有效性从而影响说服的效果。

所以，可视化不是一件防弹衣，套上就可以起到防弹作用；可视化是思维成果的展示工具或方法，没有艰辛的证据信息提炼、论证评估，就不会有可视化。

对论辩来说，也是内容与形式的对立统一。一个是大脑加工过的理性思维成果，另一个是需要借助语言为媒介的对外表达。所谓的伶牙俐齿，其实是思维深邃的外现而已。

我们说到的逻辑干扰，现实中客观存在。这种逻辑的干扰表现在，如果仅从逻辑上看，它的确无懈可击，但结论是错误的。比如，有人成功地证明了一元钱等于一分钱：1 元 =100 分 =10 分 ×10 分 =0.1 元 ×0.1 元 =1 分。表面上看，这些等式都各自成立，从等式推导出来的结论却是错误的。这就是逻辑运用的干扰，会在没有识别出谬误时，使人的判断受到影响。

所以，“在案证据，能否铺就一条法官通达事实的桥梁”，取决于法官能否识别出这样的逻辑干扰，从谬误中醒来。

在法律审判中，一方进行证明的中心论点或命题被称作“待证事实”（factum probandum）。一方提出论证来努力证明这个论点，而另一方则尽力质疑这些论证的价值。这就是控辩双方、原告与被告双方进行的“建构”与“解构”。有证明责任的一方即主张者（proponent）运用证据达到自己的说服责任，而另一方未必有自己的证据，但却极有可能使对方的证据解体，这其实就是论证的特殊功能。典型的是刑事案件：公诉人代表国家提起公诉，起诉书中的事实就是公诉人要运用证据证明的事实。公诉人有“真枪实弹”，推了一车的卷宗上来，要证明某人构成犯罪；如果律师作无罪辩护，就必然要解构起诉书指控事实，完成对法官的说服责任。所以，无罪辩护成功及其魅力，就在于可能“手无寸铁”，只能运用“三寸不烂之舌”论证说服，使公诉人的所有证据一一解体，让被告人回家。而这种说服，一定是夹杂着律师耗费的心血，才魅力无穷的。

如何进行有效的论证评估？在过分依赖（其实也不得不依赖）主观证据定案的情况下，深度剖析主观证据、论证主观证据的相关性、证明力就成为论证评估的前提。事实上，很多冤假错案形成的根本原因，就是没有排除主观证据在整个证据体系中所存在的致命矛盾。而实践当中，有关司法机关仍然在意甚至要求被告人“自愿”认罪，而不是从证据本身去查是否可以定案、不是从法律与事实是否相符合去判断该不该定罪。这种办案模式还普遍存在，对于严格执行“证据裁判”的危害性不言而喻。所以，笔者对于“认罪认罚”从轻的这种办案方式是持质疑态度的。

法庭上的论证都是不确定的。所有这些不确定，最终都需要法官来确定。这就是证据规则的运用。笔者曾提出主张，所谓的定案事实，是法官的心证事实。而其心证的形成，就在于排除了种种矛盾，排除了疑点，自己确信“事实如此”。所以，成功的论辩，还要充分地研究证据规则对法官形成心证的影响。

图书在版编目（CIP）数据

像律师一样思考 / 吴世柱著. —北京：中国法制出版社，2020.5
ISBN 978-7-5216-0802-1

Ⅰ. ①像…　Ⅱ. ①吴…　Ⅲ. ①律师—工作　Ⅳ. ①D916.5

中国版本图书馆CIP数据核字（2020）第009059号

责任编辑：黄会丽　赵律玮　　　封面设计：周黎明

像律师一样思考
XIANG LÜSHI YIYANG SIKAO
著者 / 吴世柱
经销 / 新华书店
印刷 / 河北鑫兆源印刷有限公司
开本 / 710毫米 × 1000毫米　16开　　　印张 / 15.25　字数 / 233千
版次 / 2020年5月第1版　　　2020年5月第1次印刷

中国法制出版社出版
书号ISBN 978-7-5216-0802-1　　　定价：56.00元

北京西单横二条2号　邮政编码100031　　　传真：010-66031119
网址：http://www.zgfzs.com　　　**编辑部电话：010-66071862**
市场营销部电话：010-66033393　　　**邮购部电话：010-66033288**
（如有印装质量问题，请与本社印务部联系调换。电话：010-66032926）